Ahmet Toprak

Das schwache Geschlecht – die türkischen Männer

Zwangsheirat, häusliche Gewalt, Doppelmoral der Ehre

LAMBERTUS

Ahmet Toprak

Das schwache Geschlecht – die türkischen Männer

Zwangsheirat, häusliche Gewalt, Doppelmoral der Ehre

Lambertus

ISBN 3-7841-1609-4

Umschlag, Gestaltung, Satz: Ursi Anna Aeschbacher, Biel-Bienne
Herstellung: Jungbluth digital + print, Freiburg im Breisgau

Bibliografische Information Der Deutschen Bibliothek

Die Deutsche Bibliothek verzeichnet diese Publikation in der Deutschen Nationalbibliografie; detaillierte bibliografische Daten sind im Internet über http://dnb.ddb.de abrufbar.

Inhalt

Vorwort

Es ist noch nicht lange her, da waren Zwangsverheiratungen in der breiten Öffentlichkeit kein Thema. Ich begrüße sehr, dass sich das geändert hat. Denn die öffentliche Diskussion eines gesellschaftlichen Problems kann ein erster Schritt zu seiner Lösung sein. Dafür muss es aber in aller Differenziertheit analysiert werden. Einfache Lösungen werden sich nicht finden lassen. Ebenso wenig, wie wir solche Verbrechen als „kulturelle Eigenheiten“ tolerieren dürfen, sollten wir jetzt folgern, dass alle Ehen von Migranten und Migrantinnen in Deutschland unter Zwang eingegangen werden.

In Fachkreisen wird Gewalt gegenüber Migrantinnen in ihren unterschiedlichen Ausformungen – häusliche Gewalt, Zwangsverheiratungen und auch „Ehrenmorde“ – bereits seit längerem mit Sorge betrachtet. Ich habe dieses Thema für meine Fraktion im Jahr 2003 zum ersten Mal mit Fachleuten von Beratungsstellen für Migrantinnen und von Frauenrechtsorganisationen, mit TherapeutInnen, JuristInnen und ExpertInnen aus der Jugendarbeit diskutiert. Seitdem hat sich viel getan. Ich möchte hier insbesondere das Verbot der Zwangsverheiratung durch die rot-grüne Bundesregierung im Jahr 2004 nennen.

Dennoch: Nach wie vor mangelt es uns vor allem an konkreten Daten und Informationen über das Ausmaß dieser Formen von Gewalt. Was wir allerdings mindestens ebenso dringend benötigen wie Zahlen sind Antworten auf die Frage nach den Beweggründen der Täter für „Gewalt im Namen der Ehre“. Diesen Oberbegriff haben Fachfrauen geprägt – er ist meiner Meinung nach sehr zutreffend. Denn als Motiv ist diesen Taten gemeinsam, dass sie an Migrantinnen – und Migranten – durch Angehörige oder Freunde ihrer eigenen Familien begangen werden, um vermeintlich die „Ehre“ der Familie zu schützen oder zu verteidigen.

Warum aber glauben junge Männer im 21. Jahrhundert, Schande von der Familie nehmen zu können, indem sie ihre eigene Schwester oder Cousine töten oder ihrer Partnerin körperliche Gewalt antun? Sicherlich falsch ist die Zuschreibung von Gewalt im Namen der Ehre zu einer bestimmten Religion. Religion dient in diesem Zusammenhang lediglich sehr oft als Legitimation. Im Kern haben wir es mit patriarchalen Denkmustern zu tun, die – aus unterschiedlichen Gründen – über Jahrhunderte hinweg die gesellschaftliche Modernisierung, die Emanzipation und Individualisierung überdauert haben.

Warum das so ist, was „dahintersteckt", wenn Männer Gewalt gegen Frauen begehen und dies mit einer vermeintlichen „Kultur" oder eben „Religion" legitimieren, dieser Frage widmet sich Ahmet Toprak in seinem Buch. Ich bin sehr froh über dieses Buch. Denn nur auf Basis solcher Erkenntnisse können wir – PolitikerInnen, JuristInnen, ExpertInnen von Beratungsstellen und aus der Jugendarbeit – über sinnvolle Maßnahmen nachdenken, um „Gewalt im Namen der Ehre" vorzubeugen und sie langfristig zu verhindern. Ahmet Toprak hat vor seiner wissenschaftlichen Beschäftigung mit dem Thema längere Erfahrung in der praktischen pädagogischen Arbeit mit Jungen gesammelt. Ohne sie zu Opfern zu stilisieren, zeigt er, dass es auch Perspektivlosigkeit, mangelnde Bildung und gesellschaftliche Anerkennung sind, die die jungen Migranten auf tradierte Werte zurückgreifen und sie überbetonen lassen. Aus frauenpolitischer Sicht scheint mir, dass Migrantinnen in Deutschland eher ihre Chance ergreifen, sich zu bilden, zu emanzipieren und in der Gesellschaft anzukommen. Wie deutsche Frauen haben auch Frauen mit Migrationshintergrund durchschnittlich bessere Schulabschlüsse und streben häufiger weiterführende Ausbildungen an als ihre männlichen Altersgenossen. Für viele von ihnen ist das wohl auch eine Möglichkeit zur Flucht aus patriarchalen Strukturen der eigenen Familie. Den Männern fehlt häufig diese Motivation. Es gelingt ihnen offensichtlich schlechter, ihre nicht immer einfache Situation als Migrant als Herausforderung zu betrachten, sich auf sie einzustellen und ihre Chancen zu nutzen. Nichtsdestotrotz: Am Ende sind die Frauen die Opfer, die unter der Gewalt und dem Anspruch auf Vorherrschaft auch über ihren Körper durch die eigenen Familienmitglieder zu leiden haben.

Ich danke Herrn Toprak auch ganz besonders dafür, dass er in seinem Buch nicht nur analysiert, sondern auch Empfehlungen ableitet, von denen ich viele sehr erhellend finde und auch als unsere politische Priorität betrachten würde. Eine ausgesprochen wichtige Form der Prävention ist, dass die jungen Migrantinnen und Migranten von Anfang an eine gute Ausbildung bekommen, die ihnen Perspektiven und ein Selbstbewusstsein gibt, mit dem sie sich von überkommenen

Werten distanzieren können. Notwendig ist auch der Wille zur Kooperation – von Seiten der MigrantInnencommunities ebenso wie von Seiten des Staates. Moschee- und Kulturvereine genauso wie religiöse Oberhäupter und andere Institutionen müssen ihren Einfluss auf die Migrantinnen und Migranten nutzen, indem sie unsere Maßstäbe der Achtung der Menschenwürde, des Respekts, der Gewaltfreiheit und der Gleichberechtigung dorthin weiter tragen, wo sie vielleicht noch nicht Konsens sind. Sie stehen hier in der Verantwortung. Ohne ihre Unterstützung werden wir diese Werte nicht glaubwürdig vermitteln können.
Ich möchte dieses Buch möglichst vielen zum Lesen empfehlen – auch und gerade denen, die Menschenrechtsverletzungen im Namen der Ehre auf politischer Ebene bekämpfen wollen.

Berlin, im August 2005

Irmingard Schewe-Gerigk MdB
Frauenpolitische Sprecherin der Fraktion Bündnis 90/Die Grünen

Thematische Einführung

Vorbemerkungen

Ausgelöst durch eine bundesweite Kampagne von „Terre des Femmes“ werden seit etwa 2003 die Themen Zwangsheirat, häusliche Gewalt in Migrantenfamilien und Ehrenmorde öffentlich diskutiert.
Seitdem gab es dazu zahlreiche Gesprächsrunden und Tagungen, des Weiteren fand eine Gesetzesänderung statt. Insbesondere drei biografische Publikationen von türkischstämmigen Autorinnen, die das Thema Zwangsheirat und innerfamiliäre Gewalt aus Sicht der Betroffenen beschreiben, haben eine hohe mediale Aufmerksamkeit erhalten und die Diskussion um das Schicksal von türkischen Frauen in Deutschland intensiviert: Seyran Ateş (Große Reise ins Feuer), Necla Kelek (Die fremde Braut) und Serap Çileli (Serap – Wir sind Eure Töchter nicht Eure Ehre). Alle drei Bücher geben gute Einblicke in die Lebenssituation von türkischen Frauen in orthodoxen Familien.[1] Gleichwohl besteht großer Forschungs- und Handlungsbedarf über diese Praxis, da anzunehmen ist, dass es sich nicht nur um spektakuläre Einzelfälle handelt. Einzelne nicht repräsentative Untersuchungen und Nachfragen bei Beratungsstellen für Migrantinnen legen diese Vermutung nahe. Um Gegenstrategien und Maßnahmen zu entwickeln, müssen wir mehr wissen über die Ursachen für diese Verhaltensweisen und das Milieu, in dem es zu Zwangsverheiratungen kommt. Undifferenzierte Vermutungen dahingehend etwa, dass dies eben typische Verhaltensweisen

1 Es muss allerdings angemerkt werden, dass die Bücher wissenschaftliche Kriterien und Standards nicht erfüllen. Vor allem das Buch von Necla Kelek wirkt sehr pauschalisierend, indem sie den Islam als einzigen Grund für Gewaltanwendung und Unterdrückung der Frauen in Deutschland annimmt. Die Lebens- und Sozialisationsbedingungen der Männer und Frauen werden ebenso wenig berücksichtigt wie die wirtschaftlichen Rahmenbedingungen. Deshalb können aus diesen Büchern keine allgemein gültigen Konsequenzen gezogen werden, die die gesamte türkischen Minderheit betreffen.

muslimischer Männer seien und ihren Ursprung im Islam hätten, sind wenig konstruktiv.

Die vorliegende Studie beleuchtet erstmals die Sichtweise betroffener junger Männer. Es wird der Frage nachgegangen, wieso Männer solchen Heiraten zustimmen und ob sie überhaupt im Vorfeld einer solchen Eheschließung gefragt werden. Warum überlassen die jungen Männer eine derart wichtige Entscheidung ihren Eltern und warum suchen sie – obwohl in Deutschland geboren oder zumindest aufgewachsen – ihre zukünftige Frau in den türkischen Heimatdörfern ihrer Eltern oder Großeltern? Und was denken sie über Partnerschaft, Sexualität, Erziehung, Gewalt in der Ehe, Rolle ihrer Eltern und innerfamiliäre Kommunikation? Sind sie zufrieden mit ihrer Ehe?

Zu diesen Themen gibt es bisher keine Forschung, da es für türkische Männer nicht üblich ist, über Partnerschaft, Sexualität und Eheleben zu reden. Mir ist es trotzdem gelungen, 15 in Deutschland lebende junge türkischstämmige Männer zu befragen. Besonders interessant ist, dass sie zugestimmt haben, obwohl ein Tonband mitlief. Die Männer haben offen und ehrlich und teilweise sehr leidenschaftlich Stellung bezogen. Hier kam mir zugute, dass ich männlichen Geschlechts bin und aus diesem Kulturkreis stamme.

Ich habe nur Männer befragt, die ihre zukünftigen Ehefrauen durch die klassisch-traditionelle Brautwerbung, durch ein Arrangement der Eltern, geheiratet haben. Alle 15 Männer kamen aus bildungsfernen Familien, die aus dem ländlich geprägten Teil der Türkei eingewandert waren. Diese Studie erlaubt also nur Rückschlüsse auf Familien aus diesem Milieu. Sie ist nicht repräsentativ und ich warne vor Pauschalierungen. Ihr Erkenntnisinteresse gilt der Sichtweise von Männern, die eine Lebensform wählen, die sich an ländlich-traditionellen Werten orientiert, obwohl sie in Deutschland sozialisiert wurden. In Kapitel III habe ich Vorschläge zur Bekämpfung von Gewalt und Zwangsverheiratung gemacht, und ich wäre froh, wenn diese Resonanz in der Debatte finden würde.

Methodisches Vorgehen und die Fragestellung

Das qualitative Interview

Die mündliche Befragung – hier das (qualitative) Interview – ist die sicherste Methode, um Informationen von Probanden zu bekommen, weil selbst einfache Fragebögen von mindestens zehn Prozent der erwachsenen Bevölkerung nicht ordnungsgemäß ausgefüllt werden können. Fragebögen sind nur bei Untersuchungen mit Versuchspersonen, die einen beträchtlichen Bildungsgrad haben, angemessen. In dieser Untersuchung wurde die mündliche Befragung gewählt, weil viele der Probanden keine höhere Schulqualifikation haben. Es fällt sogar vielen Universitätsabsolventen schwer, etwas zu Papier zu bringen. Bei der mündlichen Befragung beziehungsweise beim Interview lassen sich einzelne Formen unterscheiden.[2] Im Rahmen der vorliegenden Untersuchung wurde das fokussierte Interview verwendet. Bei dieser Form des Interviews „geht man zwar auch im Hinblick auf die Bedeutungsstrukturierung vom Befragten aus, aber Absicht ist nicht so sehr die Generierung von hypothetischen Konzepten, sondern es geht eher um die Falsifikation von deduktiv gewonnen Hypothesen, die der Forscher vorab entwickelt hat." (Lamnek, 1995, Bd. 2, 79f.) Das Hauptaugenmerk des fokussierten Interviews richtet sich an eine spezifische, konkrete, nicht experimentell konstruierte Situation des Befragten, die er persönlich erfahren und erlebt hat (vgl. ebd.).

Im Vorfeld des Interviews hat der Forscher die Feldsituation beobachtet. Im zweiten Schritt versucht er über eine Analyse der Situationen, die hypothetisch wichtigen Elemente herauszunehmen, indem er sich mit dieser Situation auseinander setzt und die Reaktionen des in dieser Situation Beobachteten ermittelt. Nachdem die Beobachtungsanalyse abgeschlossen ist, formuliert der Forscher einen Interviewleitfaden, der die relevanten Themen sowie die für die Situation wichtigen Aspekte und Elemente enthält. Das Hauptziel des fokussierten Interviews ist es, die subjektiven Erfahrungswerte der Befragten in der früher erlebten

2 Lamnek, 1995, Bd. 2, unterscheidet fünf unterschiedliche Formen des qualitativen Interviews. Er spricht vom narrativen Interview, vom problemzentrierten Interview, vom fokussierten Interview, vom Tiefen- bzw. Intensivinterview und vom rezeptiven Interview.

und vom Forscher aufgrund der Beobachtung analysierten Situation zu erfassen (vgl. ebd.). „Dabei dienen die Befunde des fokussierten Interviews vor allem dazu, die auf der Basis der Beobachtung entwickelten und formulierten Hypothesen über vermeintlich relevante Elemente der Situation unter dem Aspekt der Gültigkeit neu zu betrachten." (ebd.)

Der Fragebogen

Der Interviewleitfaden besteht aus zwei Abschnitten. Der erste Abschnitt beinhaltet allgemeine Fragen und dient einerseits dazu, persönliche Daten des Interviewpartners festzuhalten, andererseits sollen Informationen über die Kinder der Probanden eingeholt werden. Diese Art von Fragestellung wird in der Literatur als „Fragen nach Befragteneigenschaften" bezeichnet. Die Antworten auf die Fragen im ersten Abschnitt wurden vom Interviewer wörtlich mitgeschrieben. Das Ziel war es hier unter anderem, den Interviewpartner mit allgemeinen und einfachen Fragen auf das Hauptinterview, das auf Tonband aufgezeichnet wurde, vorzubereiten und die Nervosität des Interviewpartners bedingt abzubauen.
Das Hauptinterview ist in fünf Hauptblöcke aufgeteilt worden. Diese fünf Blöcke wurden gewählt, weil davon auszugehen ist, dass die Themen häusliche Gewalt, Ehe, Zwangsehe, Geschlechterrollen oder die Bedeutung der Ehre am besten auf diese Weise angesprochen werden konnten. Im Einzelnen handelt es sich um die folgenden Blöcke mit Unterthemen:

1. Biografische Rekonstruktion bis zur Eheschließung;
2. soziale und wirtschaftliche Bedingungen in Deutschland/in der Türkei;
3. Bedeutung der Ehe und Eheschließung;
4. Rollenverständnis in der Ehe;
5. Bedeutung der Ehre und die Motive für Gewalt im Namen der Ehre.

Im zweiten Teil des Interviews wurden die Fragen so formuliert, dass sie der Interviewpartner mit eigenen Worten beantworten konnte. Zu jedem Themenbereich gab es zwar zahlreiche Fragen, aber wenn der Befragte einige dieser Fragen bereits im Vorfeld beantwortet hatte, wurden diese Fragen nicht nochmals gestellt. Das Hauptmotiv war es, vom Befragten die Antworten, ungeachtet der Reihenfolge, zu bekommen.

Kontaktaufnahme und Eingrenzung des Themas

Im Rahmen einer qualitativen Untersuchung ist es allgemein sehr schwer, den Kontakt zu den Interviewpartnern herzustellen, weil das Thema der Untersuchung von allen Befragten ein offenes und persönliches Gespräch verlangt. Um ein vertrauensvolles Gespräch mit dem jeweiligen Interviewpartner gewährleisten zu können, ist es von großer Bedeutung, mit einigen Interviewpartnern ein Vorgespräch zu führen, wobei der Gegenstand des Interviews zu erläutern ist. Ich habe mich in meinem Bekannten-, Freundes-, Familien- und Kollegenkreis erkundigt, um Probanden zu finden, die einerseits für ein Interview geeignet und andererseits auch gewillt sind, mit mir ein Interview zu führen. Es wurde Wert darauf gelegt, dass die Interviewpartner der zweiten und dritten Generation türkischer Migranten angehören. Bei der Auswahl der Probanden haben zwei Fragen eine entscheidende Rolle gespielt, die eine Zwangsehe vermuten lassen:

1. Die Interviewpartner sollten eine junge Frau aus der Türkei, dem Heimatort der Eltern oder Großeltern, geheiratet haben.
2. Diese Eheschließung sollte nach einem Arrangement der Eltern stattgefunden und die Ehepaare sollten sich vor der Eheschließung nicht oder nicht ausreichend gekannt haben.

Durchführung des Interviews

Jedem Interviewpartner wurde angeboten, sich den Interviewleitfaden im Vorfeld des Interviews anzuschauen. Da es einigen schwer fiel, sich zu artikulieren, haben diese Kandidaten mindestens zwei Tage vor dem Interview den Leitfaden zugeschickt bekommen, damit sie sich auf die Fragen beziehungsweise auf das Interview vorbereiten konnten. Kurz nach jedem Interview hat der Interviewer ein Gedächtnisprotokoll angefertigt, um dieses später in die Auswertung einfließen zu lassen. Alle

nonverbalen Bemerkungen wie zum Beispiel Gestik, Mimik, Kopfschütteln oder Handzeichen wurden notiert und bei der Transkription an der entsprechenden Interviewstelle eingebaut, um diese Passage besser verstehen und analysieren zu können.
Jedes Interview dauerte zwischen 45 und 60 Minuten und wurde in der Regel in deutscher Sprache geführt. Den Interviewten wurde angeboten, notfalls auch Ausdrücke in türkischer Sprache zu formulieren; einige haben dieses Angebot angenommen. Die Interviewsprache war deshalb Deutsch, weil viele Interviewpartner die deutsche Sprache besser beherrschen als die türkische. Darüber hinaus hätten die Interviews übersetzt werden müssen und dadurch wären eventuell Feinheiten bei der Ausdrucksweise verloren gegangen. Nachdem die Interviews abgeschlossen waren, wurde jedes Mal heftig diskutiert.

Transkription und Auswertung

Im Rahmen dieser Untersuchung wurden die Interviews wörtlich transkribiert. „Durch wörtliche Transkription wird eine vollständige Textfassung verbal erhobenen Materials hergestellt, was die Basis für eine ausführliche Interpretation bietet." (Mayring, 1999, 69f.)
Alle fünfzehn der durchgeführten Interviews konnten ausgewertet werden. In sieben Interviews wurden kürzere Passagen in türkischer Sprache geführt, die der Autor sinngemäß ins Deutsche übersetzt hat. Bei der Auswertung des Materials wurde die qualitative Inhaltsanalyse als Methode gewählt, weil diese Methode das Material zergliedert und schrittweise bearbeitet sowie theoriegeleitet die Analyseaspekte aufgrund eines am Material entwickelten Kategoriensystems festlegt (vgl. ebd., 91f.).

Kapitel I: Die Biografien der Interviewpartner

In diesem Abschnitt der Untersuchung werden die Biografien der ausgewählten acht Männer ausführlich beschrieben, um die Hintergründe, die Motive und die Deutungsmuster, mit denen die Männer operieren, besser zu verstehen. Die Heimatdörfer der befragten Männer werden ausführlich beschrieben, da diese Männer ihre Frauen aus diesen Dörfern beziehungsweise der näheren Umgebung wählen. Dadurch erhält der Leser einen fundierten Einblick in das soziale und wirtschaftliche Umfeld der Braut vor der Migration nach Deutschland.

Hasan

Die Herkunft der Familie

Hasan und seine Eltern stammen ursprünglich aus einem kleinen Dorf in der Nähe von Diyarbakır. Diyarbakır ist eine große Metropole im Osten der Türkei. Der überwiegende Teil der Bevölkerung sind Kurden. Seit Jahrzehnten herrschen in der Region eine hohe Arbeitslosigkeit und eine entsprechende Armut. Während die Menschen in der Stadt unter schwierigen Bedingungen ihren Lebensunterhalt einigermaßen bestreiten können, ist die Lage auf dem Land katastrophal. Der Geburtsort von Hasan liegt ca. 90 Kilometer östlich von Diyarbakır. Die Menschen dort leben von Kleinviehzucht und ein wenig Ackerbau. Die Infrastruktur ist schlecht, das Dorf hat erst vor wenigen Jahren einen Stromanschluss bekommen. Für Trinkwasser müssen die Menschen zwei Kilometer zu einem Brunnen laufen. Im Dorf leben ca. 120 Menschen, zwei Drittel davon sind Frauen und Kinder. Ihr Anteil ist überproportional hoch, weil die meisten Männer im Ausland oder in großen türkischen Metropolen (Istanbul, Ankara oder Izmir) arbeiten, um Geld zu verdienen. Da das Dorf sehr klein ist und die meisten Menschen miteinander verwandt sind, ist die soziale Kontrolle innerhalb des

Dorfes enorm. Die Kinder werden nicht nur von den Eltern erzogen, sondern von allen erwachsenen Dorfbewohnern. Jedes abweichende Verhalten eines Kindes wird sofort bemerkt und korrigiert. Freundschaften zwischen Mädchen und Jungen werden, vor allem zwischen 10 und 16 Jahren, nicht geduldet. Die Mädchen zeigen sich kaum in der Öffentlichkeit. Sie befinden sich in der Regel im häuslichen Umfeld der Familie. Ohne die Erlaubnis der Eltern dürfen die Mädchen das Haus nicht verlassen. Spätestens mit dem zehnten Lebensjahr dürfen sie das Haus nur in Begleitung der Eltern beziehungsweise einer der Brüder verlassen. Die Jungen dagegen genießen alle Freiheiten. Sie können sich frei bewegen, werden nicht reglementiert, können sogar ab zehn, elf Jahren mit Freunden die 25 Kilometer entfernte Kreisstadt besuchen. Im Dorf gibt es eine Grundschule, die auch von den Mädchen besucht wird. Viele Väter aber nehmen ihre Töchter von der Schule, bevor sie einen Grundschulabschluss erworben haben. Die Jungen dagegen beenden alle die Grundschule und besuchen sogar eine weiterführende Schule in der Kreisstadt. Für Mädchen – auch wenn sie die Grundschule abgeschlossen haben – kommt der Besuch einer weiterführenden Schule nicht in Frage. Das durchschnittliche Heiratsalter der Mädchen in diesem Dorf liegt bei ca. 15,5 Jahren.

Gründe für die Migration nach Deutschland

Für die damals vierköpfige Familie ist die Perspektive auf dem Land sehr eingeschränkt. Der Vater kann das Einkommen der Familie nicht mehr absichern, nachdem Hasan als drittes Kind der Familie geboren wurde. Der Winter auf dem Land ist so hart, dass das Dorf über Monate durch die Schneemassen von der Außenwelt abgeschnitten ist. Die Menschen müssen im Sommer intensiv arbeiten, damit sie für die Wintermonate vorsorgen können. Hasans Familie lebt dort von der Viehzucht. Aufgrund der starken Klimaschwankungen (lange Frostperioden im Winter, Hitze- und Dürreperioden im Sommer) kann die Familie ihre Felder nicht immer bearbeiten. Wie viele andere beschließt der Vater 1972 nach Deutschland zu gehen. Er will binnen weniger Jahre mit so viel Geld zurückzukommen, dass er ausgesorgt hätte. Über einen Bekannten kommt er nach München. Drei Monate später bekommt er eine Anstellung bei Audi in Ingolstadt. Dort lebt er seit 1972 und ist seit 1999 Frührentner. Hasans Mutter folgt erst 1985 mit ihren vier Kindern. Der Grund für die spätere Einreise der Mutter und der Kinder liegt darin, dass der Vater ursprünglich nach wenigen Jahren zurückkehren wollte. Doch die Rückkehr wird immer wieder verschoben, bis die Mutter schließlich Druck macht, so die Aussage von Hasan. Den eigentliche Grund für die Verschiebung erfährt Hasan später: Sein Vater hat eine deutsche Freundin. Aus dieser Beziehung gibt es sogar ein Kind, das der Vater seiner Familie zunächst verschweigt. Hasans Eltern haben beide keine Schule besucht, können allerdings etwas lesen und schreiben. Hasans Mutter arbeitet in Deutschland sporadisch, um das Familieneinkommen aufzubessern. Alle Kinder der Familie heiraten nach traditionellen Vorgaben der Eltern Partnerinnen oder Partner aus der Türkei.

Schul- und Berufsausbildung / Die Anfangsphase in Ingolstadt

Als Hasan gemeinsam mit seiner Mutter und den Geschwistern nach Deutschland kommt, ist er bereits elf Jahre alt. Bis dahin hat er seinen Vater selten gesehen, weil er erst zwei Jahre alt war, als sein Vater nach Deutschland gegangen ist. Da er kein Deutsch spricht, geht er in eine Hauptschule, in eine „Türkenklasse“, wie er die Vorbereitungsklassen beziehungsweise die Orientierungsstufen nennt. Diese besucht er zwei Jahre, ab der siebten Klasse kommt er in die Regelklasse der gleichen Hauptschule in Ingolstadt. Dem Unterricht kann er nicht immer folgen, weil seine Deutschkenntnisse „nicht gut genug“ sind. In der achten Klasse bleibt er zweimal sitzen, woraufhin er die Schule ohne einen Abschluss verlässt. Nach einem Jahr Berufsschule fängt er an, in diversen Firmen zu arbeiten, allerdings immer nur vorübergehend. Abends geht er immer mit seinen Freunden weg, die ausnahmslos Türken sind. Mit Deutschen kann er sich nicht befreunden, weil er sich mit ihnen nicht gut versteht. Zu den deutschen Mädchen fühlt er sich jedoch hingezogen, weil sie nicht so „kompliziert und zickig“ sind wie die türkischen Mädchen. Diese Aussage bezieht er aber lediglich auf die Sexualität. Eine deutsche Frau könne man nicht heiraten, weil sie nicht treu sind und mit jedem Mann schlafen, so die Begründung von Hasan. Nach seinen eigenen Angaben hatte er bereits mit vielen deutschen Mädchen Sex. Da der Vater dem Treiben seines Sohnes nicht lange zusehen möchte, beschließt er, ihn mit der Cousine in der Türkei zu verheiraten. Der Vater will mit dieser Verheiratung erreichen, dass der Sohn ein geregeltes Leben führt. Die Mutter und die Schwestern werden vom Vater erst gar nicht nach ihrer Meinung gefragt. Überhaupt wird die Mutter kaum in Entscheidungen einbezogen, sie sagt selten etwas und geht Konflikten aus dem Weg.

Die Eheschließung

Als Hasan im Jahre 1996 22 Jahre alt wird, reist er gemeinsam mit seinen Eltern in die Türkei. In diesem Sommer soll er in einem Schnellverfahren seine Cousine heiraten. Das Prozedere der Brautwerbung wird kurz gehalten, weil die beiden Väter sich einig sind. Niemand fragt, ob die beiden Kinder heiraten wollen. Gleich am selben Abend kommt ein Imam und verheiratet das junge Paar. Hasan möchte seine Frau mit nach Deutschland nehmen, daher schließen sie auch eine standesamtliche Ehe. Doch nach dem Türkeiurlaub kann Hasan seine Frau noch nicht mit nach Ingolstadt nehmen, weil er nicht über ein geregeltes Einkommen verfügt. Erst ein Jahr später kann seine Frau nach Deutschland einreisen, und auch dann nur, weil sein Vater für ihn finanziell bürgt. In der Phase als „verheirateter Single" führt Hasan sein Leben ohne große Einschränkungen weiter: Er arbeitet hin und wieder, trifft seine Freunde und hat Sex mit anderen Frauen, insbesondere mit deutschen. Türkische Frauen kommen nicht in Frage, weil er verheiratet ist, argumentiert Hasan.
Als seine Frau 1997 nach Deutschland kommt, muss das Paar bei Hasans Eltern wohnen. Er bemüht sich nicht um eine eigene Wohnung, weil er weiterhin bei seinen Eltern wohnen möchte, um unter anderem Miete zu sparen. Bis zum Zeitpunkt des Interviews wohnt Hasan mit seiner Frau und den zwei Kindern bei seinen Eltern in Ingolstadt.

Soziale Kontakte

Auch nach der Familienzusammenführung ändert sich Hasans Leben prinzipiell nicht. Er arbeitet sporadisch als Hilfsarbeiter und das Geld, das er verdient, gibt er weiterhin mit seinen Freunden aus. Mit seiner Frau geht er weder aus noch stellt er sie seinen Freunden vor. Er führt sein Männerleben weiter wie vor der Eheschließung. Ob seine Frau Probleme hat oder einen Deutschkurs besucht, weiß er nicht. Die sozialen Kontakte seiner Frau beschränken sich auf die Schwiegereltern und wenige Verwandte, die in Ingolstadt leben. Seine Frau darf das Haus nur unter der Aufsicht seiner Mutter oder seines Vaters verlassen, zum Beispiel zum Einkaufen. Zu Behördengängen begleitet er seine Frau selbst, weil weder sein Vater noch seine Mutter genügend Deutsch sprechen. Wenn seine Frau andere Frauen aus der Verwandtschaft trifft, dann nur im Familienverbund. Er möchte nicht sehen, dass seine Frau geschminkt in einem Café mit anderen Frauen sitzt. Das machen nur Türkinnen, die keine Ehre haben. Und davon gibt es sehr viele in Ingolstadt, so Hasan.

Persönliche Motive für die Eheschließung

Bis sein Vater ihm vorschreibt, dass er jetzt seine Cousine heiraten müsse, beschäftigt sich Hasan nicht mit dem Thema Heiraten. Anfangs möchte er sich dieser Ehe widersetzen, lässt es dann aber, weil er keine „Lust" hat, sich mit seinem Vater zu streiten. Er denkt später, dass es für ihn besser ist, wenn er ein geregeltes Leben führt. Ein geregeltes Leben führen bedeutet für Hasan, dass man heiratet, Kinder bekommt und eine eigene Familie gründet. Schließlich müssen alle Männer heiraten, damit jemand da ist, der für sie kocht, spült, den Haushalt macht, die Kinder erzieht und der Mann seine Sexualität ausleben kann.

Die Geschlechterrollen in der Familie beziehungsweise in der Ehe

Da Hasan zum Zeitpunkt des Interviews bei seinen Eltern wohnt, hat der Vater das absolute Sagen. In der Familienhierarchie folgen dem Vater Hasan, dann Hasans Mutter. Die Ehefrau von Hasan kommt in dieser Hierarchie überhaupt nicht vor. Die Kommunikation zwischen der jungen Ehefrau und dem Schwiegervater besteht aus Anforderungen (Schwiegervater) und Umsetzung (Schwiegertochter). Diese Anforderungen formuliert der Schwiegervater nicht direkt, sondern über seinen Sohn oder über seine Ehefrau. Alle wichtigen Entscheidungen, welche die Familie betreffen, werden vom Vater getroffen. Die Entscheidung, wann Hasan ausziehen soll, fällt auch der Vater. Diese Entscheidung steht bereits fest: Im Sommer 2006, wenn Hasans Eltern für immer nach Diyarbakır fahren, bleibt das junge Ehepaar in der Wohnung in Ingolstadt.

Gewalt in der Familie, in der Ehe

Aus Hasans Sicht ist es legitim, seine Frau zu schlagen, wenn sie nicht auf ihn hört. Es ist bereits gerechtfertigt, seine Frau zu schlagen, wenn sie beispielsweise die Wohnung nicht ordentlich aufräumt, wenn sein Vater im Wohnzimmer beten möchte. Er schlägt sie auch, um sie zu disziplinieren und die Gehorsamkeit zu fördern. Außerdem kommt es vor, dass seine Mutter seine Frau schlägt, wenn sie nicht gut und ausreichend kocht oder die Kinder nicht ordentlich gepflegt werden. Um seine Kinder zu guten Jungen zu erziehen, bestraft Hasan die Söhne (sechs und acht Jahre alt) öfters mit Schlägen. Seine Kinder haben schon mehrfach beobachtet, wie Hasan seine Frau schlägt. Die beiden Jungen wollen die Mutter dann zwar schützen, aber daraufhin bekommen sie so viel Prügel vom Vater, dass sie nicht mehr dazwischen gehen können.

Sexualisierte Gewalt

Die Gewaltanwendung gegen seine Frau wird begleitet mit sexueller Erniedrigung. Sie muss gewisse Praktiken umsetzen, die Hasan in Bordell praktiziert beziehungsweise praktiziert hat. Wenn seine Frau diese Praktiken nicht umsetzt, schlägt er sie und bezeichnet sie als eine Dorfschlampe, die „keine Ahnung" habe; daraufhin geht er wieder ins Bordell. Eine weitere sexualisierte Gewalt impliziert die Wortwahl Hasans: Er beschimpft seine Frau immer als „orospu" (Nutte) und „basit kadın" (leichte Frau). Diese Ausdrücke darf nur er verwenden und er setzt sie bewusst und präventiv ein, damit seine Frau nicht so werden soll. Als Kind beziehungsweise Jugendlicher bezeichnete ihn sein Vater als „ibne" (schwul). Seine beiden Söhne beschimpft er nicht mit diesem Ausdruck, sie seien noch zu jung.

Der Wert der Ehre

Der Wert der Ehre ist Hasan und seinen Eltern sehr wichtig. Mit Ehre verbindet Hasan das Ansehen der Familie in der Öffentlichkeit und das Verhalten seiner Frau im sozialen und öffentlichen Kontext. Mit Ansehen der Familie in der Öffentlichkeit meint Hasan, dass die Familie respektiert wird, dass über sie nicht schlecht geredet wird und sie nur positiv auffällt. Das Verhalten seiner Frau in der Öffentlichkeit ist entscheidend für ihn, weil die Ehre des Mannes über das Verhalten der Frau definiert wird. Wenn seine Frau sich nicht „anständig" benimmt, dann wird seine eigene Ehre verletzt, so die Argumentation von Hasan.

Ibrahim

Die Herkunft der Familie

Ibrahim und seine Eltern stammen ursprünglich aus der Nähe von Konya, ca. 250 Kilometer südlich von Ankara. Konya ist eine große Stadt zwischen der Hauptstadt Ankara und der Touristenmetropole Antalya. Das Dorf, aus dem die Familie stammt, ist ca. 35 Kilometer von Konya entfernt. Arbeitslosigkeit ist in der Stadt weit verbreitet, weil dort nur wenige Wirtschaftszweige angesiedelt sind, die Arbeitsplätze schaffen. Im Allgemeinen ist die Bevölkerung der Stadt und der Landkreise für ihre konservativ-religiöse Wertehaltung bekannt. Das Leben auf dem Land ist spartanisch, außer einigen Häusern, einer Moschee, einer Grundschule und einem Männercafé, in dem die wenigen Männer Karten spielen und über Fußball und Politik diskutieren, gibt es dort nichts. Ibrahims Eltern leben bis zur Migration von Ackerbau und Viehzucht. Dort auf dem Dorf sieht man nur Männer, es kommt selten vor, dass die Frauen sich öffentlich zeigen. Die soziale Kontrolle ist enorm, weil im Dorf nur ca. 250 Menschen leben. Im Sommer geht die Zahl der Bevölkerung weiter zurück, da die meisten Männer als Saisonarbeiter unterwegs sind. Im Dorf gibt es eine Grundschule, die überwiegend von Jungen besucht wird, obwohl die allgemeine Schulpflicht für beide Geschlechter gilt. Die Eltern nehmen ihre Töchter mit der Begründung von der Schule, dass das Mädchen bereits lesen und schreiben kann und der Mutter im Haushalt helfen müsse. Die Lehrkräfte stimmen dem oft zu, so dass die meisten Mädchen nur zwei bis drei Jahre die Schule besuchen können. Die Erziehung der Kinder ist nicht nur Sache der Eltern, sondern die Angelegenheit aller Erwachsenen. Hier haben der Lehrer und der Imam einen großen Einfluss auf die Erziehung. Die Dorfbevölkerung geht mit all ihren Problemen entweder zum Dorflehrer oder zum Imam. In diesem Dorf ist eine strikte Geschlechtertrennung zu beobachten: Die Männer sind nach außen orientiert, sind in ihrer männerdominierten Welt zu Hause. Die Frauen hingegen sind nach innen orientiert, das heißt sie sind an die häusliche Umgebung gebunden und verlassen selten das Haus.

Gründe für die Migration

Ibrahims Eltern leben bis 1969 auf dem Land. Der Vater hat damals Probleme, finanziell für die Familie zu sorgen. Mitte der 1960-er Jahre überschuldet sich der Vater, weil er Investitionen in ein großes Ackerfeld tätigt, um seinen Ertrag zu steigern. Dieses Vorhaben läuft aber nicht gut, weil die nachfolgenden Sommer sehr heiß sind und die Dürre die Felder zerstört. Zum Abtragen seiner Schulden beschließt der Vater nach Ankara zu gehen, um dort in der freien Wirtschaft sein Glück zu suchen. Die erhoffte Wende stellt sich aber nicht ein, weil er für die meisten Tätigkeitsfelder nicht ausreichend qualifiziert ist. So leiht er sich etwas Geld von einem Verwandten und macht sich mit einem Gemüsegeschäft selbständig. Ein halbes Jahr später muss er jedoch das Geschäft wegen fehlender Kundschaft aufgeben. Von einem Freund erfährt er, dass in Deutschland viele männliche Arbeitskräfte gesucht werden. Er bewirbt sich um einen Platz, ohne seine Familie in die Planungen einzuweihen. Als er die Gesundheitskontrollen besteht, kann er mit einigen Freunden Richtung München ausreisen. Bevor er die Reise nach Deutschland antritt, besucht er kurz seine Familie in Konya, um ihr sein Vorhaben mitzuteilen. Ibrahims Vater kommt direkt nach München und wird in einem Männerwohnheim untergebracht, wo er sein Zimmer mit drei anderen Männern aus der Türkei teilen muss. Da er nach zwei Jahren Heimweh hat, beschließt er, in die Türkei zurückzukehren. In Konya angekommen, sieht er ein, dass er wieder nach Deutschland muss. Diesmal nimmt er aber seine Frau und die drei Kinder mit. Am Anfang wohnt die Familie in München-Pasing zu fünft in einer Ein-Zimmer-Wohnung. Nachdem Ibrahim und noch eine Schwester auf die Welt gekommen sind, zieht die Familie 1978 in eine „große Wohnung", bestehend aus zwei Zimmern und einer Küche, so Ibrahim. Der Vater arbeitet viele Jahre bei Siemens am Band. Seine Frau bleibt anfangs zu Hause, um für die Kinder zu sorgen. Als die Kinder etwas größer sind, fängt auch die Mutter an zu arbeiten, um das Familieneinkommen aufzubessern: Sie geht morgens und abends putzen. Beide Elterteile von Ibrahim haben nie einen Deutschkurs besucht. Die Mutter ist Analphabetin und der Vater ist Autodidakt.

Schul- und Berufsausbildung

Ibrahim kommt 1975 in München zur Welt. Einen Kindergarten besucht er nie, weil es damals nicht üblich ist, dass türkische Kinder in den Kindergarten gehen, so die Begründung Ibrahims. Aufgrund der mangelnden Deutschkenntnisse kommt er nicht in die Regelklasse der Grundschule, sondern in eine Übergangsklasse für ausländische Kinder mit eingeschränkten Deutschkenntnissen. Nach einem Jahr kommt er in die Regelklasse, schließt ohne größere Probleme die Grundschule ab und wird mit elf Jahren in die Hauptschule empfohlen. Zunächst bringt er dort durchschnittliche Leistungen. Ab der siebten Klasse lassen seine Leistungen nach, weil er sich nicht mehr für die Schule, sondern für die Mädchen interessiert. Er erwirbt zwar den Hauptschulabschluss, bleibt aber zwei Mal sitzen. Eine Lehrstelle sucht er nicht, weil er damals der Meinung ist, dass es wichtiger sei, schnell Geld zu verdienen: Während der Lehrzeit „muss man wie ein Ochse arbeiten, ohne dafür Geld zu bekommen". Ab dem 15. Lebensjahr verbringt Ibrahim mehr Zeit auf der Straße als zu Hause. In dieser Zeit wird er strafrechtlich auffällig, weil er hin und wieder in Schlägereien und Diebstähle verwickelt ist. Die Eltern, vor allem der Vater, können ihn nicht kontrollieren. Von seinen Straftaten erfahren die Eltern, als die Polizei eines Tages das Haus durchsucht, um Beweismittel zu sichern. Ibrahim arbeitet in dieser Zeit selten und übernachtet meist bei den „Kumpels". Als Ibrahim 20 wird, beschließt der Vater, dass sein Sohn seinen Militärdienst in der Türkei ableisten soll. Der Vater drängt Ibrahim zu diesem Schritt, weil er nach dem strengen türkischen Militärdienst eine Besserung im Verhalten seines Sohnes erhofft. Nach dem Militärdienst ändert sich Ibrahim nicht grundlegend und macht so weiter wie vorher. Um seinen

Sohn zu disziplinieren, beschließt der Vater, ihn mit einer ehrenhaften Frau aus dem Heimatdorf zu verheiraten.

Die Eheschließung

Im Jahre 1996, als Ibrahim 21 Jahre alt ist, heiratet er eine entfernte Verwandte aus dem Heimatdorf seiner Eltern. Vor der Eheschließung sieht er sie zwei Mal ganz kurz. Zu seiner Mutter hat er damals gesagt, dass das Mädchen ihm gut gefalle. Als er seine Frau heiratet, ist sie 16 Jahre alt. Die Brautwerbung und die Hochzeitsfeier werden kurz gehalten. Die Eltern der Braut wollen, dass die Sache schnell über die Bühne geht. Einen Tag vor der eigentlichen Hochzeitsfeier kommt ein Imam und schließt die Ehe. Am selben Abend findet der Hennaabend statt. Eine Woche später nimmt Ibrahim seine Frau mit nach Konya, um die offizielle standesamtliche Eheschließung zu vollziehen. Denn nur mit einem standesamtlichen Trauschein kann er seine Frau mit nach München nehmen. Die Familienzusammenführung zieht sich aber zwei Jahre hin, weil es immer wieder Probleme gibt und die deutschen Behörden sich quer legen. Auf die Probleme, die ihm die deutschen Behörden machen, möchte Ibrahim nicht eingehen.

Soziale Kontakte

Während seine Frau in Konya bleibt, reist Ibrahim gemeinsam mit seinen Eltern zurück nach München. Er bemüht sich anfangs um die Papiere, damit seine Frau so schnell wie möglich nachkommen kann. Ein halbes Jahr später lässt das Interesse an seiner Frau nach. Er trifft weiterhin seine Freunde und geht mit ihnen abends häufig aus. In dieser Zeit verliebt er sich in eine türkische Frau, die er heiraten möchte, aber nicht kann und darf. Als die Eltern von dieser Beziehung erfahren, fahren sie umgehend mit Ibrahim in die Türkei. Kurz nach diesem Konya-Aufenthalt erfährt Ibrahim, dass seine Frau ein Kind von ihm erwartet. Daraufhin beendet er die Beziehung mit seiner Freundin in Deutschland. Im Herbst 1998 kann seine Frau endlich mit der gemeinsamen Tochter nach Deutschland einreisen. Eine eigene Wohnung für das junge Paar ist nicht vorgesehen. Das entspricht Ibrahims Wunsch, der die Kontrolle über seine Frau nicht verlieren will. Die Geschwister, die Mutter und der Vater sollen ihn darüber informieren, ob seine Frau sich „anständig“ benehme. Einen Deutschkurs besucht seine Frau nie, das ist aus Ibrahims Sicht auch nicht nötig. In München könne man alles in Türkisch erledigen. Das Haus verlässt seine Frau nur unter Aufsicht der Geschwister. Freundinnen außerhalb der Familie darf seine Frau nicht haben, weil sie einen „schlechten“ Einfluss auf sie haben könnten. Auch nach der Familienzusammenführung geht Ibrahim mit seinen Freunden aus. Um seine Frau müsse er sich nicht kümmern, weil sie bei seinen Eltern gut aufgehoben sei. Hin und wieder hat er andere Freundinnen, aber keine Türkinnen. Türkinnen könne er sich nicht leisten, weil er ja verheiratet sei. Laut Ibrahim seien die nicht-muslimischen Frauen lockerer und man könne mit ihnen viel Spaß haben, ohne gleich heiraten zu müssen.

Persönliche Motive für die Eheschließung

Ibrahim wollte zunächst nicht heiraten, weil er mit seiner Situation zufrieden war. Er trifft die Entscheidung „spontan“, weil ihm die Frau, die seine Eltern für ihn ausgesucht haben, sehr gut gefällt. Der Zeitpunkt für eine Eheschließung sei zwar noch sehr früh, aber er wolle diese „schöne Frau nicht verpassen“. Er möchte nicht erfahren, ob sie ihn heiraten wollte. Das sei nicht nötig, weil alle Frauen aus dem Dorf einen Mann aus „Europa“ heiraten möchten. Als seine Frau nicht sofort kommen kann, schaut er sich weiter um. Er fühlt sich in dieser Zeit nicht an sie gebunden, weil sie nicht in seiner Nähe ist. Erst als sie schwanger wird, fühlt er sich für seine Frau richtig verantwortlich. Aus diesem Grund bricht er auch den Kontakt zu seiner Freundin ab. Er habe immer gedacht, dass er nichts mehr anstellen würde, wenn er heirate und für jemanden verantwortlich sei, so begründet er im Nachhinein seine Einwilligung zu der Verheiratung.

Die Geschlechterrollen in der Familie beziehungsweise in der Ehe

In der Familie von Ibrahim haben die Männer das letzte Wort. Die Frauen müssen sich unterordnen. Auch die wichtigen Entscheidungen in Bezug auf Ibrahim und seine Frau werden von seinem Vater getroffen. In dieser Hierarchie muss die junge Ehefrau „ganz unten anfangen“ und sich bewähren. Ihre Meinung zählt nicht, wenn Entscheidungen – auch über sie – anstehen. Sie muss sich fügen und die getroffenen Vereinbarungen akzeptieren. Wenn Ibrahim Entscheidungen trifft, bespricht er diese nicht mit seiner Frau. Gewisse Entscheidungen bekommt seine Frau über die Schwägerin mitgeteilt. Sie äußert zwar öfter ihren Wunsch nach einer eigenen Wohnung, hatte aber bislang keinen Erfolg damit.

Gewalt in der Familie, in der Ehe

In der Familie von Ibrahim ist die Anwendung von Gewalt ein legitimes Mittel, um für mehr Disziplin und Ordnung zu sorgen. Er habe selber viele Schläge bekommen und sei dadurch viel „härter“ geworden. Seine Frau schlage er „nur manchmal“, wenn sie laut spricht, während sein Vater da ist. Seine siebenjährige Tochter bekommt manchmal „Watschen“, wenn sie nicht brav ist und nicht auf die Mutter hört. Er schreit seine Frau, seine Tochter und seine Schwester oft an und beleidigt sie, wenn sie nicht ruhig sind, während er im Fernsehen Fußball guckt.

Sexualisierte Gewalt

Wenn er mit seiner Frau alleine ist oder wenn sie gemeinsam Urlaub machen, möchte er von seiner Frau grundsätzlich nur Sex. Was solle er mit seiner Frau sonst machen? Es steht seiner Frau nicht zu, „Nein“ zu sagen, weil ein Mann befriedigt werden muss. Wenn seine Frau doch einmal keine Lust hat, nimmt er sich das Recht, mit seiner Frau zu schlafen. Beleidigungen, die auf die Ehre oder auf die sexuellen Praktiken der Frau gerichtet sind, macht er häufig.

Der Wert der Ehre

„Der einzige Grund, wofür es sich lohnt zu leben, ist die Ehre“, so der Wert der Ehre bei Ibrahim. Bei ihm ist die Ehre über die weiblichen Familienmitglieder, vor allem über seine Frau, definiert. Frauen würden alles daran setzen, um die Ehre des Mannes mit den Füßen zu treten.

Das ist auch der Hauptgrund, warum er seiner Frau nicht erlaube, alleine das Haus zu verlassen. Er möchte nicht, dass seine Frau von fremden Männern angesprochen wird. Die Ehre des Mannes ist beschmutzt, wenn er seine Frau nicht verteidigen kann und diesen Mann nicht zur Rechenschaft zieht, schließlich sei München groß genug, um schnell und unauffällig unterzutauchen.

Yüksel

Die Herkunft der Familie

Die Eltern von Yüksel stammen aus Giresun vom Schwarzen Meer. Aus der Gegend des Schwarzen Meeres sind viele Menschen nach Deutschland emigriert. Die Eltern kommen nicht direkt aus Giresun, sondern aus einem 45 Kilometer westlich davon liegenden Dorf. Giresun ist eine kleine Stadt und die Wirtschaft ist nicht sehr fortschrittlich. Die meisten Menschen arbeiten auf dem Land oder gehen als Tagelöhner in den Süden. Das Dorf zählt ca. 350 Einwohner, wobei 75 Prozent Kinder, Frauen oder ältere Männer sind. Zum Dorf gehören eine Grundschule, eine Moschee und ein Männercafé. Alle Dorfbewohner sind in irgendeiner Form miteinander verwandt. Es kommt selten vor, dass die heiratsfähigen Kinder ihre zukünftigen Partnerinnen oder Partner außerhalb des Dorfes suchen. Dies ist nur in Ausnahmefällen möglich, wenn heiratsfähige Mädchen beziehungsweise Jungen fehlen. Erst dann orientiert man sich nach außen, Richtung Nachbardorf oder Kreisstadt. Das Dorf ist sehr religiös geprägt. Bis vor wenigen Jahren, als noch mehr Menschen im Dorf wohnten, gab es sogar zwei Moscheen. Es ist in diesem Dorf unüblich, dass die Mädchen sich im öffentlichen Leben zeigen. Auf den Straßen und auf dem Dorfplatz trifft man nur Jungen oder ältere Männer beziehungsweise ältere Frauen. Die Mädchen leben im häuslichen Umfeld und besorgen den Haushalt. Auch ist es unüblich, dass Mädchen ab dem achten, neunten Lebensjahr ihre Haare offen tragen. Die meisten Mädchen besuchen zwar die Grundschule im Dorf, aber die weiterführenden Schulen bleiben ihnen verwehrt. Jungen können weiterführende Schulen besuchen, müssen dann aber in Internaten untergebracht werden. Da der Aufenthalt in einem Internat für ein Mädchen „unehrenhaft“ ist, kommt eine weiterführende Schule für sie nicht in Frage. Der Großteil der Mädchen absolviert nicht einmal die Grundschule. Im Dorf haben der Lehrer und der Imam das Sagen. Und wenn ein Lehrer sagt, dass es für Mädchen nicht notwendig sei, lange in die Schule zu gehen, wird das als Befehl wahrgenommen. Es ist noch nicht vorgekommen, dass in diesem Dorf eine Lehrerin unterrichtet hat.

Gründe für die Migration

Yüksels Vater findet in seinem Dorf keine richtige Beschäftigung. Immer wieder sucht er eine Tätigkeit, mit der er seine Familie ernähren kann. Bis Ende der 1960er-Jahre arbeitet Yüksels Vater in der Mittelmeermetropole Adana. Nur im Winter kommt er nach Giresun zu seiner Familie. Er muss nicht nur für seine Frau und die zwei Kinder sorgen, sondern auch für seine kranken Eltern und zwei minderjährige Geschwister. Das Geld, das er in Adana verdient, reicht nicht aus, weil er der einzige Erwerbstätige in der Familie ist. Während eines Aufenthaltes in Giresun erfährt er, dass einige Männer aus seinem Dorf ins Ausland gegangen sind, um viel Geld zu verdienen. Er beschließt, all seine Ersparnisse und den Schmuck seiner Frau in eine Reise nach Deutschland zu investieren. Sein erster Versuch im Jahre 1969 scheitert, weil er sein Geld an einen Mittelsmann übergibt, der sich als Betrüger herausstellt. 1971 aber kommt er dann mit einem Verwandten aus seinem Dorf nach Deutschland. Zunächst arbeitet er ein halbes Jahr auf dem Bau in Saarbrücken. Doch die Arbeit fällt ihm schwer, da er immer draußen in der Kälte und im Regen arbeiten muss. Über einen Verwandten in Ingolstadt erfährt er, dass er bei Audi unterkommen kann. Ein Teil der Familie lebt seit 1972 in Ingolstadt, seine Frau und die beiden Kinder kommen erst 1973 nach, nachdem von der deutschen Regierung beschlossen wurde, keine Arbeitskräfte mehr aus dem Ausland anzuwerben. Zunächst bewohnt die Familie eine kleine Zwei-Zimmer-Wohnung in Ingolstadt. Als drei weitere Kinder des Ehepaares auf die Welt kommen, ziehen sie um und wohnen seitdem in einer Drei-Zimmer-Wohnung in der Altstadt von Ingolstadt. Yüksel wird 1975 in Ingolstadt geboren. Während sein Vater aus gesundheitlichen Gründen nicht mehr arbeitet, ist die Mutter bei der Stadt als Putzfrau beschäftigt. Der Vater hat die Grundschule in der Türkei besucht, die Mutter kann etwas lesen und schreiben. Beide Elternteile sprechen kaum Deutsch. Der Vater von Yüksel verbringt den gesamten Sommer in seinem Heimatdorf.

Schul- und Berufsausbildung

Yüksel kommt mit ca. fünfeinhalb Jahren in den Kindergarten, um für seine Einschulung Deutsch zu lernen. Bis zu diesem Zeitpunkt spricht er kein einziges Wort Deutsch. Im Kindergarten ist er das einzige Kind ausländischer Herkunft. Er tut sich schwer, Kontakt zu anderen Kindern aufzubauen, was er mit fehlenden Deutschkenntnissen begründet. Erst nach drei Monaten kann er sich sprachlich mit den anderen Kindern verständigen. Knapp ein Jahr später wird Yüksel in eine Regelklasse der Grundschule eingeschult. Er ist das einzige Kind, dessen Eltern aus der Türkei stammen. Die Grundschule besteht er mit großem Erfolg und wird trotzdem „nur" in die Realschule empfohlen, wie er es ausdrückt. Ende der 1980er-Jahre, als er die Realschule besucht, gibt es kaum ausländische Schüler in seiner Schule. Er ist ein fleißiger Schüler und bringt nur gute Leistungen. In der achten Klasse lassen seine schulischen Leistungen so nach, dass er kurz davor steht, die Klasse zu wiederholen. Diesen Leistungsabfall begründet er mit den Problemen zu Hause. In dieser Zeit habe sein Vater viel getrunken und seine Mutter, ihn und die anderen Kinder geschlagen. Nach dem erfolgreichen Abschluss der Realschule macht er eine Lehre als Bankkaufmann bei einer großen Bank in München. Nach zwei Jahren als Bankkaufmann verspürt er den Wunsch nach einer Veränderung. Er holt die fachgebundene Hochschulreife nach und studiert in Regensburg Betriebswirtschaftslehre. Seit 2002 arbeitet Yüksel bei einer mittelständischen Firma in Ingolstadt im Vertrieb.

Die Eheschließung

Während seiner Ausbildungszeit in München befreundet sich Yüksel mit einer jungen Türkin. Die Beziehung hat einen ernsthaften Charakter, die beiden wollen gerne heiraten und zusammen Kinder bekommen. Nach zweijähriger Beziehung verlässt die Freundin Yüksel, um mit einem anderen Türken „durchzubrennen". Von diesem Schock erholt sich Yüksel nur langsam. Er versucht zwar, seine Freundin wiederzugewinnen – auch mit Hilfe von Gewalt –, aber es gelingt ihm nicht. Eine zweite ernsthafte Beziehung geht er während seiner Studienzeit in Regensburg ein. Die Beziehung ist so ernst, dass er seine Eltern einschaltet, um um die Hand der jungen Frau anzuhalten. Die Eltern seiner Freundin sind gegen die Heiratspläne der Tochter, weil – wie sie zunächst offiziell angeben – die Tochter mit ihrer Ausbildung noch nicht fertig sei. Später stellt sich heraus, dass beide Eltern grundsätzlich gegen eine Eheschließung sind, weil Yüksels Familie Muslime sunnitischen Glaubens und die Familie seiner Freundin Muslime alevitischen Glaubens sind. Beide Eltern verbieten ihren Kindern den Kontakt zueinander. Nach dieser zweiten Enttäuschung beschließt Yüksel, sich nie wieder mit Türkinnen in Deutschland einzulassen. Auf den Vorschlag der Mutter, eine Cousine aus dem Heimatdorf zu heiraten, geht er ein. Im Sommer 2001 heiratet er seine jetzige Frau. Bis zur Eheschließung sieht er seine Frau lediglich zwei Mal: In beiden Fällen sind auch andere Familienmitglieder anwesend. Die gesamte Prozedur der Eheschließung – Brautwerbung, Hennaabend, Hochzeitsfeier und islamische und standesamtliche Eheschließung – dauert drei Wochen. Yüksel muss im Sommer 2001 zunächst ohne seine Frau nach Deutschland zurückkehren. Erst als er Anfang 2002 seine Vollzeitstelle im Vertrieb antritt, kann seine Frau nachkommen. Die ersten sechs Monate wohnt das junge Paar bei Yüksels Eltern.

Soziale Kontakte

Yüksel spielt seit seiner Jugend im Verein Fußball. Nach dem Training oder nach Sonntagsspielen geht er mit seinen Fußballkollegen weg. Diese Abende werden manchmal so lang, dass er erst nach Mitternacht nach Hause kommt. Häufig enden die Abende mit einem Bordellbesuch, auch nach der Eheschließung. Er denkt nicht daran, Rücksicht auf seine Frau zu nehmen, weil seine Eltern und Geschwister für seine Frau da seien. In den ersten sechs Monaten hat seine Frau kaum Kontakt zur Außenwelt. Sie verlässt die Wohnung nur in seiner Begleitung oder in der seiner Geschwister oder Eltern. Yüksel zieht zwar mit seiner Frau in eine eigene Wohnung, aber diese ist im selben Haus wie die seiner Eltern. Die Wohnungssuche hat länger als nötig gedauert, weil er in der Nähe seiner Eltern bleiben möchte. Während seine Frau sich eine

Wohnung in einem anderen Stadtteil wünscht, möchte er unbedingt in der Nähe bleiben, damit seine Eltern „ein Auge auf seine Frau werfen" können, so seine Begründung. Seine Frau möchte einen Deutschkurs besuchen, wofür er sich nicht erwärmen kann. Denn die Deutschkurse seien teuer und sie brauche keine Deutschkenntnisse, um sich in Ingolstadt zurechtzufinden.

Persönliche Motive für die Eheschließung

Yüksels persönliche Motive für die Eheschließung sind vor allem in den zwei vorhergehenden enttäuschenden Beziehungen zu suchen. Er möchte sich nicht mehr mit Türkinnen, die in Deutschland sozialisiert sind, befreunden. Aus seiner Sicht sind diese Mädchen sehr kompliziert und haben hohe Ansprüche an eine Beziehung und an seine Person. Die Türkinnen in Deutschland wollen ihn umerziehen und aus ihm einen Mann machen, der spült, kocht und die Kinder erzieht. Das wolle er nicht, schließlich sei er ein Mann und kein Pantoffelheld. Die Mädchen aus seinem Heimatdorf sind noch nicht verdorben. Sie übernehmen ihre weibliche Rolle, ohne zu diskutieren. Deshalb sei er auch mit seiner jetzigen Frau sehr zufrieden. Er bereut es nicht, seine Frau aus dem Heimatdorf ausgewählt zu haben.

Die Geschlechterrollen in der Familie beziehungsweise in der Ehe

Yüksel legt großen Wert auf die traditionelle Rollenverteilung: Der Mann verdient das Geld, die Frau ist mit dem Haushalt und der Kindererziehung beschäftigt. Sein Vater vertritt die wichtigen Entscheidungen nach außen, aber eigentlich trifft die Mutter die meisten Entscheidungen in der Familie. Die Mutter hat auch die Frau für Yüksel in der Türkei ausgesucht. Yüksel bekommt in seiner Jugend gemeinsam mit seinem Bruder den Auftrag, auf die Geschwister aufzupassen. Da er erst in München und später in Regensburg lebt, kann er dieser Aufgabe nicht ausreichend nachkommen. Die Mädchen, auch wenn sie älter sind als die Jungen, werden in die Entscheidungen nicht einbezogen. In den ersten sechs Monaten der Ehe muss Yüksels Ehefrau den gesamten Haushalt der Familie besorgen. Seine Mutter besteht darauf, dass Yüksel nicht aus dem Haus auszieht, damit die Schwiegertochter auch weiterhin den Haushalt machen kann.

Gewalt in der Familie, in der Ehe

Yüksel distanziert sich entschieden davon, Gewalt gegen seine Frau anzuwenden. Er räumt allerdings ein, dass ihm „manchmal die Hand ausrutscht". In seiner Jugendzeit schlägt und tritt er seine Schwester, weil er sie im Bus mit einem deutschen Jungen gesehen hat. Sein Vater schlägt ihn in seiner Jugend regelmäßig. Er berichtet auch von Gewaltanwendung seines Vaters gegenüber seiner Mutter, als er in der achten Klasse war. Er hat beobachtet, wie sein Vater mit einer abgebrochenen Flasche auf seine Mutter losging. Dabei verletzten sich die beiden Schwestern, weil sie sich schützend vor die Mutter stellten. Seine eigene zweieinhalbjährige Tochter habe er „nur" drei Mal geschlagen, wenn sie nicht brav war. Seine Frau schlägt ihre Tochter nie, er habe das zumindest noch nie gesehen.

Sexualisierte Gewalt

Wenn seine Frau im Bett nicht die Praktiken umsetzt, die ihn befriedigen, dann bekommt sie „eine kleine Watschen". Der Frau stehe es nicht zu, „Nein" zu sagen. Schließlich habe er eine Frau aus der Türkei geholt, die gehorsam ist und tut, was der Mann möchte. Wenn seine Frau doch nicht will, dann schläft er trotzdem mit ihr. In diesem Zusammenhang ist es legitim, seine Frau mit Hilfe von Schlägen zum Sex zu bewegen. Sexuelle Erniedrigung sowie Beleidigungen und Beschimpfungen, die an die Ehre gerichtet sind, kämen nicht so oft vor, so die Aussage von Yüksel. Sein Vater habe ihn als „ibne" (schwul) und unehrenhaft bezeichnet, als seine Beziehung zu seiner alevitischen Freundin ans Tageslicht kam. Sexualisierte Beschimpfungen äußere seine Mutter gegenüber der Tochter.

Der Wert der Ehre

Es ist Yüksel sehr wichtig, was die Verwandten und die Bekannten in Deutschland über die Familie denken. Die Familie darf niemals in der Öffentlichkeit in Verruf kommen. Für das negative Bild der Familienehre sind in erster Linie die Frauen verantwortlich. Der Mann ist dann ehrlos, wenn er seine Frau oder seine Schwester nicht schützen kann. Die Kontrolle der Ehre sei in Deutschland viel schwieriger geworden, weil man nicht vielen Menschen in Ingolstadt vertrauen könne. Der Vater beauftragt die beiden Söhne mit der Überwachung der Schwestern in der Öffentlichkeit. Wenn die Mädchen in der Öffentlichkeit negativ auffallen, dann ist nicht nur die Ehre der Familie, sondern auch speziell die Ehre der beiden Söhne stark beschädigt.

Muhamet

Die Herkunft der Familie

Muhamets Eltern und Großeltern stammen ursprünglich aus der Nähe von Kayseri. Das liegt ca. 250 Kilometer östlich von Ankara und ist Ende der 1950er-Jahre wirtschaftlich nicht sehr entwickelt. Kayseri hat einen großen Landkreis, das Heimatdorf der Großeltern von Muhamet liegt ca. 100 Kilometer östlich von Kayseri. Neben Konya und Yozgat ist auch Kayseri für die konservative Wertehaltung und die fundamentalistische Auslegung des Islam bekannt. Diese Städte gelten in der öffentlichen Wahrnehmung auch als Hochburgen der Islamisten. In den ländlichen Gebieten von Kayseri sieht man im öffentlichen Leben kaum Frauen. Das Dorf, aus dem Muhamets Eltern und Großeltern stammen, ist fast so groß wie eine Kreisstadt, dort leben heute fast 1500 Menschen. Neben einer Grundschule und einer Mittelschule gibt es heute dort zwei Moscheen, viele Supermärkte und mehr als fünf Männercafés. Die Hälfte der Bevölkerung lebt von Viehzucht und Ackerbau, die andere Hälfte ist arbeitslos. Die Mädchen besuchen grundsätzlich immer die Grundschule, weil der dortige Lehrer streng darauf achtet. Die Väter versuchen immer wieder den Lehrer zu überzeugen, dass die Mädchen nicht so lange in die Schule müssten, weil sie im Haushalt als Arbeitskräfte gebraucht würden. Nur jedes zehnte Mädchen bekommt die Gelegenheit, die Mittelschule zu besuchen, obwohl seit 2000 der Besuch der Mittelschule in der gesamten Türkei Pflicht ist. Die Mädchen gehen nur auf die Straße, wenn sie zur Schule oder einkaufen müssen. Ihre Freizeit – wenn sie Freizeit haben – verbringen sie im Haus. Es steht einem Mädchen nicht zu, ohne Beschäftigung die Zeit zu

„vertreiben", so Muhamet. In der Familie müssen sie mit dem Haushalt oder der Geschwisterbetreuung beschäftigt sein. Die Jungen hingegen genießen alle Freiheiten, die ein Kind haben kann: Sie gehen spielen, sie besuchen die weiterführenden Schulen und treffen ihre Freunde auf dem Dorfplatz. Muhamets Großvater arbeitet bis 1959 im Dorf. Um besser für die Familie sorgen zu können, geht er für drei Jahre nach Kayseri und arbeitet dort als Hilfsarbeiter in einer Fabrik. Hier erfährt er, dass in Deutschland viele Arbeitskräfte gebraucht werden. Er sieht sich im Vorteil, weil er bereits Erfahrungen in der Fabrikarbeit hat. Anfang 1962 kommt Muhamets Großvater als einer der ersten Türken nach München.

Gründe für die Migration

Als Muhamets Großvater 1959 nach Kayseri geht, um mehr Geld zu verdienen, hat er bereits vier Kinder. Der Vater von Muhamet ist das älteste Kind. Der Großvater muss damals nicht nur für seine Frau und die vier Kindern sorgen, sondern auch für seine Eltern und einen pflegebedürftigen Bruder. Dieser Bruder muss öfters zu kostspieligen Krankenhauskontrollen nach Kayseri oder Ankara gebracht werden. Der erste Versuch, sich mit einem kleinen Lebensmittelgeschäft selbständig zu machen, enttäuscht den Großvater, weil er nicht so viel Geld verdienen kann wie erhofft. Er verkauft seine zwei Kühe, um die Busfahrkarte nach Kayseri finanzieren zu können und die ersten Tage in der Stadt zu überbrücken, bis er eine Arbeit findet. Als er 1962 nach München kommt, arbeitet er zunächst bis 1966 auf dem Bau, bis er 1967 eine Anstellung bei BMW bekommt. Als er 1965 sein Heimatdorf besucht, möchte er eigentlich nicht mehr zurückkehren, weil ihm die Arbeit auf dem Bau schwer fällt. Er beschließt aber, noch ein, zwei Jahre zu arbeiten, bis er ein schönes Haus in der Heimat bauen kann. Während er bei BMW arbeitet, lernt er eine alleinstehende Türkin kennen, mit der er sich befreundet. Als sie schwanger wird, will sie ihn heiraten. Er erzählt von seiner Frau und den vier Kindern in Kayseri. Die schwangere Frau treibt ihr Kind ab und geht nach Köln. Erst danach können die vier Kinder und seine Frau nach Deutschland einreisen. Muhamets Großvater verheiratet alle seine fünf Kinder – er bekommt später noch ein Kind – nach traditionellen Bräuchen mit einem Jungen beziehungsweise einem Mädchen aus dem Heimatdorf. Muhamets Vater ist 1954 in Kayseri geboren und kommt als 15-Jähriger 1969 nach Deutschland. Mit 18 heiratet er 1972 eine Cousine aus dem Heimatdorf. Muhamet kommt 1981 in München zur Welt und hat drei ältere Schwestern.

Schul- und Berufsausbildung

Ohne vorher einen Kindergarten besucht zu haben, wird Muhamet mit sieben Jahren eingeschult. Einen Kindergarten besucht er nicht, weil seine Eltern ihre Kinder vor der christlich geprägten Erziehung schützen wollen. Damit sie nur für die Belange der Kinder da sein kann und um aus den Kindern anständige türkische Bürger zu machen, arbeitet Muhamets Mutter nicht. Bereits in der Vorschule liest die Mutter ihren vier Kindern aus dem Koran und aus den religiösen Büchern vor. In der Grundschule muss Muhamet die dritte Klasse wiederholen. Er begründet diesen „peinlichen" Vorfall mit der Lehrerin, die eine bekennende „Türkenfeindin" sei. Die gleiche Lehrerin habe auch dafür gesorgt, dass er zunächst die Förderschule besuchen muss, bevor er in München-Giesing in eine zweisprachig unterrichtende Hauptschule kommt. In der Schule ist er nicht besonders gut, aber auch nicht so schlecht, dass er die Klasse wiederholen muss. In der achten und neunten Klasse interessiert er sich nicht besonders für den Unterrichtsstoff. In dieser Zeit ist er sehr um die Lage der türkischen Mädchen besorgt: Sie ziehen sich sehr freizügig an und treffen sich immer häufiger mit deutschen Jungen. Immer wieder versucht er gemeinsam mit seinen Freunden, Druck auf die türkischen Mädchen auszuüben, hat aber damit keinen Erfolg. In der Folge trifft er die Entscheidung, niemals ein türkisches Mädchen zu heiraten, das in Deutschland aufgewachsen ist. Nach dem Abschluss der Hauptschule bemüht er sich vergeblich um einen Ausbildungsplatz. Er hat ein schlechtes Zeugnis, das mit seinem Berufswunsch „Bankkaufmann" nicht kompatibel ist. Seit 1999 arbeitet er immer wieder über eine Zeitarbeitsfirma als Hilfsarbeiter in unterschiedlichen Münchener Firmen.

Die Eheschließung

In der Familie ist es Tradition, dass die Kinder sehr früh – spätestens mit 20 Jahren – heiraten. Seine drei Schwestern heiraten bereits mit 17 beziehungsweise 18 Jahren. Dass er kein türkisches Mädchen aus

Deutschland heiraten wird, steht für Muhamet bereits in der achten Klasse fest. Er möchte auf alle Fälle ein Mädchen heiraten, das großen Wert auf die Ehre legt. Aus seiner Sicht sind die türkischen Mädchen in Deutschland ziemlich verdorben. Ein ehrenhaftes Mädchen trifft sich nicht vor der Ehe mit anderen Jungen und geht mit ihnen nicht ins Kino oder in die Disko. Als sein Vater ihm sagt, dass er bald heiraten soll, macht er selber Vorschläge, welche Mädchen aus dem Dorf für ihn in Frage kommen. Einige seiner Vorschläge werden seitens der Eltern, mit der Begründung, dass die Eltern der Mädchen kein Ansehen in der Gesellschaft hätten, abgelehnt. Im Jahre 2001 heiratet Muhamet eine Verwandte aus dem Landkreis Kayseri. Als Muhamets Eltern um die Hand der Braut anhalten, legen ihre Eltern großen Wert darauf, dass das Paar in Deutschland leben soll. Die Prozedur der Verheiratung dauert nur wenige Tage, die Familienzusammenführung in Deutschland zieht sich dann aber noch 16 Monate hin.

Soziale Kontakte

Muhamet hat während seiner Jugendzeit alle Freiheiten, die er braucht. Weil er der einzige Sohn der Familie und das jüngste Kind ist, wird ihm alles nachgesehen. Während die drei Schwestern stark reglementiert werden, darf Muhamet in einem türkischen Verein Fußball spielen, abends seine Freunde treffen und auch über Nacht von zu Hause fernbleiben. Er hat sehr viele türkische Freunde aus Kayseri. Er trifft sich nur mit Leuten, die gläubig sind und auf die Pflege der türkischen Tradition Wert legen. Während seiner Jugendzeit trifft er sich hin und wieder mit deutschen Mädchen, um sexuelle Erfahrungen zu sammeln. Muslimische Mädchen kommen dafür nicht in Frage. Bereits mit 12 Jahren bekommt er von seinem Vater die Aufgabe, auf die zwei ledigen Schwestern zu achten.
Die Frau von Muhamet reist Anfang 2003 nach München. Das Paar wohnt zusammen mit den Eltern in deren Wohnung. Da er der einzige Sohn in der Familie ist, ist es für ihn eine Selbstverständlichkeit, dass er bei seinen Eltern wohnt. Die Tradition lässt es nicht zu, dass seine Eltern ganz alleine bleiben. Es kommt für ihn nicht in Frage, dass seine Frau einen Deutschkurs besucht. Er möchte nicht, dass seine Frau von anderen türkischen Frauen beeinflusst wird. Ihre Kontakte sind auf den familiären Kontext beschränkt. Alleine mit seiner Frau unternimmt er

nichts, weil das in seiner Familie nicht üblich ist. Die Unternehmungen der Familie bestehen meistens aus gegenseitigen Besuchen. Muhamet trifft sich zwei bis drei Mal in der Woche mit seinen Freunden. Darüber hinaus besucht er die Moschee, wo er betet und mit seinen Freunden die türkischen Fußballspiele verfolgt.

Persönliche Motive für die Eheschließung

Die einzig legitime Form des Zusammenlebens mit einer Frau ist für Muhamet die Ehe. Er ist auch gegen eine längere Beziehung vor der Ehe, selbst wenn von Anfang an feststeht, dass das Paar heiraten wird. Dies begründet er mit der Ehrenhaftigkeit einer muslimisch-türkischen Frau. Die Ehe ist dafür da, dass man für Nachkommen, vor allem männliche, sorgt. Er möchte mindestens vier oder fünf Söhne bekommen, diese Kinder nach türkischen Traditionen erziehen und seinen Beitrag für den Erhalt der türkisch-konservativen Werte leisten.

Die Geschlechterrollen in der Familie beziehungsweise in der Ehe

Der Vater und der Großvater von Muhamet sind sehr traditionsbewusst. In diesem Zusammenhang haben die Frauen nichts zu sagen. Alle wichtigen Entscheidungen werden von den Männern getroffen. Der älteste Mann – in diesem Fall ist es der Großvater – trifft die wichtigsten Entscheidungen. Die übrigen Familienmitglieder müssen sich ihm unterordnen. Die Entscheidung, dass Muhamet heiraten muss, wird vom Großvater über den Vater an ihn herangetragen. Die administrativen Aufgaben, wie zum Beispiel die Kontaktaufnahme für eine Brautwerbung, werden von den weiblichen Familienmitgliedern – geordnet nach Alter – übernommen. In der Großfamilie ist es nicht üblich, dass die Frauen in der freien Wirtschaft arbeiten. Weder Muhamets Großmutter und Mutter noch seine Schwestern haben jemals außer Haus gearbeitet. Alle drei Schwestern haben zwar die Hauptschule abgeschlossen, aber eine Lehrstelle durften sie nicht antreten. Während der Schulzeit versuchte der Vater des Öfteren, seine Töchter vom Sport- oder Sexualkundeunterricht zu befreien.
Es ist für Muhamet eine unausgesprochene Norm, dass sich seine Frau in der Familie unterordnet und die Entscheidungen akzeptiert be-

ziehungsweise umsetzt, die für das Wohl aller Beteiligten getroffen werden. Schließlich sei das die Tradition und seine Frau möchte diese Traditionen beibehalten. Um ihren Respekt zu unterstreichen, spricht seine Frau seinen Vater und Großvater nicht direkt an, nennt die beiden auch nicht beim Namen. Sie spricht in der Öffentlichkeit nicht direkt mit ihrem Mann und nennt ihn ebenfalls nicht beim Namen.

Gewalt in der Familie, in der Ehe

Aus Muhamets Sicht muss ein Mann Gewalt anwenden, um seine Frau und seine Schwestern vor schlechten Eigenschaften zu schützen. Sein Vater habe ihn und die Schwestern immer wieder geschlagen, um für mehr Ordnung und Disziplin zu sorgen. Auch die Mutter habe immer wieder Schläge bekommen, wenn sie nicht ordentlich war oder laut gesprochen habe. Diese Form der Gewaltanwendung äußert sich nicht nur in Form von Ohrfeigen, sondern es sei auch legitim, mit Fäusten zu schlagen und mit Füßen zu treten, wenn es der Sache dienlich sei. Auch Beschimpfungen und Beleidigungen, die oft an die Ehre gerichtet sind, seien legitime Mittel, um für Loyalität und Gehorsamkeit zu sorgen. Seine Ehefrau schlage er, wenn es sein müsse. Das erste Mal habe er seine Frau in der Hochzeitsnacht geschlagen. Das habe er ohne Grund getan, um von Anfang an für Disziplin und Ordnung zu sorgen. Seinen 18 Monate alten Sohn habe er bis jetzt selten geschlagen. Er würde ihn natürlich öfter schlagen, wenn er nicht auf seine Großeltern, auf ihn und seine Mutter höre.

Sexualisierte Gewalt

In der Hochzeitsnacht habe seine Frau nicht gewusst, was zu tun sei. Der erste Beischlaf habe in Begleitung von Schlägen und Ohrfeigen stattgefunden. Sex gehe nicht nach dem Lustprinzip der Frau, sondern nach dem männlichen Trieb. Deshalb stehe es der Frau nicht zu, ihren Ehemann im Bett abzulehnen. Gewisse sexuelle Praktiken, die er mit „nicht-muslimischen Frauen“ ausprobiert habe, möchte er auch mit seiner Frau vollziehen. Wenn seine Frau diese Praktiken ablehnt, beleidigt er sie mit sexistischen Schimpfwörtern wie zum Beispiel „orospu“ (Nutte). In seiner Jugendzeit beschimpften ihn sein Vater und Großvater mit der Aussage, dass er sich nicht wie ein Schwuler verhalten solle (ibnelik yapma!).

Der Wert der Ehre

Um die Traditionen in der „Fremde“ weiter beizubehalten, muss man die Ehre um jeden Preis schützen. Er würde auch im Namen der Ehre jemanden umbringen. Zum Glück sei es in seiner Familie nicht so weit gekommen: Nicht weil er Angst habe, Gewalt anzuwenden, sondern weil die Familie intakt sei. Er definiert die Ehre über das Verhalten der Frauen in der Öffentlichkeit. Wenn die Frauen in der öffentlichen Wahrnehmung nicht negativ auffallen, dann ist die Familie als ehrenhaft zu bezeichnen. Da die Kontrolle von Männern ausgeübt wird, werden die Männer als ehrenhaft bezeichnet. Auch die männlichen Familienmitglieder dürfen nicht negativ auffallen, wie zum Beispiel durch Drogen- oder Alkoholabhängigkeit.

Mehmet

Die Herkunft der Familie

Mehmets Familie stammt aus dem Osten der Türkei, aus Bingöl. Wirtschaftlich ist der östliche Teil der türkischen Republik sehr unterentwickelt, weil der Staat in den Kurdengebieten bewusst wenig investiert. Bingöl ist eine kleine Stadt im Dreieck von Diyarbakır, Erzurum und Elazığ. Diese Stadt ist ca. 1500 Kilometer von Istanbul entfernt. Die Großeltern von Mehmet kommen nicht direkt aus Bingöl, sondern aus einem kleinen Dorf, das ca. 60 Kilometer von Bingöl entfernt ist. Die Einwohnerzahl des Dorfes ist überschaubar: Eine genaue Zahl kann Mehmet zwar nicht nennen, aber er schätzt, dass es nicht mehr als 120 bis 130 sein können. Der Winter in Bingöl ist so hart, dass das Dorf für mehrere Monate von der Außenwelt abgeschnitten ist. Das nächste Krankenhaus beziehungsweise ein Arzt ist in Bingöl, und die Menschen haben wenig Gelegenheit, diese in Anspruch zu nehmen. Es gibt nur sehr eingeschränkte Möglichkeiten Geld zu verdienen. Die meisten Dorfbewohner leben von etwas Ackerbau und Viehzucht. Das reicht aber bei weitem nicht aus, weil die Familien unter anderem sehr kinderreich sind. Eine Grundschule gibt es zwar in diesem Dorf, aber sie ist des Öfteren witterungsbedingt oder wegen Lehrermangel geschlossen. Die Mädchen bekommen die Gelegenheit, diese Grundschule zu besuchen. Eine weiterführende Schulbildung ist auch für Jungen schwierig, weil eine Mittelschule erst in der nächsten Kreisstadt ist, ca. 30 Kilometer entfernt. Da die meisten Eltern im Dorf arm sind, wird auf eine weiterführende Schule meistens verzichtet. Im Dorf ist es nicht üblich, dass die Mädchen sich in der Öffentlichkeit mit anderen Männern zeigen. Ohne eine Kopfbedeckung verlässt kein Mädchen das Haus. Eheschließungen mit Verwandten sind in diesem Dorf die Regel, weil alle irgendwie miteinander verwandt sind. Der Haupttreffpunkt der Frauen ist der Brunnen, wo sie sich unterhalten, unter anderem über gut aussehende Männer. Es ist ein Tabu, dass Männer die Frauen am Brunnen ansprechen. Die Männer hingegen treffen sich am Dorfplatz im Café und spielen Karten. Die meisten Männer in diesem Dorf sind arbeitslos und verfügen über kein geregeltes Einkommen. Viele der arbeitsfähigen Männer gehen in den Sommermonaten in den Süden oder Westen, um in der Gastronomie zu arbeiten. Einige haben dadurch reiche deutsche oder holländische Frauen kennen gelernt und sind nach „Europa“ gegangen. Das Hauptthema im Café und am Brunnen ist der Traum von einem besseren Leben. Die Männer möchten im Süden reiche Touristinnen kennen lernen und die Frauen hoffen auf Brautwerber aus Deutschland.

Gründe für die Migration

Mehmets Großvater hat insgesamt acht Kinder, fünf davon sind männlich, drei weiblich. In den 1950er- und 1960er-Jahren verschuldet sich der Großvater von Mehmet durch die Bodenreform in der Türkei. Um mit den großen Landbesitzern mitzuhalten, investiert er die Ersparnisse der Familie in technische Hilfsmittel in der Hoffnung auf höhere landwirtschaftliche Erträge. 1963 geht er zum Geldverdienen nach Istanbul und arbeitet dort in unterschiedlichen Bereichen, zuletzt in der Fabrik. Das Geld reicht aber nicht aus, unter anderem, weil die Lebenshaltungskosten in der Großstadt sehr hoch sind. Er kann seine Schulden nicht abtragen und wird von den Gläubigern unter Druck gesetzt und sogar bedroht. In der Fabrik in Istanbul erfährt er, dass Österreich und Deutschland Arbeitskräfte aus der Türkei anwerben. Er bewirbt sich für einen Platz in Österreich, weil es geographisch näher liegt. Von einem Verwandten erfährt er, dass man in Deutschland mehr und schneller Geld verdienen kann, auch seien dort mehr Landsleute als in Österreich. 1968 kommt Mehmets Großvater nach München. Er findet Beschäftigung in einer kleinen Münchener Firma, die sich im Metallsektor spezialisiert hat. Er kommt mit einem Freund aus Istanbul in einem Männerwohnheim unter, das speziell für die damaligen Gastarbeiter eingerichtet worden ist. Die ersten drei Jahre hat er nur sporadischen Kontakt zu seiner Familie. 1971 geht er zum ersten Mal in die Heimat zurück und bezahlt seine Schulden. Er erfährt, dass die Gläubiger die verbliebenen Kühe und Schafe als Gegenleistung mitgenommen haben. Fünf Wochen später kehrt er wieder nach München zurück, um für ein Haus zu sparen. Seine Frau und fünf Kinder kommen erst 1974 nach Deutschland. Die übrigen drei Kinder bleiben aus unterschiedlichen Gründen in der Türkei. Mehmets Vater ist zu diesem Zeitpunkt 14 Jahre alt. Er besucht zwei Jahre lang eine Schule in München und heiratet 1979 eine Cousine aus Bingöl. Mehmet ist das älteste Kind der Familie und kommt 1980 in München zur Welt. Die beiden Schwestern von Mehmet werden 1981 beziehungsweise 1983 geboren.

Schul- und Berufsausbildung

Als Mehmet 1980 geboren wird, ziehen seine Eltern in eine eigene Wohnung in München Neuperlach. Bis dahin hatten sie bei seinen Großeltern gewohnt. In Neuperlach ist der Anteil der türkischen Migranten in der Bevölkerung hoch. Von 1984 bis 1986 besucht Mehmet zwar einen Kindergarten, aber er lernt nicht richtig Deutsch, weil dort nur die „Kanaken" unterkommen, so die Begründung von Mehmet. Bevor er in die Regelklasse eingeschult wird, muss er eine Übergangsklasse beziehungsweise Vorklasse besuchen, um besser Deutsch zu lernen. Die Grundschule schließt er ohne große Mühe ab und wird in die Hauptschule weiterempfohlen. In der Hauptschule bringt er stets gute Leistungen und ihm wird angeboten, in eine Realschule zu wechseln. Den Wechsel lehnt er ab, weil er sich nicht sicher ist, ob er diese Schule „packen" kann, so Mehmet. Außerdem ist die Realschule in einem anderen Stadtteil, und er möchte sich nicht von seinen Freunden trennen.

Ein weiteres Motiv ist, dass er seine beiden Schwestern überwachen muss, die in die gleiche Schule gehen. Nach dem erfolgreichen Erwerb des qualifizierten Hauptschulabschlusses beginnt er eine Lehre als Elektroinstallateur. Nach der Meisterprüfung macht er sich mit einem Cousin, der Maler ist, selbständig.

Die Eheschließung

Als Mehmet in der neunten Klasse ist, befreundet er sich mit einer türkischen Schulkameradin. Die Sache scheint ernst zu sein, er wird den Eltern seiner Freundin vorgestellt. Die Art und Weise, wie seine Freundin sich kleidet und wie sie sich mit anderen Jungen unterhält, gefällt Mehmet nicht. Er setzt sie unter Druck, damit sie sich anders anzieht: keine engen Jeans, keine körperbetonten Oberteile etc. Er verbietet ihr den Kontakt zu anderen Jungen, auch wenn es unverbindliche Smalltalks sind. Diese Anforderungen werden von der Freundin anfangs akzeptiert, bis er ihr nahe legt, ein Kopftuch zu tragen. Dies lehnt sie ab, trennt sich von ihm und trägt auch wieder enge Jeans und körperbetonte Oberteile. Als sich eines Tages seine Ex-Freundin auf dem Schulhof mit einem anderen türkischen Jungen unterhält, möchte er sie zur Rede stellen. Sie geht darauf nicht ein und es kommt zu einer Auseinandersetzung. Er schlägt zunächst die Ex-Freundin, dann den Jungen, der sich schützend vor sie stellt. Mehmet wird von beiden angezeigt und muss einen zweiwöchigen Dauerarrest absitzen. Nach diesem Vorfall beschließt Mehmet, dass er eine türkische Frau aus der Heimat der Eltern beziehungsweise Großeltern heiraten wird. Nach dem Abschluss seiner Lehre beauftragt er seine Mutter mit der Suche nach einem geeigneten Mädchen aus dem Heimatdorf oder der Umgebung. Im Sommer 2001 geht die Mutter mit der älteren der beiden Schwestern nach Bingöl, um eine Frau für Mehmet zu suchen. Die beiden Frauen werden schnell fündig und benachrichtigen den Vater, Mehmet und die jüngere Schwester, damit sie nachreisen können. Die ausgewählte Braut ist ein 17-jähriges Mädchen aus dem Nachbardorf. Die Prozedur der Brautwerbung wird kurz gehalten, denn die Mutter hat die wichtigsten Absprachen bereits getroffen. Ein Imam verheiratet im Beisein zweier Zeugen das junge Paar, ein Tag später findet eine Hochzeitsfeier im Dorf statt und zwei Tage später trägt das Paar die Ehe im Standesamt ein. Da Mehmet über ein geregeltes Einkommen und ausreichenden Wohnraum verfügt, vollzieht sich die Familienzusammenführung in Deutschland innerhalb weniger Monate.

Soziale Kontakte

Mehmet genießt während seiner Jugendzeit sehr viele Freiheiten. Da er der einzige Sohn der Familie ist, bekommt er von seinen Eltern den Auftrag, auf seine beiden jüngeren Schwestern zu achten. Während die beiden Mädchen nur für schulische Zwecke und unter Aufsicht des Bruders das Haus verlassen, darf Mehmet seine Freizeit nach eigenem Gutdünken organisieren. Er hat sehr viele türkische Freunde, mit denen er unterschiedliche Sportarten ausprobiert, wie zum Beispiel Boxen, Karate und Fußball. Seit seinem 13. Lebensjahr spielt Mehmet in einem türkischen Fußballverein. Seine männlichen Freunde darf er nicht zu sich nach Hause einladen, weil er zwei Schwestern hat, die sich im heiratsfähigen Alter befinden. Ab seinem 15. Lebensjahr darf Mehmet bei seinen Freunden übernachten. In dieser Zeit interessiert er sich für die Mädchen, die er in Kneipen kennen lernt. Als 16-Jähriger fährt er mit etwas älteren Freunden nach Frankfurt, um ein günstiges Bordell aufzusuchen. Nach der Familienzusammenführung wohnt Mehmet in einer eigenen Wohnung. Er legt Wert darauf, dass die Wohnung in der Nähe seiner Eltern ist. Dadurch können die übrigen Familienmitglieder seine Frau kontrollieren, während er in der Arbeit ist. Die Hauptbezugspersonen der Ehefrau sind Mehmets Familienmitglieder, einzig eine entfernte Verwandte der Braut besuchen sie sporadisch in Frankfurt a.M. Einen Deutschkurs darf seine Frau nicht besuchen, weil man in Deutschland nicht unbedingt Deutsch lernen muss. Ein paar Grundlagen der deutschen Sprache bringen er oder seine Schwestern seiner Frau bei. Mehmet trifft sich weiterhin mit seinen türkischen Freunden und geht häufig aus. Die Ehre eines Mannes lässt nicht zu, dass er seine Frau seinen Freunden vorstellt, seine Frau sei schließlich sein Privatleben.

Persönliche Motive für die Eheschließung

Die persönlichen Motive seiner Eheschließung liegen bei Mehmet in der Annahme, dass die Ehe ein hohes Gut ist und dazu dient, dass man Kinder bekommt. Ein uneheliches Zusammenleben mit einer Frau kann er sich nicht vorstellen, weil er sich Kinder wünscht. Bei Türken sei es nicht üblich, dass man uneheliche Kinder in die Welt setze, wie es bei den Deutschen üblich sei, so die Begründung von Mehmet. Des Weiteren sei es wichtig, dass ein Mann ab einem bestimmten Alter in geregelten Verhältnissen seine Sexualität auslebt. Bordellbesuche und andere Freundinnen während der Ehe lehnt er zwar energisch ab, aber hin und wieder brauche jeder Mann eine Abwechslung.

Die Geschlechterrollen in der Familie beziehungsweise in der Ehe

Die Geschlechterrollen in der Familie sind folgendermaßen verteilt: Die wichtigsten Entscheidungen trifft der Großvater in der Familie. Wenn er nicht verfügbar ist, vertritt ihn der Vater nach außen. Bei der Brautwerbung für Mehmet zum Beispiel überträgt der Großvater diese Aufgabe seinem Sohn, weil er wegen eines Krankenhausaufenthalts nicht in die Türkei reisen kann. Die Umsetzung wichtiger Entscheidungen kann auf die Frauen übertragen werden, die in enger Absprache mit den Männern handeln. In dieser Hierarchie kommt die junge Ehefrau kaum vor, sie muss ganz unten anfangen und ihre Meinung wird nicht eingeholt. Die beiden Schwestern von Mehmet können ihr Aufgaben übertragen, sie muss diese dann ohne Widerrede erfüllen. Mehmets Frau muss nicht nur die eigene Wohnung putzen, sondern auch die seiner Eltern. Die beiden Töchter dürfen ihrem Bruder, dem Vater und dem Großvater nicht widersprechen und dürfen das Haus nur mit der Erlaubnis des Bruders verlassen. Sie müssen dann genau belegen, was sie tun und mit wem sie sich treffen. Ein Treffen mit Freundinnen ohne einen Anlass, wie zum Beispiel ein Stadtbummel, kommt dabei nicht in Frage.

Gewalt in der Familie, in der Ehe

In seiner Kindheit beobachtet Mehmet öfter, dass sein Vater seine Mutter schlägt. Er ist zwar der Meinung, dass diese Schläge in vielen Fällen unberechtigt sind. Aber heute könne er das gut verstehen, weil die Frauen dadurch besser diszipliniert würden. Wenn sein Vater seine Mutter schlägt, beleidigt er sie immer wieder mit Beschimpfungen „orospu“ oder „kaltak“ – beide für „Nutte“. Da er von seinem Vater den Auftrag bekommt, auf die beiden Schwestern zu achten, schlägt er sie in regelmäßigen Abständen. Seine Frau schlägt er ebenfalls regelmäßig, wenn sie das Essen nicht pünktlich zubereitet oder ihm im Beisein seiner Eltern widerspricht. Seine zweijährige Tochter schlägt und bestraft Mehmet, „wenn sie nicht brav ist und auf die Eltern hört“.

Sexualisierte Gewalt

Die Begriffe „orospu“ und „kaltak“ verwendet Mehmet sehr oft, nicht nur gegen seine beiden Schwestern, sondern auch gegen seine Ehefrau. Gegen die Männern verwendet er die sexistischen Schimpfwörter „ibne“ (schwul) „göt veren“ (derjenige, der seinen Hintern hergibt) oder „pezevenk“ (Zuhälter). Mit seiner Frau dürfe er schlafen, wann er wolle, es stehe der Frau nicht zu, den Ehemann abzulehnen. Das habe seine Frau auch nie gemacht, weil sie ganz genau ihre ehelichen Pflichten kenne: und zwar die sexuelle Befriedigung des Ehemannes. Während des sexuellen Aktes kommt es hin und wieder vor, dass er ruppig werde, aber das sei normal. Seine Frau habe sich noch nie darüber beschwert.

Der Wert der Ehre

Ehre ist für Mehmet ein heiliges Thema. Er sei dafür sogar in den Knast gegangen, als seine Freundin sich in der Schule von ihm getrennt habe. Es stehe einer Frau nicht zu, einen Mann zu verlassen. Deshalb habe er im Schulhof den anderen Jungen und seine Freundin geschlagen. Wenn die Lehrkräfte nicht geschlichtet hätten, wäre er bereit gewesen, die beiden „krankenhausreif zu schlagen“. Für Mehmet definiert sich die Ehre des Mannes über das Verhalten der Frauen in der Öffentlichkeit. Aus diesem Grund habe er sehr genau darauf geachtet, wie sich seine beiden Schwestern in der Schule verhielten. In der Schulzeit war er sehr streng zu den beiden Mädchen, weil die anderen türkischen Jungen ganz genau registrierten, wie er sich verhielt. Weiterhin verbindet Mehmet mit Ehre das gute Ansehen der Familie in der Öffentlichkeit, das heißt die Familie darf nicht in Verruf kommen.

Osman

Die Herkunft der Familie

Osmans Eltern stammen ursprünglich aus der Küstenstadt Trabzon. Trabzon liegt am östlichen Ende des Schwarzen Meers und ist unter anderem als große Hafenstadt bekannt. Die Eltern stammen aber nicht direkt aus der Stadt, sondern aus dem Landkreis. Ihr Heimatdorf liegt ca. 70 Kilometer von der Stadt entfernt. Die Bevölkerung der Schwarzmeerküste ist dafür bekannt, dass sie sehr mobil ist. Die Menschen gehen nicht nur ins Ausland, um zu arbeiten, sondern sind über das gesamte Land verteilt. Nach Angaben von Osman leben im Heimatdorf seiner Eltern heute ca. 1000 Menschen, vor 15 Jahren waren es noch knapp 2000. Nicht nur die Menschen im Dorf, sondern auch die Stadtbevölkerung ist konservativ geprägt. Im Dorf gibt es zwei große Moscheen, die auch rege besucht werden. Die Arbeitslosigkeit auf dem Land ist groß, allerdings gibt es keine systematische Arbeitslosenstatistik, weil die Menschen sich nicht registrieren lassen. Die meisten leben von der Landwirtschaft oder gehen in den Sommermonaten als Saisonarbeiter in den reichen Süden oder Westen. Im ländlichen Trabzon wird besonders stark auf die Tradition geachtet. Es leben hier zwei Parallelwelten nebeneinander: die Frauen in ihrer traditionellen Rolle als Mutter und Hausfrau, die Männer als Versorger und Ernährer der Familie, die sich nach außen hin orientieren. Obwohl es im Dorf eine Grundschule gibt und der Anteil der Mädchen genauso hoch ist wie der der Jungen, schließen viel weniger Mädchen als Jungen die Grundschule ab. Das rührt laut Osman daher, dass die Väter ihre Töchter von der Schule nehmen, sobald sie einigermaßen lesen und schreiben können. Schließlich müssten die Mädchen im Dorf nicht arbeiten und Geld verdienen, deshalb bräuchten sie auch keine große Schulbildung, so die Argumentation von Osman. Vor der Migration nach Deutschland arbeitet Osmans Vater als Landwirt und Saisonarbeiter. Der Vater hat Ende der 1960er-Jahre vier Töchter, was ihm nicht gefällt. Um seine Männlichkeit zu beweisen ist es nötig, dass man auch Söhne bekommt. Er setzt seine Frau unter Druck, ihm einen Sohn zu gebären, ansonsten nähme er sich eine zweite Frau. Als er dann doch Vater eines Jungen wird, sieht er davon ab, ein zweites Mal zu heiraten. Im Laufe der Jahre kann der Vater für die siebenköpfige Familie nicht ausreichend sorgen und geht erst nach Ankara und später nach Istanbul, um andere Finanzquellen zu erschließen.

Gründe für die Migration

Nachdem Osmans Vater drei Jahre lang in Istanbul und Ankara in unterschiedlichen Bereichen gearbeitet hat, kommt er wegen Heimweh wieder zurück. Das Geld, das er verdient, reicht für die Familie nicht aus. Seine Frau erzählt ihm, dass viele Männer aus dem Dorf nach Deutschland gefahren sind, um schneller Geld zu verdienen. Er solle sich im Dorfcafé informieren und gegebenenfalls auch nach Deutschland gehen. Die damals siebenköpfige Familie lebt am Rande des Existenzminimums, der Vater kann sich nicht einmal eine Reise nach Istanbul oder Ankara leisten, um die Gesundheitskontrolle für Deutschland durchführen zu lassen. In der Migration nach Deutschland sieht Osmans Vater die letzte Möglichkeit, seine Familie finanziell abzusichern. Also leiht er sich Geld von Verwandten und Bekannten für die Reise nach Ankara. Obwohl er die Gesundheitskontrolle besteht, kann er nicht ausreisen, weil er sich die Zugkarte nach München nicht leisten kann. So arbeitet er zunächst ein halbes Jahr in Ankara auf dem Bau und spart für die Reise. 1971 reist er dann mit dem Zug nach München und bekommt einen Wohnheimplatz im Norden der Stadt. Mit seinen Mitbewohnern versteht er sich nicht sehr gut, weil sie eine andere Mentalität haben. Aus einem Brief von seiner Frau erfährt er, dass ein Bekannter in Freising arbeitet. Er nimmt Kontakt zu ihm auf und bemüht sich um eine Anstellung in Freising, wohin er ein Jahr später übersiedelt. Nach Erlass des Anwerbestopps von 1973 holt Osmans Vater seine fünf Kinder nach Deutschland. Er mietet für seine Familie eine große, aber günstige Wohnung in Freising. In diesen Jahren bewohnen Gastarbeiter häufig Wohnungen, die keine Bäder haben und wo die Toiletten mit den Nachbarn geteilt werden müssen. Osman (1976) und eine weitere Schwester (1978) kommen in Freising auf die Welt. Osmans Mutter ist Analphabetin, arbeitet in Deutschland selten und spricht kaum Deutsch. Osmans Vater schließt in der Türkei die Grundschule ab, arbeitet kontinuierlich bis 2001 in Freising und spricht gebrochen Deutsch. Sowohl die fünf Schwestern von Osman als auch er und sein älterer Bruder gehen nach traditionellen Vorgaben arrangierte Ehen ein.

Schul- und Berufsausbildung

Einen Kindergarten besucht Osman nicht, da die kinderreiche Familie nicht in der Lage ist, einen Kindergartenplatz zu finanzieren. Außerdem können die Mutter beziehungsweise die älteren Schwestern jederzeit für Osman sorgen. Die Erziehung der Kinder sei Aufgabe der Familie und der Besuch eines christlich geprägten Kindergartens habe eine negative Auswirkung auf die türkischen Kinder, so Osman. Weil er aufgrund der mangelnden Deutschkenntnisse nicht in die Regelklasse einer Grundschule eingeschult werden kann, besucht Osman eine Übergangsklasse. Innerhalb eines Jahres lernt er zwar ausreichend Deutsch, so dass er eingeschult werden kann, aber er bringt in der Grundschule stets schlechte Leistungen und wird von der Klassenlehrerin in eine Förderschule empfohlen. Erst auf den Druck des älteren Bruders hin kommt er doch noch in eine Hauptschule. Seine Klasse dort besteht zu mehr als der Hälfte aus ausländischen Kindern, überwiegend türkischen. Das Wiederholen der sechsten Klasse bezeichnet Osman als ein Schlüsselerlebnis, weil er danach allen beweisen möchte, dass er kein „dummer Junge" ist. Er beschäftigt sich intensiver mit dem Unterrichtsstoff und schließt den qualifizierten Hauptschulabschluss mit einem Notendurchschnitt von 1,7 ab. Seine Abschlussnote wäre sogar noch besser gewesen, wenn in der Familie das Problem mit der Schwester nicht aufgetreten wäre, so die Begründung für das „schlechtere Abschlusszeugnis" von Osman. Als 17-Jähriger nimmt er 1993 eine Lehrstelle als Auto-Mechaniker auf, die er aber nie abschließen wird.

Die Eheschließung

Als Osman in der neunten Klasse ist, befreundet er sich mit einem deutschen Mädchen aus der benachbarten Realschule. Diese Beziehung verschweigt er zunächst seinen Eltern, bis er von seinem Bruder in einem Münchener Tanzlokal beobachtet wird, als er sie küsst. Der Bruder stellt ihn zur Rede und macht ihm deutlich, dass er sich „ruhig austoben" soll, aber eine Heirat mit ihr komme nicht in Frage. Als Osmans Bruder merkt, dass die Beziehung noch andauert, schaltet er die Eltern ein, um den Druck zu intensivieren. Erst nach einem Machtwort des Vaters beendet Osman seine Beziehung zu der deutschen Freundin. Kurz nach dieser Trennung muss Osman ein halbes Jahr in Untersuchungshaft. Dort hat er Gelegenheit, viel über sich und seine Familie nachzudenken, er widmet sich den religiösen Büchern und beschließt, eine anständige und ehrenhafte Frau in der Türkei zu heiraten. Nach der Hauptverhandlung vor dem Jugendgericht wird Osman wegen gefährlicher Körperverletzung zu zwei Jahren Haft verurteilt, der Vollzug wird aber auf Bewährung ausgesetzt. Um sein Leben besser in den Griff zu bekommen und um beim Bewährungshelfer positiv aufzufallen, beschließt Osman zu heiraten. Die Mutter ist bereits im Heimatdorf auf der Suche nach einer geeigneten Braut. Eines Abends zeigt sie Osman zwei Fotos von zwei sehr jungen Frauen aus dem Heimatdorf. Sollte eines der beiden Mädchen ihm gefallen, könne man bereits in den Sommerferien mit der Brautwerbung beginnen. Osman willigt ein, und Ende 1994 heiratet er achtzehnjährig seine damals 16-jährige Cousine aus dem Heimatdorf. Die Brautwerbung läuft unkompliziert und schnell, weil Osmans Eltern der Brautseite eine bestimmte Geldsumme und eine Familienzusammenführung in Deutschland versprechen. Bevor Osman vor dem Imam seiner Frau das „Ja-Wort" gibt, sieht er sie nur ein Mal ganz kurz. Bei diesem Vortreffen hat er die Möglichkeit – wenn auch nur sehr kurz – mit seiner zukünftigen Frau zu sprechen. Ein Jahr später darf seine Frau mit dem gemeinsamen Sohn nach Freising einreisen.

Soziale Kontakte

Osman und sein älterer Bruder haben in Deutschland alle Freiheiten. Die beiden Jungen werden nur in den seltensten Fällen reglementiert. Die fünf Schwestern sind dagegen unter der strengen Beobachtung des Vaters beziehungsweise des älteren Bruders. Jeder Schritt, jeder Kontakt der Schwestern wird vom Vater oder Bruder genau beobachtet und registriert. Obwohl Osman seine Freizeit außerhalb des Hauses verbringen kann, nimmt er dies nicht stark in Anspruch. Mit seinen zwei Schwestern versteht er sich sehr gut und erledigt mit ihnen die Einkäufe oder die Hausaufgaben. Diese Dreiergeschwisterbeziehung fällt dem Vater sehr früh auf und er handelt schnell, indem er Osman beim örtlichen Fußballverein anmeldet. Ziel ist es hierbei, seinem Sohn den Kontakt zur Männerwelt zu ermöglichen. Osman trainiert zwar im Fußballverein zwei Mal in der Woche, aber den intensiven Kontakt zu seinen beiden Schwestern unterbricht er nicht. Vor allem die ältere der beiden Schwestern ist für ihn wie eine Mutter, weil sie die Erziehung von Osman stellvertretend für die Mutter übernimmt. Die Beziehung der beiden Geschwister ist liebevoll und von gegenseitigem Respekt und Achtung geprägt. Erst in der Adoleszenz löst sich Osman langsam von seiner Schwester und orientiert sich stärker nach außen. Er trifft sich öfter mit seinen Freunden vom Fußballverein und besucht abends Diskotheken. Nach der Eheschließung mit seiner Cousine nimmt er sich vor, abends nicht mehr wegzugehen. Als die Familienzusammenführung auf sich warten lässt, lässt er sich von seinen Freunden zum Bordellbesuch überreden, schließlich sei das die letzte Gelegenheit, bevor er sich endgültig bindet. Von 1995 bis 1999 wohnt Osman mit seiner Frau und seinem Sohn bei seinen Eltern in Freising, bis sein zweites Kind (eine Tochter) auf die Welt kommt. In den ersten vier Jahren verbietet er seiner Frau jeglichen Kontakt zur Außenwelt. Sie ist für den gesamten Haushalt der Eltern zuständig. Einen Deutschkurs besucht seine Frau erst seit einem halben Jahr, weil sie unbedingt arbeiten möchte. Osman löst sich im Jahre 2002 endgültig von seinen Eltern und gibt seiner Frau mehr Freiheiten als vorher. Seine Frau darf sich mittlerweile mit anderen Frauen treffen und ihr Kopftuch ablegen, wenn sie das möchte.

Persönliche Motive für die Eheschließung

Den Entschluss zu heiraten trifft Osman während seiner Inhaftierung in München. Da er weiß, dass er seine deutsche Freundin nicht heiraten kann beziehungsweise darf, konzentriert er sich auf den theoretischen Rahmen der türkisch-muslimischen Kultur. Er liest viele religiöse Bücher und stellt fest, dass er nur eine Frau heiraten möchte, die sich bedeckt. Eine deutsche Frau kommt daher nicht in Frage und auch die Türkinnen in Freising sind zu freizügig erzogen. Ein weiteres Motiv liegt darin, dass er Kinder liebt und unbedingt einen Sohn haben möchte. Der Hauptgrund für die Eheschließung ist aber seine Bewährung: Er stimmt der Hochzeit mit seiner Cousine schließlich so früh zu, weil er dadurch für geordnete Verhältnisse sorgen möchte.

Die Geschlechterrollen in der Familie beziehungsweise in der Ehe

Der Vater vertritt die Familie nach außen und wird von seinem älteren Sohn unterstützt. Die Mutter und die Töchter haben wenig Einfluss auf die beiden Männer und dürfen auch nicht arbeiten. Der Vater verbietet allen fünf Töchtern die Berufsausbildung und verheiratet sie ziemlich früh. Die Kontrolle der weiblichen Familienmitglieder wird in erster Linie auf den älteren Sohn übertragen und auch Osman wird langsam an diese Rolle herangeführt. Der Vater ist mit Osman nicht immer zufrieden, weil er sich sehr viel bei seinen Schwestern aufhält. Er hat Angst, dass Osman dadurch die Härte und Entschlossenheit fehlen werden, wenn er diese Eigenschaften zeigen muss. Die Töchter und die Mutter sind ausschließlich mit dem Haushalt und der Kindererziehung beschäftigt, die Männer mit der finanziellen Absicherung der Familie. Die Frau von Osman beginnt in der familiären Hierarchie ganz unten an. Die Ehemänner der Töchter und die Frau des Bruders übertragen ihr diverse Aufgaben und stellen Anforderungen an sie, denn die Hierarchie ist streng nach Geschlecht und Alter geordnet. Die Frau von Osman erfährt die ersten Freiheiten, nachdem sie eine eigene Wohnung beziehen und Osman den Kontakt zu seinem Vater abbricht.

Gewalt in der Familie, in der Ehe

Gewalt wird in der Familie von Osman als Disziplinierungsmaßnahme bewusst eingesetzt. Er beobachtet in seiner Kindheit oft, dass sein Vater die Mutter und die Schwestern oder dass seine Mutter ihre Töchter schlägt. Sein Vater schlägt ihn in der Kindheit intensiv, das lässt aber in der Pubertät nach. Verbalisierte Gewalt in Form von Beschimpfungen und Beleidigungen erfährt er von seinem Bruder und Vater regelmäßig, bis er heiratet. Osman berichtet, dass er seine Frau bis 2002 in Form von Ohrfeigen und Tritten regelmäßig gezüchtigt habe, jetzt aber habe er sie seit mindestens drei Jahren nicht mehr geschlagen. Als 17-Jähriger wird Osman zu zwei Jahren Freiheitsstrafe verurteilt, weil er mit einem Messer auf seine so geliebte Schwester eingestochen hat. Er traf sie „nur“ am Bein und verletzte sie leicht. Da die Schwester sich nach zwei Jahren Ehe von ihrem Mann (einer arrangierten Verbindung, der

Partner stammt aus dem Heimatdorf) trennt und alleine in München lebt, beschließt der Vater, die Ehre der Familie wieder herzustellen. Das heißt, die Tochter muss sterben und Osman soll das erledigen. Im Jahre 2002 versöhnt sich Osman mit seiner Schwester und erfährt die Gründe für die Trennung. Seine Schwester ist sehr offen, sie berichtet, dass ihr Mann sie täglich geschlagen und vergewaltigt habe und sie keine andere Möglichkeit gehabt habe, als sich von ihm zu trennen. Die Schwester stellt Osman die Frage, ob das Verhalten ihres Mannes mit der Ehre eines Mannes vereinbar sei. Osman bekommt eine immense Wut auf seinen Vater und den Bruder, die überhaupt nicht geprüft haben, warum sich seine Schwester von ihrem Mann getrennt hatte. Nach mehreren Gesprächen mit seiner Schwester verändert Osman seine Einstellung in Bezug auf Geschlechterrollen beziehungsweise die Ehre und bricht den Kontakt zu seinem Vater ab.

Sexualisierte Gewalt

Sexualisierte Gewalt in Form von Beleidigungen seitens des Vaters habe er selten gehört; dies sei in seiner Familie ein Tabu. Sein Vater beziehungsweise sein Bruder bezeichnen ihn öfter als „ibne" – schwul. Seine Schwester berichtet, dass der Vater sie sexuell missbraucht habe, indem er sie zunächst zum Oral- und Analverkehr, später zum normalen Geschlechtsverkehr gezwungen habe. Das sei der eigentliche Grund, warum er nicht mehr mit seinem Vater spreche. Er habe auch öfter gehört, dass seine Mutter seine jüngere Schwester als „orospu" bezeichnet, wenn sie zu spät von der Schule kommt. Auch er habe bis vor drei Jahren seine Frau als „orospu" bezeichnet oder sie vergewaltigt, wenn sie ihm widersprochen habe. Seine Geschwister habe er aber nie sexuell beschimpft.

Der Wert der Ehre

Bis vor drei Jahren bestand der Wert der Ehre für Osman darin, dass die Frauen nicht negativ auffallen und sich in der Öffentlichkeit zurückhalten, damit sie nicht von anderen Männern angesprochen werden. Eine intakte Familie definiert den Wert der Ehre, vor allem die der Männer, über das Verhalten der Frauen. Nach den Gesprächen mit seiner Schwester versteht Osman aber Ehre anders, indem sie sich nicht mehr über das Verhalten der Frauen abbildet, sondern im gegenseitigen Respekt und in der Anerkennung beider Geschlechter. Er setzt den Maßstab der Ehre für beide Geschlechter gleich und nennt gerade diese Männer ehrlos, die ihre Ehefrauen schlagen und Freundinnen haben.

Yener

Die Herkunft der Familie

Yener und seine Eltern stammen aus der mittelanatolischen Stadt Yozgat. Die Stadt liegt zwischen den zwei Großstädten Ankara und Kayseri. Im ländlichen Mittelanatolien leben die Menschen meistens vom Ackerbau und von der Ziegen- und Schafzucht, andere Wirtschaftszweige sind unterentwickelt. Die Menschen in Yozgat sind nicht nur für ihre religiöse Prägung bekannt, sondern es gibt dort auch eine rechte Szene. Rechtsextremistische Parteien erzielen in dieser Stadt traditionell immer überproportional gute Ergebnisse. Yener und seine Eltern stammen aus einem Dorf, das ca. 80 Kilometer von der Stadt entfernt liegt. Die Moschee des Dorfes ist der größte Stolz der Bevölkerung, sie ist prächtig und konnte unter anderem durch die finanzielle Unterstützung der Einwohner errichtet werden. Im Dorf leben nach Angaben von Yener ca. 230 Menschen, die zum Teil sehr arm sind. Die arbeitsfähigen Männer verlassen in den Sommermonaten das Dorf, um im Westen oder Süden des Landes zu arbeiten. Die Familien sind sehr kinderreich, weil Verhütung aus religiös-traditionellen Gründen abgelehnt wird. Der Imam hat in diesem Dorf das Sagen, er hat sogar durchgesetzt, dass die Familien ihre Satelliten abschaffen, damit die Kinder vor dem schlechten europäischen Einfluss geschützt werden. Die Geschlechterrollen im Dorf sind klar verteilt: Die Männer sind nach außen orientiert und sichern die Familie finanziell ab, die Frauen hingegen sind mit der Kindererziehung und dem Haushalt beschäftigt. Hier dürfen sich die Mädchen ab einem gewissen Alter (Pubertät) nicht einmal am Brunnen treffen, was in vielen anderen Dörfern üblich ist. In den seltensten Fällen dürfen die Mädchen die fünfjährige Grundschule abschließen, da sie sehr früh auf die Hochzeit vorbereitet werden. Der Lehrer ist ein ehemaliger Dorfbewohner, der in Kayseri studiert hat und jetzt in seinem Dorf unterrichtet. Er ist den meisten Vätern gegenüber nachsichtig, wenn sie ihre Töchter von der Schule nehmen wollen. Die Mädchen heiraten spätestens mit 16 Jahren, 14 oder 15 ist eher die Regel. Die meisten Ehen werden, wenn überhaupt, erst nach dem Erreichen der Volljährigkeit bei den Behörden in der Stadt angemeldet. Die Jungen und die Männer haben dagegen alle Freiheiten. Eine gute Schul- beziehungsweise Berufsausbildung wird bei Jungen so lange gefördert, bis die finanziellen Rahmenbedingungen ausgeschöpft sind, weil sie für die Familien sorgen müssen, so die Argumentation der Eltern.

Gründe für die Migration

Yeners Vater hat acht Kinder, die alle in der Türkei geboren werden. Außerdem muss er für seine Eltern sorgen, die krank und gebrechlich sind. Die wenigen Schafe und Ziegen reichen bei weitem nicht aus, um die 12-köpfige Großfamilie zu versorgen. In Yozgat kann er den Unterhalt für die Familie nicht gewährleisten, auch wenn er sporadisch im arabischen Ausland arbeitet. Er arbeitet zeitweise immer wieder in Syrien oder Libyen, aber das Geld reicht trotzdem nicht aus, weil er nur für wenige Monate in diesen Ländern bleiben kann. Die wenigen Ziegen und Schafe, die die Familie besitzt, verkauft der Vater, um sein Glück in Deutschland zu versuchen. Er erfährt von Freunden, dass er für die Arbeit in Deutschland nicht in Frage kommt, da er das Höchstalter von 35 Jahren für die Anwerbung bereits überschritten hat. Bevor er sich in Ankara bei der Gesundheitskontrolle anmeldet, macht er sich mit einem richterlichen Urteil drei Jahre jünger. Mit der neuen Geburtsurkunde meldet er sich in Ankara an und wird als „reisetauglich" eingestuft. Im Jahre 1970 kommt Yeners Vater nach München und arbeitet zunächst bei einer kleinen Firma, bis er ein Jahr später zu Siemens wechselt. 1972 kehrt er auf die dringende Bitte seines Sohnes hin das erste Mal nach Yozgat zurück. Dort angekommen erfährt er, dass sein Vater bereits gestorben sei. Noch während seines Aufenthalts verliert er auch seine Mutter. Nach diesen belastenden Erlebnissen kehrt er seinem Heimatdorf ganz den Rücken, verkauft die restlichen Tiere sowie das Haus und geht mit seiner Frau und den sechs noch unverheirateten Kindern nach München. Im Münchener Osten bezieht die Familie eine Drei-Zimmer-Wohnung. Der Vater arbeitet bis 1993 bei Siemens, bis er als Frührentner in den Ruhestand geht. Er kann kaum lesen und schreiben, weil er nie eine Schule besucht hat: während der Militärzeit habe man ihm das Wichtigste beigebracht. Deutsch kann er nur wenige Brocken. Die Mutter ist Analphabetin, hat nie eine Schule besucht und arbeitet sporadisch als Putzhilfe, um das Familieneinkommen aufzubessern.

Schul- und Berufsausbildung

Als Yener 1972 mit seinen Geschwistern und seiner Mutter nach München kommt, ist er bereits acht Jahre alt. Er ist das zweitjüngste Kind der Familie und hat drei Brüder und vier Schwestern. Ende 1972 kommt Yener gemeinsam mit seiner ein Jahr jüngeren Schwester in eine Münchener Grund- und Hauptschule. Zunächst müssen die beiden Geschwister in einer Orientierungsstufe Deutsch lernen. Nach dem Abschluss der Grundschule kommt Yener in eine spezielle Hauptschule. Dort werden die Kinder zweisprachig (Deutsch/Türkisch) unterrichtet, um die Reintegration im Heimatland besser vorzubereiten, denn man ging damals davon aus, dass die Gastarbeiter nach wenigen Jahren in ihre Heimatländer zurückkehren würden. Alle Schülerinnen und Schüler sind Kinder von Gastarbeitern, die aus verschiedenen Regionen der Türkei stammen. In der Schule spricht Yener nur Türkisch, weil er selten Gelegenheit bekommt, sein Deutsch zu verbessern. Alle seine Schulfreunde sprechen gebrochenes Deutsch, Kontakte zu deutschen Schülern gibt es kaum. Mit 15 Jahren freundet er sich mit einem Mädchen aus Bursa an, was er nicht geheim halten kann. Die Brüder seiner Freundin erfahren von der Beziehung, stellen Yener zur Rede und schlagen ihn so, dass er eine Woche im Krankenhaus behandelt werden muss. Nach dem Krankenhausaufenthalt sieht er seine Freundin nicht mehr, weil sie inzwischen die Schule gewechselt hat. Yener bleibt bis zum Hauptschulabschluss an dieser Schule, spricht bis heute schlecht Deutsch und macht viele grammatikalische Fehler. Er ist zwar ein guter Schüler und bringt gute Leistungen, aber sein Zeugnis hat auf dem Arbeitsmarkt nicht den gleichen Wert wie ein normaler Hauptschulabschluss. Zwei Jahre lang bemüht er sich vergeblich um einen Ausbildungsplatz im dualen System, bis er 1984 eine Anstellung bei der Stadt München in der Abfallwirtschaft bekommt.

Die Eheschließung

Alle Geschwister von Yener heiraten nach der traditionellen Brautwerbung und durch das Arrangement der Eltern Männer beziehungsweise Frauen aus der Heimatstadt. Wichtig ist für die Familie, dass die zukünftigen Partner aus gutem Hause stammen. Die Phase der Brautwerbung für Yener beginnt nach dem Militärdienst und mit der Anstellung bei der Stadt München. Zunächst konzentriert sich Yener bei der Brautwerbung auf Mädchen aus dem Heimatdorf oder der Heimatstadt, die bereits in Deutschland leben. Seine Mutter macht Vorschläge, welche Mädchen für die Familie in Frage kommen. In drei Fällen ist die Brautwerbung in Deutschland erfolglos, weil in allen Fällen die Mädchen Yener ablehnen. Die dritte Brautwerbung in Berlin verläuft für ihn besonders schmerzhaft: In einem Vier-Augen-Gespräch teilt ihm die angehende Braut mit, dass sie ihn niemals heiraten werde. Sollten ihre Eltern sie zu der Ehe mit ihm zwingen, würde sie sich lieber umbringen. Nach dieser – eher unüblichen – klaren Aussage der Auserwählten, gibt Yener seinen Plan auf, in Deutschland auf Brautwerbung zu gehen. Als er dann im Sommer 1986 mit seinen Eltern und Geschwistern in Yozgat ist, fällt ihm eine Cousine auf, die ihm gefällt. Er beauftragt seine Mutter mit der Brautwerbung. Diese ist jedoch dagegen, denn das Mädchen ist noch sehr jung. Schließlich lässt sie sich doch überreden und die Brautwerbung kann beginnen. In den Sommerferien 1986 heiratet Yener seine damals 14-jährige Cousine in Yozgat in Form einer Imam-Ehe. Im Sommer 1987 kommt seine Frau nach München und es wird nachträglich eine große Hochzeitsfeier in Deutschland gefeiert.

Soziale Kontakte

Als die Familie nach Deutschland emigriert, bleiben ein älterer Bruder und eine ältere Schwester in der Türkei, da sie bereits verheiratet sind. Yener hat in München noch zwei ältere Schwestern, eine jüngere Schwester und zwei ältere Brüder. Weil Yener gemeinsam mit seiner jüngeren Schwester die gleiche Schule besucht, wird er von seinen Brüdern und seinem Vater beauftragt, die Verantwortung für sie zu übernehmen. Am Anfang seiner Schulzeit trifft sich Yener selten nach der Schule mit seinen Freunden, weil er seine Schwester nach Hause begleiten muss. Erst als er 14 Jahre alt wird, nehmen ihn seine beiden älteren Brüder abends mit. Er darf mit 13 Jahren einem Boxverein beitreten und wird mit 16 sogar Landesmeister bei den Junioren. Es wird ihm nicht untersagt, sich mit Mädchen zu befreunden. Aber eine Ehe komme nur mit einem ehrenhaften Mädchen aus Yozgat in Frage. Die beiden älteren Brüder lernen das Nachtleben Münchens kennen und kommen des Öfteren nachts nicht nach Hause. Um Yener vor dem Einfluss des Nachtlebens zu schützen, verbieten sie ihm mit 17 Jahren, Tanzlokale zu besuchen. Er muss spätestens um 23.00 Uhr zu Hause sein, so die Vorgabe seiner Brüder. Yener trifft sich in seiner Jugendzeit zwischen 14 und 18 Jahren mit seinen türkischen Freunden in der Stadt. Sie besuchen gemeinsam das benachbarte Jugendfreizeitheim und spielen Kicker oder Billard. Die drei Schwestern dürfen nur in schulischen Angelegenheiten und zum Einkaufen das Haus verlassen und werden oft von einem der Brüder begleitet. Wenn eines der Mädchen doch alleine das Haus verlassen muss, dann wird von den älteren Brüdern genau kontrolliert, wann es nach Hause kommt.

Persönliche Motive für die Eheschließung

Yener möchte unbedingt heiraten, da die Gründung einer Familie für ihn wichtig ist und nur so legitim erreicht werden kann. Für ihn steht sehr früh fest, dass er ein Mädchen aus Yozgat heiraten muss, um sicher zu sein, dass die Braut mit ihrer Mentalität ihm und den Eltern zusagt. Außerdem muss die zukünftige Frau die konservativen Werte der Ehe, der Familie und der Geschlechterrollen verinnerlicht haben. Seine 14-jährige Cousine aus dem Heimatdorf heiratet er, weil er mit der Brautwerbung in Deutschland nicht erfolgreich war.

Die Geschlechterrollen in der Familie beziehungsweise in der Ehe

Der Vater trifft zunächst alle Entscheidungen, die die Familie betreffen, ganz alleine. Nach welchen Normen die Kinder heiraten sollen oder ob sie eine Berufsausbildung abschließen dürfen, entscheidet der Vater. Dies ändert sich, als die älteren Brüder von Yener erwachsen sind. Die wichtigen Entscheidungen werden jetzt in erster Linie von den beiden jungen Männern, aber in enger Absprache mit dem Vater getroffen und umgesetzt. Die Macht der beiden Jungen reicht so weit, dass sie der Mutter verbieten können zu arbeiten. Was für die Familie gut beziehungsweise schlecht ist, entscheiden die Brüder. Sie sind es auch, die Yener später verbieten, Tanzlokale zu besuchen, weil sie den Einfluss von Drogen und Alkohol fürchten. Die beiden Brüder verbieten den Mädchen den Kontakt nach außen und sorgen dafür, dass sie schnell verheiratet werden. Als die jüngste Schwester eine Lehrstelle als Friseurin annimmt, sind alle drei Brüder entschieden dagegen. Erst als der Vater ein Machtwort spricht, kann sie die Ausbildung antreten. Sie ist auch das einzige Familienmitglied, das eine abgeschlossene Berufsausbildung vorweisen kann.

Die ersten vier Jahre nach der Eheschließung wohnt Yener gemeinsam mit seiner Frau bei seinen Eltern. Da sie noch sehr jung ist, ist seine Frau in Deutschland noch schulpflichtig und muss tagsüber die Schule besuchen. Für Hausaufgaben oder für das Vertiefen der Deutschkenntnisse hat sie keine Zeit, da sie den Haushalt ganz alleine machen muss. Dass sie überhaupt in die Schule geht, ist den beiden Brüdern, dem Vater und Yener ein Dorn im Auge, weil sie den Einfluss der deutschen Umwelt fürchten. In der Hierarchie der Familie beginnt Yeners Frau ganz unten, weil sie die jüngste Schwiegertochter der Familie ist. Sie lernt sehr schnell Deutsch, weil sie heimlich nachts lernt und ihre Hausaufgaben macht.

Gewalt in der Familie, in der Ehe

Gewalt in der Familie wird von Yener als ein probates Mittel akzeptiert, um für Disziplin und Gehorsam zu sorgen. Er habe öfter beobachten können, dass sein Vater seine Mutter schlägt und anschreit. Die meisten Konflikte der Eltern wurden durch ein Machtwort beziehungsweise Gewaltanwendung des Vaters geregelt. Seine Mutter habe nie die Söhne geschlagen, wohl aber die Töchter, um sie besser zu kontrollieren. Der Vater habe die Söhne nur in der Kindheit geschlagen. Sobald die Jungen das 14. oder 15. Lebensjahr erreicht hatten, habe der Vater mit der physischen Gewaltanwendung aufgehört. Die Mädchen würden allerdings, sei es vom Vater oder von der Mutter, geschlagen, bis sie heiraten. Yener selbst schlägt und beleidigt seine Frau nur, wenn sie das verdiene. Ohne Grund werde nicht geschlagen, so seine Argumentation. Allerdings setze es schon Ohrfeigen, wenn seine Frau das Essen nicht pünktlich auf den Tisch bringe. Seine drei Kinder schlage er nur, wenn sie nicht brav seien oder wenn sie ihre Hausaufgaben nicht machen. Er schlage seine Frau auch in Anwesenheit seiner Kinder.

Sexualisierte Gewalt

Er habe von seinem Vater nie gehört, dass er seine Mutter oder seine Schwestern mit sexistischen Ausdrücken beleidigt. Aber seine Mutter habe seine Schwestern immer wieder als „orospu“ bezeichnet, wenn sie sich zu freizügig angezogen hätten. Diesen Ausdruck verwenden seine zwei älteren Brüder regelmäßig für die Schwestern. Yener wird in seiner Jugend von seinen Brüdern öfter als „ibne“ – schwul – oder „pezevenk“ – Zuhälter – bezeichnet. Seine Frau habe er am Anfang mit sexistischen Ausdrücken beleidigt, um sie vom Schulbesuch abzubringen. Seine drei Kinder beschimpfe er nur selten mit sexistischen Begriffen.

Der Wert der Ehre

Da die Ehre für Yener sehr wichtig ist, wollte er eine Frau heiraten, die aus Yozgat stammt. Dadurch wisse man sehr genau, mit wem man es zu tun habe. Mit Ehre verbindet Yener zwei Dinge: Erstens müssen die Frauen sich in der Öffentlichkeit anständig benehmen, wofür die Männer zuständig sind (Keuschheit vor und Treue in der Ehe). Zweitens muss die Familie in der Öffentlichkeit angesehen und anerkannt sein.

Hakan

Die Herkunft der Familie

Hakans Großeltern stammen aus dem Landkreis Hatay. Die Stadt liegt am östlichen Ende vom Mittelmeer und ist als Grenzstadt zu Syrien bekannt. Hatay ist bis 1938 eine Stadt in Syrien und wird 1939 von der Türkei übernommen. In dieser Stadt, vor allem aber im Landkreis, ist die erste Sprache deshalb Arabisch. Wie bei den meisten Interviewpartnern stammen die Eltern und Großeltern von Hakan nicht aus der Stadt Hatay, sondern aus einem kleinen Dorf, das ca. 40 Kilometer entfernt ist. Hatay ist eine Hafenstadt und ist wirtschaftlich besser entwickelt als der Osten oder der Norden der Türkei. In dem Dorf leben ca. 300 Menschen, von denen gut 75 Prozent Frauen, Kinder und ältere Männer sind. Im Sommer ist die Zahl der erwerbsfähigen Männer noch geringer, weil diese dann in Touristengebieten in der Gastronomie arbeiten. Das Dorf von Hakans Großeltern ist konservativ geprägt, die aktive Ausübung der Religion ist zentral. Wie in den meisten kleinen Dörfern in der Türkei gibt es dort eine Schule, eine Moschee, ein Männercafé und einen kleinen Supermarkt. Der Imam und der Lehrer haben großen Einfluss auf die Bevölkerung, sie werden als Autoritäten anerkannt und respektiert. Die Mädchen werden nur selten in die Schule geschickt, meistens müssen sich die Lehrer persönlich dafür einsetzen, dass sie überhaupt zwei, drei Jahre in die Schule gehen dürfen. Die meisten Grundschulabschlüsse werden von den Jungen erworben, sie erhalten auch die Möglichkeit, in der Stadt eine weiterführende Schule zu besuchen. Spätestens mit zehn Jahren werden die Mädchen, auch ohne Grundschulabschluss, von der Schule genommen. Die meisten Mädchen im Dorf heiraten mit 15 oder 16 Jahren, teilweise noch früher. Die Rollen sind klar und eindeutig geregelt: Die Männer sind nach außen orientiert und für das Einkommen der Familie zuständig, die Frauen sind für den Haushalt und die Kindererziehung verantwortlich.

Gründe für die Migration

Die Großeltern von Hakan leben bis zur ihrer Emigration nach Deutschland vom Ackerbau und der saisonbedingten Erwerbstätigkeit. Das Geld reicht der Familie nicht aus, weil der Großvater nicht immer bei der Saisonarbeit berücksichtigt wird. Er muss nicht nur seine Ehefrau und die fünf Kinder versorgen, sondern auch seine Eltern und zwei Geschwister, die nicht arbeiten können. In den 1960er-Jahren geht der Großvater immer wieder nach Istanbul, um eine adäquate Stelle zu finden. Eines Tages, als er in Istanbul unterwegs ist, stößt er auf eine Menschenmenge, die vor einem Gebäude Schlange steht. Er fragt einen Mann, wofür er ansteht, und bekommt die Antwort „für Deutschland". Hier erfährt er, dass Deutschland junge und gesunde Männer und Frauen für den deutschen Arbeitsmarkt rekrutiert. Er erkundigt sich sofort nach den Bedingungen und bewirbt sich eine Woche später ebenfalls. Drei Monate nach seinem Antrag reist Hakans Großvater im Jahre 1963 nach Deutschland, zunächst nach Frankfurt. Er kommt im Jahre 1964 in die Türkei zurück, als er erfährt, dass seine Eltern und eine Tochter bei einem Hausbrand umgekommen sind. 1965 kehrt er gemeinsam mit seiner Frau und den vier Kindern nach Deutschland zurück. Ein Jahr später siedelt die Familie zu Verwandten nach München über. Hakans Vater ist zehn Jahre alt, als er nach Deutschland kommt. Er besucht zwar die Hauptschule, macht aber keinen Abschluss und arbeitet danach bei Siemens. Er heiratet nach traditionellen Vorgaben seines Vaters mit 18 ein junges Mädchen aus der Türkei und hat vier Kinder.

Schul- und Berufsausbildung

Hakan kommt 1982 in der Nähe von München als jüngstes Kind zur Welt. Die Eltern melden Hakan und die anderen Kinder, zwei Mädchen und ein Junge, bewusst nicht in einem Kindergarten an, weil sie sich vor dem Einfluss der christlichen Erziehung fürchten. Als er in die Schule kommt, spricht Hakan kein einziges Wort Deutsch, weil in seiner Familie ausschließlich Türkisch beziehungsweise Arabisch gesprochen wird. Bevor er in die Regelklasse einer Grundschule eingeschult werden kann, muss er in einer Orientierungsstufe Deutsch lernen. Im Münchener Osten kommt er in eine Grundschule, in der der Ausländeranteil weit über 45 Prozent liegt. Er lernt nur sehr langsam Deutsch, muss aber in der Grundschule keine Klasse wiederholen. Aufgrund der mittelmäßigen Leistungen kommt Hakan in die Hauptschule. In der fünften und sechsten Klasse bringt er in der Schule gute Leistungen, so dass die Lehrer ihm empfehlen, auf eine Realschule zu wechseln. Er lehnt das aber mit der Begründung ab, dass er sich von seinen Freunden nicht trennen möchte. Ab der siebten Klasse lassen seine Leistungen nach und er muss die achte Klasse wiederholen. In der achten und neunten Klasse wird er wegen Drogenmissbrauchs und gefährlicher Körperverletzung strafrechtlich auffällig. Er ist in dieser Phase sehr selten zu Hause und verbringt seine Zeit meistens bei türkischen Freunden. In der achten Klasse befreundet sich Hakan mit einer Schulkameradin aus dem Kosovo, die aufgrund der Rückführung der Kriegsflüchtlinge Deutschland verlassen muss. Diese Trennung verkraftet Hakan nur schwer. Er verlässt die Hauptschule im Jahre 1999 ohne einen Abschluss. Danach bemüht er sich zwar um eine Lehrstelle als Elektriker oder Installateur, findet aber aufgrund des feh-

lenden Schulabschlusses keine. Von 2000 bis 2003 arbeitet Hakan in unterschiedlichen Bereichen (Gastronomie, Einzelhandel, Reinigung) als Hilfsarbeiter beziehungsweise Geringverdiener. Er wechselt häufig den Job, gibt das Geld mit seinen Freunden aus und kommt nur selten nach Hause. Um ihn zu disziplinieren beschließt die Familie, ihn mit einem verwandten Mädchen aus der Türkei zu verheiraten.
2004 schließlich macht Hakan sich selbständig: zusammen mit seinem Bruder betreibt er ein kleines Schnellrestaurant.

Die Eheschließung

Als Hakan im Sommer 2001 in der Türkei in einem Schnellverfahren heiratet, ist er gerade mal 19 Jahre alt. Er sieht seine Frau zum ersten Mal in der Nähe von Hatay, als seine Heirat bereits beschlossen ist. Kurz vor der Reise in die Türkei zeigt die Schwester Hakan ein Bild der Braut. Er hat sie zwölf Jahre zuvor schon mal getroffen, kann sich aber nicht mehr an sie erinnern. Da beide Eltern die Eheschließung der Kinder telefonisch beschließen, ist die Prozedur der Brautwerbung lediglich ein formaler Akt. Die Brautwerbung, der Hennaabend, die islamische Eheschließung und die Hochzeitsfeier werden innerhalb eines Wochenendes abgewickelt. Hakan und seine Eltern verbringen in diesem Jahr fünf Wochen in der Türkei. Während die Hochzeit in der ersten Urlaubswoche stattfindet, ist die standesamtliche Trauung des Paares für den letzten Tag vor der Abreise nach Deutschland geplant. Beide Elternpaare nehmen an der standesamtlichen Trauung teil, unter anderem, weil die Braut noch minderjährig ist. Im Nachhinein stellt sich heraus, dass Hakans Frau bereits während der standesamtlichen Trauung schwanger gewesen sein muss. Die Familienzusammenführung verzögert sich immer wieder und dauert insgesamt drei Jahre. Als Hakan sich selbständig macht, reist seine Frau mit zwei Kindern im Frühsommer 2004 nach Deutschland.

Soziale Kontakte

Als seine Frau in Hatay zurückbleiben muss, bemüht sich Hakan sehr intensiv um eine rasche Familienzusammenführung. Immer wieder nimmt er sich vor, einer geregelten Arbeit nachzugehen, um das Ver-

fahren zu beschleunigen. Aber selten behält er eine Stelle länger als drei Monate, zwischendurch ist er immer wieder arbeitslos. Auch sein sonstiges Verhalten ändert Hakan nicht grundlegend: Er geht weiterhin mit seinen Freunden abends aus, er besucht Gaststätten und Tanzlokale und überweist selten Geld an seine Frau in Hatay. Er hat kurze Affären mit jungen Frauen und besucht gelegentlich Bordelle. In seiner Freizeit trainiert Hakan Kickboxen und Gewichtheben.
Seit Hakans Frau in Deutschland lebt, ist er mit ihr noch nicht in die Türkei geflogen und sie haben auch noch keine andere längere Reise gemacht. Seine Frau, seine beiden Kinder und er leben in der Wohnung seiner Eltern. Aufgrund der unregelmäßigen Arbeitszeiten in der Gastronomie sieht er seine Familie selten. In seiner Freizeit trifft Hakan seine Freunde oder geht zum Training, mit seiner Frau verbringt er kaum Zeit. Für sie sind in erster Linie seine Mutter und die Schwestern die Ansprechpartnerinnen. In deren Begleitung geht seine Frau einkaufen oder darf den Moscheeverein besuchen. Den Besuch eines Deutschkurses hält Hakan für seine Frau für unnötig, weil man in München kein Deutsch brauche. Er wollte unbedingt, dass sie vor 2005 nach Deutschland kommt, damit sie den am 01. 01. 2005 in Kraft getretenen Deutsch- und Integrationskurs für Migranten nicht besuchen muss.

Persönliche Motive für die Eheschließung

Über die persönlichen Motive für die Eheschließung kann Hakan keine spezifischen Angaben machen, die Entscheidung beziehungsweise die Bestimmung seitens der Eltern kam für ihn sehr überraschend. Entscheidend ist für ihn, dass seine Frau noch Jungfrau ist, als er sie heiratet. Ergo musste seine zukünftige Ehefrau aus der Türkei kommen, weil die Türkinnen in Deutschland sich zuweilen unehrenhaft verhalten. Außerdem vertritt er die Meinung seiner Mutter, dass nämlich die Rollen in einer Ehe klar verteilt sein müssen. Die Frauen in Deutschland seien zu liberal und würden nicht für ihre Männer sorgen. Seine albanische Freundin hätte er nicht heiraten dürfen, weil seine Eltern gegen eine Eheschließung mit einer „Ausländerin“ sind. Mit seiner Frau ist er sehr zufrieden, weil sie ihre Rolle im Haushalt sehr schnell und unproblematisch übernommen hat.

Die Geschlechterrollen in der Familie beziehungsweise in der Ehe

Hakan ist Verfechter der klassischen Geschlechterrollen in der Familie und in der Ehe. Bereits als Kind übernimmt er diese Rolle und bewacht und kontrolliert seine Schwestern. Er vertritt die Meinung, dass der Mann alle wichtigen Entscheidungen für die Familie treffen muss. In seiner Kindheit beobachtet er immer wieder, wie sein Vater und Großvater die Geschicke der Familie bestimmen. Beide sind für ihn wichtige Vorbilder, weil sie im Kontext der Familie sehr stark auftreten und jedes Mitglied schützen und verteidigen. Seine Mutter wird zwar in die Entscheidungen mit einbezogen, aber das sei in Ordnung, weil seine Mutter sehr viel Erfahrung besitze. Seine jüngeren Geschwister, vor allem die weiblichen, kontrolliert und reglementiert sie immer noch. In die Entscheidungen würden die Frauen – außer der Mutter – nicht einbezogen, weil sie unerfahren und jung seien, so die Begründung Hakans. In seiner Ehe sind die Rollen und Aufgaben sehr klar und deutlich geregelt: Seine Frau ist für den gesamten Haushalt und die Kindererziehung zuständig und er kümmert sich um die finanzielle Absicherung der Familie. Seine Frau bezieht er in die Entscheidungen der jungen Familie nicht ein. Den Wunsch seiner Frau, eine eigene Wohnung zu mieten, lehnt er ab. Er begründet seinen Wunsch, weiterhin bei seinen Eltern wohnen zu wollen, mit der Bedürftigkeit seiner Mutter, weil sie wegen ihrer Krankheit den Haushalt nicht mehr besorgen kann; seine Frau soll seine Mutter im Haushalt entlasten.

Gewalt in der Familie, in der Ehe

Bereits mit drei Jahren beobachtet Hakan, wie sein Vater seine Mutter schlägt, beleidigt und demütigt. Gewalt ist in seiner Familie ein gängiges Mittel, um einerseits Konflikte zu „lösen" und andererseits die Kinder und die weiblichen Familienmitglieder zu disziplinieren. Dass sein Vater ihn in seiner Entwicklungsphase öfter schlägt, findet er legitim, weil er die Schläge verdient habe. Vor allem als er straffällig wird, schlagen ihn sein Vater und Großvater regelmäßig. Hätten sie das nicht getan, wären noch „schlimmere Dinge passiert", so die Begründung von Hakan. Seine Frau schlägt er regelmäßig, wenn seine Mutter sich über sie beschwert oder wenn sie laut spricht, während sein Vater oder

der Großvater im Raum sind. Sein jüngstes Kind schlägt er nicht, weil es noch zu klein ist. Das ältere Kind schlägt er regelmäßig, um es zu disziplinieren oder wenn seine Frau sich über das Kind beschwert.

Sexualisierte Gewalt

Das Thema Sexualität gehört in seiner Familie zu den absoluten Tabuthemen. Er erfährt aber sehr früh, dass sein Vater seine Mutter als „orospu" oder „kaltak" (beide für „Nutte") bezeichnet. Der Vater bezeichnet seine Töchter mit den gleichen Begriffen, wenn sie später von der Schule nach Hause kommen oder sich in der Öffentlichkeit „unanständig" benehmen. Wenn seine Frau bestimmte sexuelle Praktiken nicht umsetzt oder sich (in seltenen Fällen) gegen den Geschlechtsverkehr wehrt, schlägt und vergewaltigt er sie. Die sexuelle Gewalt zeigt sich auch daran, dass er seine Frau ebenso wie sein Vater als „orospu" bezeichnet. Auch seine jüngeren Schwestern beschimpft er so, wenn sie zu spät von der Schule oder Arbeit kommen.

Der Wert der Ehre

Es ist für Hakan zunächst entscheidend, dass die weiblichen Familienmitglieder in der Öffentlichkeit nicht negativ auffallen. Das heißt für die Frauen: kein Kontakt zu Männern, kein Diskotheken- oder Kneipenbesuch, nicht einmal der Besuch von Freizeiteinrichtungen ist erlaubt. Wenn das gewährleistet ist, wird die Ehre der Familie nicht in den Schmutz gezogen, so Hakan. Hakan definiert demnach den Wert der Ehre über das Verhalten der Frauen. Die Männer müssen über die Ehre der Familie, hier über die Ehre der Frau, wachen. Weigert sich ein Mann, die weiblichen Familienmitglieder oder die jüngeren männlichen Verwandten zu schützen, verliert er Ansehen und Ehre. Der Mann verliert aus eigenem Verschulden seine Ehre nur, wenn er seine Familie nicht schützen kann oder wenn er drogenabhängig wird, so die Definition von Hakan.

Kapitel II: Generierende Diskussion der wichtigsten Ergebnisse

Nach der Auswertung der Interviews konnten die unten aufgeführten Indikatoren als die wichtigsten Ergebnisse ausgemacht werden, die anhand der Originalzitate interpretierend diskutiert werden sollen. Hier werden zwar nur die acht Interviewpartner zitiert, die oben vorgestellt wurden, aber bei der Auswertung und Analyse haben die übrigen sieben Interviews eine große Rolle gespielt. Die Diskussion der Ergebnisse basiert auf den Aussagen der Interviewpartner, die ihre Ehefrauen bewusst aus dem Heimatdorf wählten. Eines muss an dieser Stelle erneut betont werden: Es gibt sehr viele türkische Männer, die zwar Frauen aus der Türkei heiraten, aber nicht die gleichen Motive haben, wie unsere Interviewpartner. Viele verlieben sich bei einem Urlaub in der Türkei und einige entscheiden sich der Liebe wegen sogar dafür, für immer in der Türkei zu bleiben. Bei diesen Männern – auch bei ihren Partnerinnen – steht die Liebe als Motiv für die Eheschließung im Vordergrund.

Die Heirat

Bevor die Eheschließung und das Eheschließungsverfahren anhand der Interviewergebnisse diskutiert werden, soll zunächst die Bedeutung der Ehe in der Gesellschaft und im türkischen Zivilrecht kurz diskutiert werden.

Die Bedeutung der Ehe und Familie in der türkischen Gesellschaft

Die Institution der Ehe und damit einhergehend die Familie haben in der Türkei einen großen Stellenwert. Im Paragraph 41 der türkischen

Verfassung von 1982 wird der Familie die folgende Bedeutung eingeräumt: Die Familie ist die Grundlage der türkischen Gesellschaft. Der Staat ergreift die notwendigen Maßnahmen, um das Wohl und Heil der Familie, insbesondere den Schutz der Mütter und Kinder und die Durchführung einer gezielten Familienplanung, zu gewährleisten und gründet dazu Organisationen.[3]

Das gesetzlich vorgeschriebene Mindestalter für eine Eheschließung beträgt bei Mädchen 15 und bei Jungen 17 Jahre. Das durchschnittliche Heiratsalter ist von Region zu Region verschieden und ist auch von der Schul- und Berufsausbildung der Heiratswilligen abhängig. Das durchschnittliche Heiratsalter der Frauen war im Jahre 1978 17,7 Jahre, 1988 lag diese Zahl bei 18,2 Jahren, wobei Analphabetinnen mit durchschnittlich 17,1 Jahren und Frauen mit mindestens Sekundarschulabschluss mit durchschnittlich 20,3 Jahren heirateten (vgl. Nauck, 1997, 169f.).

Auf dem Land, wo die Großfamilie weit verbreitet ist, findet die Eheschließung in der Regel durch ein elterliches Arrangement statt, da es nicht nur um eheliche Beziehungen, sondern auch um die Integration der Braut in die Familie geht. Die Heirat bei bäuerlichen Familien kann als Bündnis zwischen zwei Familien verstanden werden und nicht nur als die Verbindung zwischen zwei Personen. Demzufolge sind zwei Punkte von großer Bedeutung: 1. Wirtschaftliche Transaktionen sind mit der Heirat verbunden; 2. eine Heirat mit Verwandten wird gefördert. Der idealtypische Verlauf ist wie folgt: (1.) (konsensuelle oder arrangierte) Ehe, (2.) Kinder, und dann stellt sich auch (3.) Liebe zwischen den Ehepartnern und – durch die Kinder – (4.) ökonomische Sicherheit ein (vgl. Nauck. 1997, 171f.). Die Heirat unter Verwandten auf dem Land wird deshalb gefördert, weil die Frau als ökonomisch wertvolle Arbeitskraft den Haushalt der Verwandten und nicht eine „fremde“ Familie stärken soll. Ein weiteres Motiv für die Verheiratung innerhalb der Verwandtschaft besteht darin, dass die Verwandtschaft sich untereinander besucht und die familiären Beziehungen durch die Verheiratung gefestigt werden sollen. Werner Schiffauer (1987) fasst die Verheiratung in der Verwandtschaft folgendermaßen zusammen: „Wenn man die Beziehungen zu einem Verwandten nicht auffrischt, die Töchter nicht untereinander verheiratet, sich nicht besucht, dann

3 Frei aus dem Türkischen übersetzt.

vergessen die Kinder die Verwandtschaft (...) Die Verwandtschaft soll nicht zerbrechen, deswegen verheiraten sie ihre Kinder miteinander" (Schiffauer, 1987, 181f.). Wenn die Tochter den Brautwerber ablehnt, bedeutet das nicht nur den Verzicht auf die Intensivierung der Beziehungen, sondern wird auch als kränkende Ablehnung und damit als Absage an die Beziehung überhaupt verstanden.

Darüber hinaus macht Schiffauer darauf aufmerksam, dass die Eheschließung der Kinder auf dem Lande einen Tauschakt darstellt. Schiffauer beschreibt diesen Tauschakt wie folgt: „Die Gabe einer Tochter an einen anderen Haushalt gilt als der wichtigste und bedeutsamste Tauschakt im Dorf. Fast jede enge Beziehung zwischen zwei Haushalten gipfelt früher oder später in dem Wunsch, die Tochter des Tauschpartners als Frau für den eigenen Sohn zu bekommen" (ebd., 181f.). Durch die Verheiratung der Kinder sollen die Beziehungen und die Solidarität zwischen den beiden Familien gefestigt werden.

Eine Beziehung vor der Ehe ist nahezu ausgeschlossen, weil dadurch die Ehre der Frau „beschmutzt" wird; eine Frau, die ihre Jungfräulichkeit nicht bewahrt hat, hat fast keine Chance, einen Ehemann zu finden. Das könnte auch eine Erklärung für das niedrige Heiratsalter auf dem Land sein. Ein anderer Grund für die frühe Verheiratung könnte in der mit zwölf Jahren abgeschlossenen Schulbildung liegen. Ein weiteres Motiv für die frühe Verheiratung der Töchter besteht darin, dass die Eltern die Verantwortung[4] an den Schwiegersohn abgeben wollen.

Die Ehe hat in der städtischen Türkei einen anderen Stellenwert als in den ländlichen Gebieten. Während in den Gecekondu-Gegenden (über Nacht gebaute Slumgebiete am Rande der Großstädte) die Motive für die Verheiratung der Kinder denen auf dem Land ähnlich sind, gibt es in der Stadt Motivlagen, die denen in Deutschland ähneln. Da in Gecekondu-Gegenden das Schul- und Ausbildungsniveau niedrig und die Arbeitslosigkeit weit verbreitet ist, wollen die Eltern ihre Kinder durch eine Verheiratung außerhalb der Gecekondu-Gegenden von der

4 Junge, heiratsfähige Frauen werden in der Familie als eine „Belastung" betrachtet, weil sie bis zur Ehe ihre Jungfräulichkeit bewahren müssen. Wenn das nicht der Fall ist, ist die Ehre der ganzen Familie, insbesondere die des Vaters, stark beschädigt. Väter versuchen sehr früh, ihre Töchter zu verheiraten, damit sie die Verantwortung dem Schwiegersohn übertragen können. Sobald die Tochter heiratet, übernimmt der Schwiegersohn die Verantwortung für seine Frau.

Armut befreien. Die Eltern rechnen anschließend mit einer finanziellen Unterstützung durch die Kinder (vgl. Kongar, 1996, 226f.). Aus diesem Grund befürworten 75 Prozent der Eltern eine Heirat außerhalb des Gecekondu. Auch in den Gecekondu-Vierteln ist das Heiratsalter sehr niedrig. Je länger die Kinder, ob Mädchen oder Junge, aber eine weiterbildende Schule besuchen, desto später heiraten sie: Das Abitur wird erst mit 17 beziehungsweise 18 Jahren erworben. Die Väter nehmen zwar eine verzögerte Heirat durch eine höhere Schulbildung bei den Mädchen in Kauf (vgl. ebd., 224f.). Weil aber aus Sicht der Eltern der Sohn der Ernährer und das Oberhaupt der Familie sein wird, wird eine gute Schul- und Berufsausbildung des Jungen in der Regel mehr gefördert als bei einem Mädchen.
In der restlichen türkischen Bevölkerung (Mittel- und Oberschicht) könnte die Motivation für eine Familiengründung folgendermaßen aussehen: (1.) Liebe, (2.) Ehe, (3.) ökonomische Sicherheit und (4.) Kinder (vgl. Nauck, ebd.). Ehen, die seitens der Eltern arrangiert werden, sieht man hier sehr selten. Das Ideal der romantischen Liebesehe, das in Deutschland vorherrschend ist, gewinnt an Bedeutung. Längere Freundschaften vor der Eheschließung sind selbstverständlich. Das Heiratsalter ist im Gegensatz zu der Land- und Gecekondu-Bevölkerung sehr hoch, da die Kinder der Mittel- und Oberschicht in der Regel studieren.

Die Ehe im türkischen Zivilrecht

Bevor die Türkei am 17. Februar 1926 die leicht veränderte Fassung des Schweizer Zivilrechts annahm, durften die Mädchen mit neun und die Jungen mit zehn Jahren heiraten; zudem galt das islamisch-osmanische Familienrecht, nach dem die Eheschließungen an keine strengen, formalen Vorschriften gebunden waren und die Männer bis zu vier Frauen heiraten durften (vgl. Zevkliler, 1989, 25f.). In der Türkei wurden alle wichtigen progressiven Gesetze ohne die breite Zustimmung der Bevölkerung erlassen, das heißt, nicht von dieser erkämpft. Das Schweizer Zivilrecht wurde in nur einer Sitzung ohne jede Gegenrede angenommen (vgl. Abadan-Unat, 1985, 30f.). Das neue Gesetz umfasst fünf Bücher (in dieser Reihenfolge: Personenrecht, Familienrecht, Erbrecht, Sachenrecht sowie Schuldrecht). In den Artikeln 82 bis 439 des zweiten Buches werden die gesamten familienrechtlichen Verhältnisse systematisch erfasst (vgl. Zevkliler, 1989. 77f.). Das neue Zivilrecht trat am 04. 10. 1926 in Kraft. Es verbietet die Polygamie und gibt beiden Geschlechtern das Recht auf Scheidung, wodurch es formell den Frauen „Freiheit und Gleichberechtigung verlieh" (vgl. Abadan-Unat, 1985, 30f.).

Die Eheschließung wurde an bestimmte Vorschriften gebunden: „Eine vollgültige Ehe konnte nach Art. 108. türk. ZGB, Art. 27 Eheschließungsverordnung nur noch durch amtliche Trauung begründet werden." (vgl. Zevkliler, 1989, 25f.) Diese Trauung wird in einer Zeremonie vor dem Eheschließungsbeamten mit zwei erwachsenen Zeugen vollzogen (Art. 108 des ZGB).

Die größte Veränderung des neuen Gesetzes war die Einführung der Monogamie, wonach derjenige, der eine weitere Ehe eingehen möchte, den Nachweis zu erbringen hat, dass seine frühere Ehe für ungültig erklärt oder durch Scheidung beziehungsweise Tod aufgelöst worden ist. Die Ferntrauung wurde abgeschafft, indem eine Eheschließung nur in Gegenwart der beiden Ehepartner geschlossen werden konnte.

Die Erziehung der Kinder wurde zur Angelegenheit beider Elternteile (Art. 226) und im Gegensatz zum alten Gesetz wurde das Sorgerecht beiden Elternteilen übertragen (Art. 262). Sollte ein Elternteil nicht mehr leben, wird das Kind dem Ehegatten zugesprochen. Im Falle einer Scheidung der Eltern soll das Gericht festlegen, welchem Elternteil das Kind zugesprochen wird (Art. 264). Das neue Zivilrecht schrieb für eine Eheschließung ein Mindestalter vor, für Männer 18 und für Frauen 17. Dieses Mindestalter wurde 1938 bei den Männern auf 17 und bei den Frauen auf 15 Jahre herabgesetzt, in Ausnahmesituationen konnten Jungen jedoch schon mit 15 Jahren und Mädchen sogar mit 14 Jahren heiraten. Auch nach dem neuen Gesetz kann nicht von einer hundertprozentigen Gleichberechtigung gesprochen werden: Der Mann ist immer noch das Familienoberhaupt (Art. 152), die Frau muss ihrem Mann gegenüber gehorsam sein, der Mann hat das Recht, den Wohnort der Familie zu bestimmen (Art. 152), die Frau ist verpflichtet, zum Lebensunterhalt der Familie beizutragen, indem sie entweder die häusliche Arbeit übernimmt oder finanzielle Unterstützung leistet (Art. 190). Die Frau darf ohne die Erlaubnis ihres Mannes keiner Erwerbstätigkeit nachgehen, kann diese Erlaubnis aber per Gerichtsbeschluss erwirken (Art. 159) (vgl. Öztan, 1989, 23ff.). Laut Abadan-Unat (1985) besteht der Großteil des neuen Zivilrechts nur auf dem Papier, vor allem in ländlichen Gebieten mit stark ausgeprägter Feudalstruktur (vgl. Abadan-Unat, ebd.).

Die Eheschließung in Deutschland

Wenn junge Männer Frauen aus der Türkei, aus dem Heimatdorf der Eltern beziehungsweise Großeltern, heiraten wollen, läuft das Verfahren der Eheschließung nach den traditionellen Prinzipien der bäuerlich-ländlich geprägten Vorgaben. Hier geht es nicht um eine Heirat auf der Basis romantischer Liebe, sondern um eine Verbindung zweier Menschen und deren Eltern, die Vertraulichkeit, ökonomische Aspekte und das traditionelle Rollenverständnis in den Vordergrund stellen. Bei der Argumentation der Eheschließung werden sehr viele Aspekte als Pro und Kontra genannt, mit der Liebe wird kaum oder überhaupt nicht argumentiert, weil die Heirat nicht als individuelle Entscheidung der Kinder betrachtet wird, sondern als eine kollektivistische Bestimmung. Wie die Interviews zeigen, läuft das Verfahren der Eheschließung – auch im Jahre 2005 – wie folgt.

1. Akquisition der Braut

Die Suche nach einer geeigneten Braut muss sehr sorgfältig vorbereitet werden und ist in erster Linie die Aufgabe der Mutter und der anderen weiblichen Familienmitglieder, wie zum Beispiel Großmutter, Schwester oder Schwägerin. Bevor sie jedoch aktiv werden, müssen sie das Einverständnis des Vaters und gegebenenfalls des Sohnes einholen, was ein eher formaler Akt ist, da der Vater beziehungsweise der Sohn in den meisten Fällen die Mutter mit der Suche beauftragt. Die Eltern legen großen Wert darauf, dass die zukünftige Braut aus gutem Hause kommt. Außerdem muss die Braut als eine gute Hausfrau bekannt sein und einen Haushalt selbständig führen können. Da auch religiöse Vorstellungen zentral sind, orientieren sich die Brautwerber gerne Richtung Heimatdorf beziehungsweise Heimatstadt, um sicher zu sein, dass die Braut in diesem Sinne erzogen wurde. Der Interviewpartner Mehmet beschreibt die Anfangsphase der Brautwerbung, mit der er selbst seine Mutter beauftragt hatte: „Meine damalige Freundin hat ja nicht auf mich gehört. Die hat mich immer geärgert und gegen mich gesprochen. Ich habe beschlossen, eine anständige Frau zu heiraten.

Meine Mutter hat dann gesagt, anständige türkische Frauen gibt es hier in Deutschland nicht, nur in Bingöl, im Dorf. Dann habe ich zu meiner Mutter gesagt, okay, dann heirate ich eben eine Frau aus Bingöl."
Mit „anständiger Frau" meinen die Interviewpartner und deren Angehörige, dass die Braut sich unterordnet und die Wünsche und Vorstellungen des Mannes ohne Widerrede umsetzt. Gehorsamkeit, Zurückhaltung und Unterordnung sind die wichtigsten Prinzipien. Eine Frau, die ihrem Freund widerspricht, was Mehmet mit „gegen mich spricht" meint, wird kategorisch abgelehnt und als eine unehrenhafte Frau wahrgenommen. Der sicherste Weg, um eine diesen Vorstellungen entsprechende Braut zu bekommen, scheint deshalb eine Brautwerbung in der bäuerlich-dörflichen Heimat zu sein.
Bevor aber vom Vater des Bräutigams um die Hand der Braut angehalten werden kann, recherchiert die Mutter im Umfeld, welche Mädchen noch ledig und für die Familie geeignet sind. Es ist auch nicht ausgeschlossen, dass die weiblichen Familienmitglieder der Familie der Brautkandidatin einen Vorbesuch abstatten. Wenn man sich bei einer Familie zum Mocca trinken anmeldet, ist der Grund des Besuches eindeutig: nämlich das Werben um die Tochter. Wenn die weiblichen Brautwerber in die Türkei fahren, um eine Braut für den Sohn auszuwählen, versuchen sie das Mädchen und deren Familie von den Vorteilen Deutschlands zu überzeugen. Es wird hervorgehoben, dass man in Deutschland luxuriös leben kann, zum Beispiel eine eigene Wohnung mit warmem Wasser, ein eigenes Auto oder jährlicher Urlaub seien eine Selbstverständlichkeit. Mehmet schildert, wie seine Mutter und seine Schwester in die Türkei geflogen sind, um mit der Familie der angehenden Braut ein Vorgespräch zu führen beziehungsweise einen Mocca zu trinken. „Ja, zuerst ist ja meine Mutter hingefahren, ne, gemeinsam mit meiner Schwester (...) Sie wollten sich mehrere Mädchen anschauen (...) Ich glaube, sie schauen beim Kaffeetrinken, wie das Mädchen sich benimmt, ob sie anständig ist oder so. Dann spricht ja meine Schwester mit ihr. Ob sie auch heiraten will oder so. Sie haben sich aber nur ein Mädchen angeschaut, ne, und meine Mutter hat sofort gesagt, ‚die gefällt mir', ne. Sie hat sofort mit dem Vater verhandelt. Ob er Brautpreis möchte oder so (...) Dann hat meine Mutter uns angerufen, und wir sind dann nach Türkei." Im Vorgespräch interessieren sich die Brautwerber in erster Linie für das Verhalten der angehenden Braut. Ist sie in der Lage, den türkischen Mocca gut zu kochen und

einwandfrei zu servieren, ist das ein Zeichen für eine gut erzogene Hausfrau, denn der Mocca ist kompliziert in der Zubereitung. Sind die Rahmenbedingungen geklärt und die Eltern der Braut stimmen einem Besuch mit dem Vater und dem angehenden Bräutigam zu, kann der Vater um die Hand der Braut anhalten.

2. Um die Hand der Braut anhalten

Das Anhalten um die Hand der Braut ist in traditionell-ländlichen Zusammenhängen viel wichtiger als die eigentliche Hochzeit, weil in diesem Gespräch die entscheidenden Rahmenbedingungen für das weitere Vorgehen abgesteckt werden. Hier wird nicht nur das formale Einverständnis der Eltern und der Braut eingeholt, sondern auch über den Brautpreis und über die Art und Weise, wie die Hochzeit stattfinden soll, entschieden. Beispielsweise wird verhandelt, wer welchen Teil der Hochzeit finanziell und organisatorisch übernimmt. Mehmet erläutert, wie der Vater um die Hand seiner Frau angehalten hat, und sich dabei nicht streng an die Vorschriften hält: „Meine Mutter hat uns ja angerufen. Dann sind wir hingeflogen, und haben die Familie im nächsten Nachbardorf besucht (…) Die ist ja nicht aus unserem Dorf, ne. Das Dorf von denen ist acht Kilometer entfernt. Dann sind wir hin. Mein Vater hat gesagt, ja, meine Frau war da. Sie wissen, was wir wollen, ne. Mein Vater wollte noch sagen ‚Auf Gottes Befehl …' Dann hat der Vater gesagt, ne. Machen wir das kurz, ne. Meine Frau hat schon mit deiner Frau gesprochen. Wenn ihr die Hochzeit organisiert, meiner Tochter 10.000 DM und acht Goldringe schenkt, dann könnt ihr morgen schon die Hochzeit machen. Und macht eine anständige Hochzeit, ich habe hier Ansehen. Der war voll cool, ne. Der wollte nur Geld haben und eine schöne Hochzeit. Alles andere war ihm egal. Dann hat mein Vater gesagt, gut, kein Problem."
Aus Mehmets Aussage wird deutlich, dass der Vater der Braut primär die finanziellen Vorteile der Verheiratung sieht. Er lässt den Brautwerber nicht einmal die so wichtige rituelle Bitte „Auf Gottes Befehl und mit dem Worte des Propheten möchte ich deine Tochter für meinen Sohn" aussprechen. Der Vater der Braut verhandelt auch nicht darüber, wer was übernimmt, sondern macht ganz klare und präzise Vorgaben, unter welchen Bedingungen er seine Tochter verheiraten möchte. Eine genaue Analyse aller Interviews zeigt, dass das Verhalten des Vaters

keine Ausnahme darstellt, sondern die Regel ist. Das zeigt, dass die Eltern in der ländlichen Türkei unter schwierigen wirtschaftlichen Bedingungen zu leiden haben und die Verheiratung der Tochter vor allem eine wichtige Finanzquelle ist.

3. Der Hennabend

Wenn ein Termin für die Feier gefunden werden konnte, findet der Hennabend am Vorabend der Hochzeit in der Wohnung der Braut statt. Der Hennaabend ist eine wichtige islamisch-türkische Tradition, die ein fester Bestandteil der Hochzeitsfeier ist; in einigen Orten der Türkei ist dieser Abend sogar wichtiger als die eigentliche Feier. Das Brennen des Henna soll der Braut Glück in ihrer Ehe bringen. Allgemein soll eine Frau, die Henna an ihren Händen hat, mit diesen Händen fromme Taten verrichten, weil Henna allgemein als Glücksbringer betrachtet wird. Zu diesem Abend werden nicht so viele Gäste wie zur Hochzeitsfeier eingeladen. Hier sind nur Frauen, auch die Schwestern des Bräutigams, anwesend. Die Männer begleiten zwar ihre Frauen, nehmen aber an der eigentlichen Zeremonie nicht teil. Während die Frauen feiern, singen und tanzen, bleiben die Männer in einem Nebenraum unter sich und unterhalten sich. Die Stimmung der Männer ist eher ruhig und gesellig, für sie werden Speisen und (alkoholische) Getränke bereitgestellt. Diese Zeremonie ist auch dafür da, dass die Braut Abschied von ihrem Elterhaus nimmt. Wenn sie nach der Eheschließung in eine andere Stadt geht oder – wie in unseren Fällen – ins Ausland, nehmen ihre Freundinnen Abschied und singen traurige Lieder. Das „Abschiednehmen“ bedeutet in diesem Kontext aber nicht unbedingt, dass die Braut ihr Dorf oder ihr Land verlassen wird. Im eigentlichen Sinne nimmt sie Abschied vom Leben als junge, ledige Frau, was als einmaliges Geschehen betrachtet wird. Die Prozedur des Hennaabends wird nur ein Mal im Leben für eine Frau veranstaltet. Im Falle einer zweiten Heirat werden weder ein Hennaabend noch eine große Hochzeitsfeier organisiert. An diesem Abend brennen auch andere junge Frauen Henna auf ihre Hände, damit es ihnen Glück bringe und sie ebenfalls bald heiraten.

4. Die islamische Eheschließung

Wie bereits oben erwähnt galt bis 1926 das islamisch-osmanische Familienrecht, nach dem die Eheschließung an keine strengen formalen Vorschriften gebunden war und die Männer bis zu vier Frauen heiraten durften. Die Ehe nach islamisch-osmanischem Recht entsteht durch einen Vertrag, der „Nikah" genannt wird. In seiner ersten Bedeutung heißt „Nikah" auf Arabisch Geschlechtsverkehr, meint aber in diesem Falle einen Vertrag, der den Geschlechtsverkehr „legal" ermöglicht: „Eine Ehe kann nach islamischem Recht nicht allein durch die Vereinigung und gemeinsame Lebensführung der Partner zustande kommen; es bedarf zur Gründung vielmehr des Abschlusses eines Vertrages (des Nikah)" (vgl. Zevkliler, 61ff.). Um den Vertrag zu besiegeln, ist eine feierliche Abmachungsversammlung erforderlich, an der die beiden Partner oder ihre Vertreter und zwei Trauzeugen teilnehmen müssen. Grundsätzlich müssen beide Partner mündlich mitteilen, dass sie heiraten wollen, allerdings müssen sie nicht persönlich anwesend sein. An ihrer Stelle können ihre Eltern beziehungsweise Freunde an der Versammlung teilnehmen und den Willen der Partner erklären.
Nach frühislamischen Regeln durften die Eltern ihre noch nicht geschlechtsreifen Kinder verheiraten, ohne deren Zustimmung einzuholen, und die Ehe war an keine Altersgrenze gebunden. Der Geschlechtsverkehr war den Verheirateten erst nach Erreichen der Geschlechtsreife erlaubt. Die islamische Eheschließung wird als Brauch angesehen, und sie wird deshalb grundsätzlich vor einem Imam vorgenommen. Die Aufgabe des Imam besteht darin, die Hochzeitsfeierlichkeiten zu leiten und am Ende ein Gebet für das Wohlbefinden der Eheleute und das Gelingen der eingegangenen Ehe zu sprechen; dieses Gebet ist ein unentbehrlicher Teil der Zeremonie.
Nachdem das neue türkische Zivilrecht in Kraft getreten war, galten die islamischen Eheschließungen vor dem Gesetz als nicht mehr wirksam. Die religiösen Eheschließungen wurden per Gesetz zwar nicht verboten, aber ohne den Nachweis des amtlichen Ehescheins darf die religiöse Trauung nicht vorgenommen werden (Art. 110, ZGB). Nach dem neuen Gesetz sind die eingegangenen Imam-Ehen ohne amtliche Trauung nicht rechtskräftig; die aus dieser Ehe hervorgegangenen Kinder gelten als nicht-ehelich (Art. 112, 241ff. ZGB, vgl. ebd.). Die türkische Bevölkerung, insbesondere auf dem Lande, blieb den jahrhun-

dertealten Traditionen treu und setzte das Gesetz nicht flächendeckend im Sinne der Regierung um. Dafür gibt es die folgenden Motive:

- Die Imam-Ehen werden insbesondere von der ländlichen Bevölkerung akzeptiert und toleriert, obwohl bekannt ist, dass Imam-Ehen keine rechtliche Grundlage haben.
- Die Brautleute auf dem Lande heiraten häufig im nach dem Zivilgesetz heiratsunmündigen Alter und lassen deshalb die Ehe durch eine religiöse Trauung schließen.
- Der ländlichen Bevölkerung erscheint die amtliche Trauung häufig wegen der damit verbundenen Formalitäten als zu umständlich.
- Um das Monogamieprinzip umgehen zu können, heiraten Männer mehrere Frauen, indem sie sich von einem Imam trauen lassen (vgl. ebd.).

Zevkliler (1989) fasst die gesetzliche Eheschließung vor dem Standesamt zusammen:

> „Gemäß Art. 97 türk. ZGB sollte der Eheschließung ein Aufgebot vorangehen. Die Dauer des Aufgebotes betrug 15 Tage. Das Aufgebot sollte bei den Standesämtern der Wohnsitzgemeinden beziehungsweise der Heimatorte beider Verlobten erfolgen (...) Um die Veröffentlichung des Eheaufgebotes zu erwirken, mußten die Verlobten ihr Eheversprechen beim zuständigen Standesbeamten anmelden. Diesem Gesuch waren die im Gesetz vorgesehenen Unterlagen beizufügen, Geburtsscheine, und gegebenenfalls die schriftliche Einwilligung der Eltern oder des Vormunds sowie der Totenschein des früheren Ehegatten oder das Urteil, durch das die Nichtigkeit oder die Scheidung der früheren Ehe ausgesprochen worden war (...) Ferner mußten die Verlobten nach Art. 122, 123 des Gesetzes über den Schutz der allgemeinen Gesundheit (...) ihrem Gesuch ein ärztliches Zeugnis des staatlichen Gesundheitsamtes beifügen, in dem bestätigt wurde, daß sie an keiner unheilbaren Geschlechtskrankheit litten. Einer solchen Untersuchung beim Gesundheitsamt standen die Verlobten häufig reserviert gegenüber“ (ebd., 79f.).

Der oben zitierte Entwurf der Justizkommission von 1986 hat im Bereich der formalen Eheschließung folgende Änderungsvorschläge gemacht: Die Aufgebotsfrist von 15 Tagen sei abzuschaffen, ein ärztliches Zeugnis brauche man nach der neuen Eheschließungsordnung nicht mehr vorzulegen. Außerdem wurde eine neue Regelung für den

Ort der Eheschließung (außerhalb des Standesamtes) vorgeschlagen. Diese Änderungsvorschläge wurden als solche übernommen (vgl. Öztan, 1986, 17ff.).

Obwohl die oben beschriebenen restriktiven Formalitäten reformiert wurden, werden die religiösen Eheschließungen auf dem Land auch heute noch bevorzugt. Ein weiteres Motiv dafür könnte im Scheidungsrecht liegen. Da die religiösen Imam-Ehen keine rechtliche Grundlage haben, können die Paare sich ohne große Formalitäten trennen. Gleichwohl muss ganz klar hervorgehoben werden: Die Imam-Ehen werden in der Absicht geschlossen, miteinander – wie amtlich getraute Ehepaare – eine offenkundige und dauerhafte Beziehung einzugehen. Oft sind die Ehepaare im guten Glauben, dass eine Ehe allein durch die religiöse Trauung geschlossen werden kann. In der heutigen Türkei werden sowohl auf dem Land als auch in der Stadt überwiegend beide Eheschließungsformen, die standesamtliche und die religiöse Trauung, gewählt. Um die Bevölkerung auf die Rechte und Pflichten einer standesamtlichen Eheschließung aufmerksam zu machen, hat die türkische Regierung Anfang der 90er-Jahre im türkischen Staatssender TRT eine Werbe- und Aufklärungsaktion gestartet. Ziel war es, vor allem die auf dem Land lebende Bevölkerung zu einer standesamtlichen Eheschließung zu motivieren, indem die Vorteile und die Rechte der standesamtlichen Trauung in den Vordergrund der Aufklärung gestellt wurden, wie zum Beispiel Rechte nach einer Scheidung, juristische Regelung des Sorgerechts für die Kinder sowie Unterhalt für die Frau. Außerdem wurde in dieser Aufklärungskampagne immer wieder betont, dass eine Imam-Ehe vor dem Gesetz nicht als Ehe gilt.

In den ländlich-bäuerlichen Gebieten der Türkei wird der islamischen Eheschließung weiterhin mehr Bedeutung zugesprochen als der standesamtlichen Trauung. In den Augen der meisten Eltern sind die Brautleute erst dann verheiratet, wenn – auch ohne eine standesamtliche Trauung – sich die Partner vor einem Imam das „Ja-Wort" gegeben haben. Die Eheschließung vor einem Imam verläuft in der Regel wie eingangs beschrieben. Es ist auch heute noch üblich, dass zwei Menschen miteinander verheiratet werden, ohne persönlich an der Zeremonie teilzunehmen. Dazu äußert sich der Interviewpartner Hakan: „Ja, Imam-Ehe ist schon wichtig, würde ich sagen. Weil das andere, das Standesamtliche ist ja Papier, nicht. Wir mussten erst vor dem Gott heiraten. Das andere hat ja keine richtige Bedeutung. Das ist gut in Deutschland,

für das Finanzamt. Oder damit meine Frau nach Deutschland kommen kann (…) Es war so, ne. Wir wollten eine Imam-Ehe machen. Dann ist meine Frau krank geworden. Sie konnte halt nicht kommen. Dann haben die Leute gesagt, nicht, das ist überhaupt kein Problem, wenn ein Zeuge sagt, dass sie heiraten will, dann kann der Imam uns verheiraten. Dann habe ich auch einen Freund geschickt. Dann hat der Imam uns verheiratet." Für die beiden Elternpaare waren Hakan und seine Frau nach der Imam-Ehe verheiratet. Für die Eltern hat die standesamtliche Eheschließung nur einen sekundären Wert, das heißt aber nicht, dass sie darauf verzichten wollen. Vielen türkischen Eltern ist sehr wohl bekannt, dass eine Imam-Ehe sowohl in Deutschland als auch in der Türkei keine rechtliche Relevanz hat. Mit „wir mussten erst vor Gott heiraten" meint der Interviewpartner den Segen Gottes. Denn nach einer islamischen Trauung ist man vor Gott verheiratet.
Die Eheschließung vor dem Imam mittels eines Zeugen als Stellvertreter eines der Ehepartner ist problematisch. Es muss davon ausgegangen werden, dass die Braut, wenn sie nicht persönlich erscheint, sich gegen eine Eheschließung gewehrt hat. Die Krankheit wird als eine kleine „Notlüge" installiert, um in der Öffentlichkeit das Gesicht zu wahren, denn eine Tochter, die nicht auf ihre Eltern hört, ist nicht ehrenhaft.

5. Die Hochzeitsfeier

Die eigentliche Hochzeitsfeier findet einen Tag nach dem Hennaabend statt. Zumindest die islamische Eheschließung muss vorher erfolgt sein, weil am Abend der Hochzeitsfeier das Paar den Geschlechtsverkehr vollziehen wird. Der Hauptteil des Hochzeitstages für die Braut besteht darin, dass sie zum Friseur geht und auf die Feier vorbereitet wird. „Weißt du, im Dorf gibt es ja kein Friseur. Aber die Familie bestand darauf, ne. Die wollten unbedingt, dass sie 35 Kilometer zum Friseur fährt (…) Das ist ja nicht alles, ne. Da müssen auch die ganzen Schwester und so zum Friseur (…) Ja, meine Mutter musste mitfahren. Sie muss, also eigentliche mein Vater, muss ja das ja bezahlen. Dann sind mindestens so zehn Frauen oder so mitgefahren." (Muhamet) Hier geht es nicht nur darum, dass die Braut und die weiblichen Angehörigen gepflegt und gut aussehen, sondern um die Tradition, dass es sich bei einer ehrenhaften Frau gehört und dass der Bräutigam beziehungsweise sein Vater keine Kosten scheut und die Bedingungen erfüllt. Da der offizielle Beischlaf nach der Hochzeitsfeier erfolgen wird, bedarf es bei beiden Partnern einer gründlichen Körperreinigung, die auf das islamische Reinigungsprinzip zurückzuführen ist. Bei der Frau dauert der Besuch beim Friseur auch deshalb so lange, weil die Körperbehaarung der Frau vor der Hochzeitsnacht – „gerdek gecesi" – entfernt werden muss.

Die Angehörigen der Braut möchten in jedem Fall eine aufwendige Hochzeit durchsetzen, weil sie damit ihre Macht demonstrieren. Wer ein ehrenhaftes und gut erzogenes Mädchen bekommen möchte, muss sich das auch etwas kosten lassen, so die allgemeine Annahme der Angehörigen der Braut. Wenn auf der Hochzeitsfeier eine Band türkische Musik spielt und die Hochzeitsfeier in einem Saal in der nächsten Kreisstadt stattfindet, wenn die Feier aufwendig und teuer ist, dann ist sie der Familie würdig und angemessen: „Also, der Vater hat gesagt, er möchte eine richtige Hochzeit mit allem Drum und Dran (...) Was das heißt, eine richtige Hochzeit in der Stadt und nicht im Dorf. Wir sollen einen Saal mieten, Essen bestellen, Musik und so weiter. Er hat dann gesagt, ja das will seine Frau. Das Mädchen muss anständig das Haus verlassen. Man muss anständige Hochzeit machen hat er gesagt (...) Er hat auch gesagt, die haben viele Verwandte, die kommen auf die Hochzeit, das ist wichtig. Und wir sollen auf der Hochzeit nicht geizig mit den Geschenken und Geld sein." (Muhamet) Während der Höhepunkt der Hochzeitsfeier für die Brautpaare unterschiedlich sein kann, ist der Höhepunkt für die Eltern immer die Zeremonie der Beschenkung der Brautleute, die nach dem Essen stattfindet. Aus den Interviews wird deutlich, dass das Ansehen der Familie daran gemessen wird, wie viele Gäste zur Hochzeitsfeier kommen und welche Geschenke sie mitbringen. Mit dem Wert des Geschenks – Geld oder Gold – wird zum Ausdruck gebracht, welches Ansehen die Familie in der Gesellschaft genießt, wie gut man die Familie kennt beziehungsweise wie gut man mit der Familie befreundet ist. Es wird dabei nicht gefragt, welche Wünsche und Vorstellungen das Brautpaar hat. Die Hochzeitsfeier ist nicht die persönliche Angelegenheit des Brautpaares, sondern eine Familiensache beziehungsweise Familienehre, über die die „Kinder" nicht mitdiskutieren dürfen.

6. Die standesamtliche Eheschließung

Auch wenn der standesamtlichen Trauung im bäuerlich-ländlichen Kontext nur eine sekundäre Bedeutung zukommt, werden heute öfter standesamtliche Ehen, oder besser gesagt beide Formen der Ehe, geschlossen als noch vor 20 Jahren. Der Wert der standesamtlichen Eheschließung gewinnt in unseren Fällen an Bedeutung, weil die Männer eine Partnerin aus der Türkei heiraten. Da die islamische Trauung vor dem Gesetz nicht als Ehe gilt, müssen die Männer, die eine Partnerin aus der Türkei heiraten, eine standesamtliche Eheschließung vorweisen. Nur im Rahmen einer gesetzlich anerkannten Eheschließung wird von der Ausländerbehörde einer Familienzusammenführung stattgegeben. Die standesamtliche Eheschließung ist aus Sicht der Brautpaare und der Angehörigen ein formaler Akt, der getätigt werden muss, damit einer Familienzusammenführung in Deutschland nichts mehr im Weg steht. Die meisten Familienangehörigen fahren nicht einmal mit, um an der Trauung teilzunehmen. Yener erläutert seine standesamtliche Eheschließung: „Wir hatten ja schon geheiratet. Aber meine Frau muss ja nach Deutschland. Wir haben diese Papiere gebraucht. Dann sind wir zusammen in die Stadt (...) Ja, niemand war dabei, ne. Wir haben noch zwei Leute mitgenommen, vorher haben wir die Papiere in Ordnung gebracht (...) Ja man braucht ja ein Papier, dass man halt nicht verheiratet ist und so. Dann sind wir dahingefahren. Er hat gefragt, ob wir heiraten wollen, wir haben ja gesagt und die Zeugen haben auch ja gesagt. Dann sind wir wieder raus. Er hat uns die Papiere gegeben. Das war's, ne." Für Yener hat eine standesamtliche Trauung nur stattgefunden, damit seine Frau nach Deutschland einreisen durfte; das Ausländerrecht schützt Ehe und Familie.

7. Familienzusammenführung in Deutschland

Um das Verfahren der Eheschließung abzuschließen, ist es wichtig abzuklären, wie eine Familienzusammenführung in Deutschland zustande kommt. Die meisten Interviews belegen, dass zwischen der Heirat und der Familienzusammenführung bis zu zwei, drei Jahre vergehen können. Der Paragraph 17 des Ausländerrechts regelt den Familiennachzug der Ausländer folgendermaßen. „Einem ausländischen Familienangehörigen eines Ausländers kann (...) eine Aufenthaltserlaubnis für die Herstellung und Wahrung der familiären Lebensgemeinschaft mit dem Ausländer im Bundesgebiet erteilt und verlängert werden" (Deutsches Ausländerrecht, 2000, § 17, 6f.). Diese Aufenthaltsgenehmigung für den Familienangehörigen ist allerdings an die folgenden Bedingungen geknüpft: Der Antragsteller in Deutschland muss eine Aufenthaltserlaubnis oder eine Aufenthaltsberechtigung besitzen, er muss über ausreichenden Wohnraum verfügen sowie in der Lage sein, den Lebensunterhalt des Familienangehörigen aus eigener Erwerbstätigkeit zu bestreiten (vgl. ebd.).

Da die meisten Interviewpartner einige dieser Bedingungen nicht erfüllen oder erfüllen können, dauert die Familienzusammenführung länger als geplant. In einigen Fällen müssen die Eltern der Männer dafür bürgen, dass sie finanziell für den Familienangehörigen sorgen wollen. Ibrahim schildert, wie die Familienzusammenführung bei ihm verlief. „Die deutsche Polizei[5] hat immer Probleme gemacht, ne. Ich habe ja nicht immer gearbeitet. Ich habe nur ab und zu mal gearbeitet. Die haben gefragt, wie viel verdiene ich und so (...) Mein Vater hat dann gesagt, okay, ich werde dafür Geld geben. Also, er hat bei der Polizei unterschrieben, ne. Er gibt uns Geld und so weiter (...) Ja, dann hat die Polizei gefragt, wo ich wohne, oder wo meine Frau wohnen soll. Dann hat mein Vater gesagt, ne, unsere Wohnung ist groß. Die können bei mir wohnen. Dann konnte meine Frau kommen (...) Dann konnte sie wieder nicht kommen, ja, weil ich ein Kind hatte. Dann war unsere Wohnung zu klein (...) Ja, wir haben dann jemanden aus der Wohnung abgemeldet."

Das Interview zeigt, dass Ibrahims Vater finanziell für die Familie seines Sohnes bürgt. Das Ausländergesetz schreibt vor, dass ausreichender Wohnraum für die Familienangehörigen vorhanden sein muss. Zunächst heißt es dann, Ibrahims Frau könne einreisen, das wird aber verschoben, als die Ausländerbehörde erfährt, dass neben der Frau auch ein Kind einreist. Es muss erneut überprüft werden, ob die Wohnung, die bei der Ausländerbehörde angezeigt wurde, groß genug ist. Denn das Ausländergesetz schreibt vor, dass Kinder zwischen 0 und 6 Jahren mindestens 8 Quadratmeter Wohnraum benötigen und alle anderen Personen oder Familienmitglieder mindestens 12 Quadratmeter

5 Bei Teilen der türkischen Community wird die Ausländerbehörde allgemein als Polizei bezeichnet.

Wohnraum nachweisen müssen. Um diese Mindestanforderungen zu umgehen, wird in Ibrahims Fall ein Familienmitglied vorübergehend abgemeldet und nach der Familienzusammenführung wieder umgemeldet.

Motive für eine Eheschließung

Die Motive für eine Eheschließung bei den jungen Männern sind mannigfaltig. Die wichtigsten Motive für eine Heirat bei türkischen Männern sind Folgende, die analysierend dargestellt werden: Gründung einer Familie als Mittel zur gesellschaftlichen Anerkennung, der Wunsch nach einem Kind, Sexualität sowie Führung des Haushalts durch eine Frau.

Gründung einer Familie als Mittel zur gesellschaftlichen Anerkennung

Die Gründung einer Familie wird in den türkischen Familien, sei es bei Jungen oder Mädchen, nicht nur gefördert, sondern zwingend vorgeschrieben. Eine junge Frau oder ein junger Mann, der oder die mit spätestens Mitte Zwanzig nicht geheiratet hat, wird unter Druck gesetzt. Die Heirat beziehungsweise die Gründung der Familie ist gesellschaftlich anerkannt und legitimiert die Männer in der öffentlichen Wahrnehmung zu mehr Selbstbewusstsein, da das Heiraten den Schritt in das Erwachsenenleben dokumentiert. Erst mit der Heirat werden die Männer im sozialen Bezugsrahmen als volle und anerkannte Gesprächspartner der Erwachsenen wahrgenommen, bis dahin werden sie altersunabhängig als „Kind" bezeichnet. Der Interviewpartner Ibrahim erläutert anschaulich diese These: „Warum ich heiraten wollte? Du musst heiraten, dann wirst du doch ernst genommen. Weil bis du heiratest, bist du doch ein Kind: Du übernimmst keine Verantwortung. Bei uns kannst du mit Erwachsenen richtig reden, wenn du geheiratet hast, weißt du (…) Als ich noch ledig war, ne, da hat mein Vater mit mir nicht ernst gesprochen. Er hat immer gesagt, ja, ich soll das, das oder das machen. Als ich dann heiratete, da hat er oft mit mir gesprochen, ne. Er hat mich dann bisschen ernst genommen. Also, ernster genom-

men. Ich habe jetzt auch eine Tochter und eine Frau, ne. Ich bin ja ein Mann, ne, der für seine Familie etwas machen muss oder so."
Diese Ausführungen verdeutlichen, dass mit der Übernahme von Verantwortung für Ehefrau und Kind/er die jungen Männer als vollwertige Mitglieder der Community aufgenommen werden, weil sie selbständig für das Wohl der gegründeten Familie sorgen, die Familie nach außen repräsentieren beziehungsweise schützen müssen. Wer keine gesellschaftlich anerkannte Verantwortung übernimmt, wird auch nicht in die Entscheidungen oder Entscheidungsfindungsprozesse der Familie einbezogen: „Du hast was zu sagen, wenn du eine Leistung gebracht hast (...) Ja, zum Beispiel, du sorgst für deine Frau, für deinen Sohn, für deine Kinder oder so. Dann hast du Verantwortung. Dann kannst du auch mitreden. Du hast dann auch Erfahrung. Dann sagen die Älteren, ja wir fragen auch Ibrahim. Er hat ja auch Familie, er hat ja Erfahrung und so weiter, ne. Sonst, wenn du das nicht hast, dann kannst du gar nicht mitreden." (Ibrahim) Bis zur Verheiratung müssen die Söhne, unabhängig von ihrem Alter, bei den Eltern wohnen. Erst die Gründung einer eigenen Familie legitimiert einen Auszug. Dass die meisten Interviewpartner nach der Eheschließung temporär bei den Eltern wohnen, resultiert aus der Tatsache, dass die hohen Kosten für eine eigene Wohnung vermieden werden sollen und die Form der Großfamilie mit drei Generationen weiter gelebt werden soll. Darüber hinaus erhoffen sich die Männer, dass ihre Frauen von der Familie kontrolliert werden, während sie arbeiten oder ihre Freizeit außerhalb der Familie verbringen: „Ja. Ich habe vier Jahre mit meiner Frau bei meinen Eltern gewohnt, ja, weil es besser war. Wir hatten große Wohnung, ne. Dann konnten wir Miete sparen. Und ich musste ja arbeiten, ne. Dann konnte meine Mutter und so auf meine Frau aufpassen. Wenn ich immer weg war, dann war meine Frau nicht alleine. Meine Mutter oder meine Schwester haben auf sie aufgepasst." (Osman)

Der Wunsch nach einem Kind

Die Heirat beziehungsweise die Gründung einer Familie ist grundsätzlich mit dem Wunsch nach einem Kind verbunden. Kinder haben in der türkischen Familie einen großen Stellenwert. Ein kinderloses Ehepaar wird im engeren Sinne nicht als Familie betrachtet und die

Ehe kann sehr bald geschieden werden, wenn die Frau nicht ein Kind oder mehrere Kinder auf die Welt bringt. Ein frisch verheiratetes Paar steht unter enormem Druck, insbesondere seitens der Familien der Eheleute, ein Kind zu bekommen. Das Geschlecht des ersten Kindes spielt zunächst keine Rolle, aber im Allgemeinen wollen die Männer mit eingeschränkten wirtschaftlichen Ressourcen spätestens beim zweiten Kind einen Sohn haben. Dieser starke Wunsch des Mannes nach einem Sohn kann mit den Motiven „Fortbestehen der Familie", „Stärkung des Haushaltes" sowie „gut in schlechten Zeiten", also mit ökonomischen Motiven, begründet werden. „Kinder sind schon wichtig, ne. Du brauchst schon Kinder. Weil dann bist du doch keine Familie. Eine Familie ohne Kinder, ist doch keine Familie (…) Ja, warum noch? Man muss auch Söhne bekommen, die können dir dann später helfen, wenn du nicht arbeiten kannst. Und dann noch kannst du deinen Namen weitergeben. Weil, wenn die Tochter heiratet, dann nimmt sie den Namen von Mann. Aber wenn du einen Sohn bekommst, dann stirbt der Familienname nicht. Das ist schon wichtig, ne, der Name muss weitergehen (…) Und wenn du nur Töchter hast, dann kann sie dich nicht unterstützen. Sie kann schon unterstützen, aber nicht so gut wie der Sohn. Sie muss ja für eigene Familie sorgen, für eigene Familie arbeiten. Also, für die Familie von Mann arbeiten. Deshalb ist das bei der Tochter schwer." (Hasan)
Zudem gehen die Interviewpartner davon aus, dass verheiratete Töchter den Haushalt verlassen und Jungen nicht; die Söhne sollen die Eltern im Alter finanziell unterstützen, die Töchter werden in eine „fremde" Familie verheiratet und deshalb wird eine finanzielle Unterstützung in der Regel nicht erwartet, so die beispielhafte Argumentation von Hasan. Des Weiteren muss davon ausgegangen werden, dass die Interviewpartner und auch der überwiegende Teil der in Deutschland lebenden türkischen Männer einem unehelichen Kind gegenüber sehr skeptisch sind. Nicht nur die Ehre einer türkischen Frau würde gegen ein uneheliches Kind sprechen, sondern die Tatsache, dass die Männer im Allgemeinen in dieser Frage konservativ sind. Auch sind die Männer gegen ein uneheliches Kind mit einer deutschen Frau, deren Ehre aus Sicht der türkischen Männer keine Bedeutung zugesprochen wird. Die Männer argumentieren unter anderem mit der Fortführung des Namens, weil die Kinder bei unehelichen Geburten den Familiennamen der Mutter bekommen, worauf der Interviewpartner Yüksel eingeht.

„Wissen Sie, aus meiner Sicht ist es schon wichtig, dass mein Kind auch meinen Namen trägt. Außerdem finde ich für das Kind nicht in Ordnung, dass ihre Eltern miteinander nicht verheiratet sind. Wir Eltern müssen ja für unsere Kinder Vorbilder sein. Man muss den Kindern auch die Möglichkeit geben, in geregelten Verhältnissen zu leben (...) Das hat eigentlich mit der Ehre der Frau schon was zu tun. Aber wenn ich eine deutsche Freundin hätte, dann würde ich ein Kind bekommen wollen, wenn wir geheiratet haben. Es geht viel mehr darum, dass man erst Kinder auf die Welt setzt, wenn man in geordneten Verhältnissen lebt." (Yüksel)

Sexualität

Die Sexualität spielt bei der Eheschließung zwar eine große Rolle, zumindest für die Eltern, das wird aber meist nicht direkt ausgesprochen, weil Sexualität ein Tabuthema ist. Während es gesellschaftlich anerkannt ist, dass die Männer vor der Eheschließung sexuelle Erfahrungen sammeln, wird dies bei Frauen aufgrund der Ehre kategorisch abgelehnt. Ab einem bestimmten Zeitpunkt sind sich allerdings die Interviewpartner, vor allem aber deren Eltern, einig, dass die Sexualität in der geregelten Form, also in der Ehe, ausgelebt werden soll. Bei der Sexualität geht es aber nicht um die Wünsche der Frau, sondern um die Bedürfnisse des Mannes. Wenn der Mann mit seiner Frau schläft, geht es nicht um den gleichberechtigten und leidenschaftlichen Geschlechtsverkehr zweier Menschen, die sich lieben, sondern um die Befriedigung des Mannes. Der Interviewpartner Hasan bezieht dazu Stellung: „Ja, heiraten muss man schon, ne. Ja, ich habe schon viele Frauen, immer wieder. Aber irgendwann muss man schon ruhiger werden und mit seiner Frau schlafen. Der Mann muss ja immer zu Hause Sex haben, ne. Sonst findet er andere Frau. Wenn die Frau das nicht macht, dann geht der Mann in Puff oder er hat dann eine andere Freundin oder so (...) Wenn der Mann das nicht kann, ich meine, wenn er den Saft, du verstehst, was ich meine, nicht los wird, dann muss er doch eine andere Frau finden." Aus dem Interviewausschnitt wird sehr deutlich, dass es nur um die Befriedigung des Mannes geht, damit der Mann ruhiger wird und sich keine andere Freundin sucht. Einige Interviewpartner gehen sogar so weit zu behaupten, dass es der Frau nicht zustehe, dabei

Lust zu empfinden. Die Aufgabe der Partnerin bestehe lediglich darin, dafür zu sorgen, dass der Mann zum Samenerguss kommt.

Führung des Haushalts durch eine Frau

In konservativ-traditionellen türkischen Familien ist es durchaus üblich, dass die Kinder nach den klassischen Geschlechterrollen, den ländlich-bäuerlichen Normen erzogen werden. Das heißt, innerhalb der Familie sind die Rollen der Kinder nach Alter und Geschlecht differenziert. In der Erziehung geben die Eltern ihre persönlichen Eigenschaften als Vater beziehungsweise Mutter an die Kinder weiter. Der Sohn wird zum späteren Familienoberhaupt und die Tochter zu einer guten Hausfrau geformt. Deshalb übernehmen in diesen Familien die männlichen Kinder keine Aufgaben im Haushalt. Die Jungen werden in erster Linie mit Aufgaben befasst, die die Außenwelt betreffen: Versorgung der Familie beziehungsweise finanzielle Absicherung. Wie bei der Brautwerbung deutlich wurde, begutachten die Brautwerber, ob die angehende Braut eine gute Hausfrau ist. Die Ehefrau wird hier als Versorgerin für den Mann gesehen, die die Mutter beziehungsweise die anderen weiblichen Familienmitglieder ablösen soll. „Heiraten ist wichtig, ne. Also, nicht nur, um Kinder zu bekommen. Der Mann kann das ja nicht, ne (…) Ja, halt kochen, putzen, auf die Kinder aufpassen. Und dann waschen und so weiter. Das hat halt vorher meine Mutter gemacht, oder meine Schwester, die Frauen haben das halt gemacht. Einige Frauen machen das nicht mehr. Die sagen, der Mann muss das auch machen, ne. Hausarbeit ist schon Frauensache, würde ich doch sagen (…) Es gibt schon Männer, türkische Männer, die machen auch Hausarbeit, ne. Aber das finde ich nicht in Ordnung, ne. Der Mann hat auch Ehre. Die Frau muss schon machen, was eine Frau machen muss. Also, jeder soll seine eigene Aufgabe machen, ne." (Ibrahim) Hier wird Folgendes deutlich: Der Interviewpartner ist gegen eine Vermischung der konventionellen Rollen, indem der Mann im Haushalt mitarbeitet. Dies begründet er mit der Ehre des Mannes, der sich nicht in die „Rolle" der Frau begeben darf. In der bäuerlich-traditionellen Sicht wird der Haushalt ausschließlich als „Frauensache" betrachtet, in einigen Gebieten wird ein Mann sogar als unehrenhaft bezeichnet, wenn er sich an der Arbeit im Haushalt beteiligt.

Warum eine Partnerin aus der „Heimat"?

Nachdem die allgemeinen Grundmotive für eine Eheschließung bei den Männern geklärt wurden, sollen die Beweggründe erläutert werden, warum die Männer ihre Frauen ausgerechnet aus den Heimatdörfern ihrer Eltern oder Großeltern wählen. Eine genauere Betrachtung der Sozialisationsbedingungen der Interviewpartner zeigt, dass alle Gesprächspartner entweder in Deutschland geboren wurden oder größtenteils in Deutschland aufgewachsen sind. Der Hauptgrund für die Orientierung in die Türkei bei den Männern besteht darin, dass sie das Verhalten der türkischen Mädchen in Deutschland unehrenhaft finden. Das heißt, die Männer glauben in der Türkei, im Heimatdorf, eine Frau finden zu können, die die oben genannten Heiratskriterien am besten erfüllt. Alle interviewten Männer haben in irgendeiner Form Erfahrungen mit türkischen Mädchen in Deutschland, die aus ihrer Sicht immer negativ beziehungsweise enttäuschend verlaufen sind. Erst nach diesen negativen Erfahrungen mit Frauen in Deutschland haben sich die jungen Männer Richtung Türkei orientiert. Den meisten Interviewpartnern agieren die türkischen Mädchen in Deutschland zu selbstbewusst, zu selbständig und zu eigenverantwortlich, indem sie sich den Wünschen und Vorstellungen der Männer nicht unterordnen. Dem Wunsch nach einer Frau, die sich anpasst, nicht widerspricht und die konventionelle Geschlechterrolle annimmt, entsprechen die Mädchen, die in konservativen Umfeldern in der ländlichen Türkei aufgewachsen sind. Diese These soll im Folgenden anhand von drei Fallbeispielen konkretisierend erläutert werden.

Fall 1, Yüksel: Sunniten vs. Aleviten

Der Interviewpartner Yüksel befreundet sich in zwei Fällen in ernster Absicht mit einem türkischen Mädchen in Deutschland. Während er in München eine Lehre zum Bankkaufmann macht, verlässt ihn seine Freundin, da sie sich in einen anderen jungen Mann verliebt. Yüksel fühlt sich in seiner Ehre gekränkt. Dass er von seiner Freundin verlassen wird, schmerzt ihn, gleichzeitig aber ist er auch stark gekränkt, weil ein anderer Mann der Grund für die Trennung ist. „Verstehen Sie, es wäre ja nicht so schlimm, wenn sie mir sagen würde: Es geht nicht, ich kann dich nicht heiraten. Aber sie kommt zu mir und sagt: Tut mir

Leid für dich Yüksel. Ich mag nicht mehr, ich habe einen anderen Kerl. Das tut schon weh (...) Ja, ich habe schon versucht, sie wiederzuhaben, weil ich mir das nicht vorstellen konnte, dass sie mich jetzt verlassen hat. Ich habe sie auch unter Druck gesetzt, oder ihr angedroht, damit sie mich nicht verlässt. Ich habe auch ihren Freund unter Druck gesetzt, aber das hat dann nichts gebracht." Die Kränkung seiner Ehre wird aus der Aussage „(...) weil ich mir nicht vorstellen konnte, dass sie mich jetzt verlassen hat" sehr deutlich. Es geht ihm dabei nicht darum, dass eine für ihn wichtige Beziehung endet, sondern um die Tatsache, dass eine Frau ihn verlässt. Um seine gekränkte Ehre wiederherzustellen, ist es aus seiner Sicht legitim, Gewalt anzuwenden, auch wenn er nicht so weit geht, dass er physische Gewalt anwendet: Es bleibt „nur" bei der psychischen Gewalt, nämlich bei der Androhung. Dass es bei Yüksel lediglich um die Wiederherstellung der Ehre geht, wird aus einem anderen Auszug des Interviews deutlich. „Ja, was wäre, wenn sie zu mir zurückgekommen wäre? Später hätte ich dann Schluss gemacht. Es geht eigentlich darum, dass ich mit ihr Schluss mache und nicht umgekehrt. Irgendwie muss man sagen, dass der Mann seinen Stolz behalten muss, oder?"

Ein weiteres Mal befreundet sich Yüksel mit einer türkischen Frau, als er in Regensburg Betriebswirtschaftslehre studiert. Die beiden wollen heiraten, also schaltet Yüksel seine Eltern ein, damit der Vater um die Hand seiner Freundin anhält. Unabhängig davon, wie gut sich das Paar kennt, ist die Prozedur des „Anhaltens um die Hand der Braut" einzuhalten. Dieses Ritual dient unter anderem dazu, dass die beiden Familien Gelegenheit bekommen, sich besser kennen zu lernen. Das Interview zeigt, dass es zu dieser Prozedur erst gar nicht kommt, weil die beiden Familien sich gegen diese Eheschließung aussprechen. „Wir haben uns ja damals entschieden, dass wir heiraten möchten. Dann haben wir beide beschlossen, unser Vorhaben unseren Eltern mitzuteilen. Wir beide wussten, dass unsere Eltern Schwierigkeiten machen würden (...) Ja, wir sind ja Sunniten und sie war ja alevitisch. Ich wusste ja immer von meinen Eltern, dass sie gegen so eine Ehe sind. Das haben wir immer mitbekommen. Meine Freundin hat gesagt, dass die Aleviten gegen die Sunniten sind (...) Als wir dann uns entschieden haben, hat mein Vater gesagt, da gehe ich nicht hin. Du brauchst den Besuch erst gar nicht anzumelden. Und meine Freundin hat gesagt, ihre Eltern wollen gar nicht, dass wir sie besuchen. Danach haben sie meiner

Freundin verboten, sich mit mir zu treffen. Meine Eltern wollten auch nicht, dass ich mich mit ihr treffe.“
Bevor ich diesen Abschnitt analysiere, folgt ein Exkurs zur Klärung der Begriffe „Sunniten“ und „Aleviten“.

Exkurs: Sunniten vs. Aleviten: Der Islam und speziell die religiösen Pflichten haben in der türkischen Bevölkerung einen sehr unterschiedlichen Stellenwert. Die offizielle türkische Statistik weist über 98 Prozent der Bevölkerung als sunnitische Muslime auf. Da seitens der türkischen Regierung keine systematischen Erhebungen vorliegen, wird in der Literatur die Zahl der Aleviten geschätzt. Man muss davon ausgehen, dass ein Fünftel bis ein Viertel der türkischen Bevölkerung alevitischen Glaubens ist, das heißt den Islam anders interpretiert als die sunnitische Mehrheit und viele Regeln des Islam für sie nicht gelten. Diese prozentuellen Zahlen können in etwa auf die türkische Bevölkerung in Deutschland übertragen werden.
Die religiösen Pflichten der sunnitischen Muslime bestehen in der Einhaltung der fünf Säulen des Islam; diese sind: *sahada* (die Annahme des Islam als Religion), *salat* (das täglich fünf Mal zu verrichtende Ritualgebet), *zakat* (Almosensteuer), *saum* (das Fasten im Monat Ramadan) sowie die Wallfahrt nach Mekka (vgl. Kreiser/Wielandt, 132ff.).
Die *Annahme des Islam* vollzieht sich mit dem Aussprechen des Glaubensbekenntnisses: „ashadu an la ilaha illallah wa-ashadu anna Muhammadan rasulullah“, ins Deutsche übersetzt heißt es: „Ich bezeuge, dass es keinen Gott außer Allah gibt, und ich bezeuge, dass Muhammad der Gesandte Gottes ist“ (ebd., 132f.).

Beten: Das wichtigste religiöse Ritual der Muslime ist das Beten. Jeder Muslim ist verpflichtet, fünf Mal am Tag zu beten. Aufgrund der Erwerbstätigkeit können nicht alle dieses Ritual einhalten. Aber mindestens das Freitagsgebet (mittags), das mit dem sonntäglichen Kirchengang der Christen verglichen werden kann, soll eingehalten werden. Deshalb werden in vielen Firmen die Mittagspausen am Freitag verlängert.

Die Almosensteuer: Almosenpflichtig ist jeder volljährige, gesunde und freie Muslim; diese Steuer ist für die Armen bestimmt. Sie wird in der religiösen Literatur als verdienstvolles Werk des Muslims bezeichnet. Auch in der heutigen Türkei wird zum Opferfest ein Hammel geschlachtet und mindestens ein Drittel des Fleisches wird an die Armen und Bedürftigen als Almosen verteilt.

Fasten: Das Einhalten des Fastenmonats Ramadan ist in der Türkei sehr verbreitet. Die Gläubigen sind verpflichtet, einen Monat lang vom Sonnenaufgang bis zum Sonnenuntergang nicht zu essen, nicht zu trinken und nicht zu rauchen. Am Abend – zwischen Sonnenuntergang und Sonnenaufgang – kann wieder gegessen werden. Der Ramadan wird nach einem Monat mit dem vier Tage anhaltenden „şeker bayramı" – Zuckerfest – abgeschlossen.

Wallfahrt: Durch das Gebot des Korans (Sure 3, 97) ist jeder volljährige Muslim verpflichtet, mindestens einmal in seinem Leben die Wallfahrt nach Mekka zu unternehmen, sofern er die finanzielle Möglichkeit hierzu hat.
Die Aleviten unterscheiden sich von den Sunniten in der Türkei und in Deutschland durch ein freieres Religionsverständnis. In der politischen und gesellschaftlichen Auseinandersetzung artikulieren sie sich mit aufklärerischen bis links-revolutionären Positionen (Vorhoff, 1995, 3f). Alamdar-Nieman (1992) definiert die Stellung der Aleviten in der Türkei folgendermaßen: „Der wesentliche Unterschied zwischen Sunniten und Alewiten liegt jedoch nicht allein in der Tatsache, daß die Alewiten eine Minderheitenstellung innerhalb der türkischen Muslime einnehmen: die Trennungslinie verläuft auf Grund der Zugehörigkeit der Alewiten zu der schiitischen Glaubensrichtung des Islams" (Alamdar-Niemann, 1992, 266ff.).
Die Aleviten darf man jedoch nicht mit den überwiegend im Iran auftretenden Schiiten gleichsetzen. Die Aleviten in der Türkei sind über das gesamte Land verstreut, aufgrund ihres Minderheitenstatus leben sie in der Regel zurückgezogen und viele geben öffentlich nicht zu, dass sie alevitischen Glaubens sind. Ein entscheidendes Merkmal der Aleviten ist, dass sie nicht an den Propheten Mohammed glauben, sondern Anhänger von Ali – Schwiegersohn und Cousin des Propheten Mohammed – sind. „Aleviten betonen im Unterschied zu sunnitischen Ansichten gerne, daß der Mensch nicht Sklave Gottes, sondern autonom und selbstverantwortlich sei. Zentral ist daher das Streben nach Selbsterkenntnis und Selbstbeherrschung. Hieraus erklärt sich der hohe Stellenwert, der Bildung eingeräumt wird, sowie eine große Aufgeschlossenheit gegenüber den Entwicklungen der Moderne" (Vorhoff, ebd., 7f.).

Das ethische Ideal reinen Herzens zu sein ist ebenso wichtig wie Wissen und Erkenntnis. Es geht nicht darum, den Glauben in Gebetsfloskeln auf der Zunge zu tragen, sondern im Herzen und ihn in den Taten gegenüber den Mitmenschen zu zeigen (vgl. ebd.). Folgende Merkmale kennzeichnen den alevitischen Islam:

- Aleviten haben keine Moscheen, sondern Gebetshäuser;
- es herrscht größere Gleichberechtigung zwischen Mann und Frau;
- sie haben keine Vorbeter, sondern Dedes, inoffizielle Vorstände der Religionsgemeinschaft;
- es gibt eine heterodoxe, die am mystischen Islam orientierte Interpretation des Islam.

Da die Aleviten den Sunniten unterstellen, dass sie zu konservativ seien, die Frauen unterdrückten und ihre Töchter zum Kopftuchtragen zwingen würden, sind sie grundsätzlich gegen eine Eheschließung einer Tochter mit einem sunnitischen Mann. Umgekehrt sind die Sunniten der Meinung, dass die Aleviten keine richtigen Muslime seien, ihre Töchter zu frei erzogen würden und nicht ehrbar seien. Weil diese antagonistischen Meinungen aufeinander prallen, sind beide Elternpaare im Fall von Yüksel gegen eine Eheschließung ihrer Kinder. Es muss allerdings betont werden, dass trotz der Widerstände der Elterngeneration inzwischen viele gemischte Ehen geschlossen werden. Aus einem weiteren Abschnitt des Interviews wird deutlich, dass Yüksel sich gegenüber seinen Eltern nicht durchsetzen will beziehungsweise kann. „Ja, ich wollte nicht mehr kämpfen. Ich habe gesehen, dass es sinnlos war. Meine Eltern waren nicht umzustimmen. Ich habe einfach aufgegeben. Im Nachhinein muss ich sogar sagen: kampflos."

Fall 2, Mehmet: Indirekte Kommunikation

Während seiner Schulzeit in München befreundet sich Mehmet mit einer türkischen Schulkameradin. Nach Beendigung der Schule möchte er sie heiraten und hat sie bereits seinen Eltern als zukünftige Ehefrau vorgestellt. Nach diesem Treffen ändert sich Mehmet grundlegend, da seine Eltern, vor allem der Vater, die Meinung vertreten, dass seine Freundin sich zu freizügig kleidet. Nach einigen klärenden Gesprächen mit der Mutter beschließt Mehmet, auf seine Freundin dahingehend einzuwirken, dass sie keine enge Kleidung mehr trägt. Seine Vorgehensweise erläutert er wie folgt: „Ich habe sie meinen Eltern vorgestellt, ne. Sie war ja damals ganz nett. Sie hat meinen Eltern viel Respekt gezeigt und so. Meine Mutter hat sie sehr gemocht, sie hat gesagt, sie wird eine gute Schwiegertochter und so. Dann hat sie gesagt, ja, muss sie denn solche enge Hosen tragen (...) Dann hat mein Vater zu meiner Mutter gesagt, ne, die ist nicht gut für unsere Familie, die trägt komische Kleider und so. Dann habe ich mit meiner Mutter gesprochen, ne. Dann habe ich gesagt okay, ich werde dafür sorgen, dass sie anständige Sachen anzieht (...) Dann habe ich meiner Freundin gesagt, ne. ‚Wenn du mich heiraten möchtest, dann darfst du nicht mehr solche Sachen anziehen. Anständige Sachen.' Sie hat das dann gemacht. Sie hat dann nicht mehr so enge Hosen und Klamotten angezogen." Aus den Ausführungen wird deutlich, dass die Eltern Mehmet unter Druck setzen, damit er auf seine Freundin einwirkt. Körperbetonte Oberteile und enge Hosen heben die weiblichen Körperformen einer Frau hervor und reizen dic männlichen Sinne. Entsprechend dem Konzept der Ehre kleidet sich eine ehrenhafte Frau so, dass ihre sexuellen Reize nicht zu sehen sind; die sexuellen Reize einer Frau sind Privatsache und dürfen nur vom Ehemann gesehen werden, so will es die Tradition. Seine Freundin willigt zunächst ein, indem sie auf enge Hosen und körperbetonte Oberteile verzichtet. Nach diesem „Etappenerfolg" möchte Mehmet seine zukünftige Frau aber weiter reglementieren. Er verbietet ihr, in der Schule mit anderen Jungen zu kommunizieren und schreibt ihr vor, zukünftig ein Kopftuch zu tragen. Auch diese Entscheidung führt Mehmet nach einem Gespräch mit der Mutter aus. „Meine Mutter hat danach immer gefragt, ne. Was macht sie und so. Trägt sie immer noch solche Klamotten oder so. Dann habe ich gesagt nein. Dann hat meine Mutter gesagt, ne, warum trägt sie kein Kopftuch oder so. Was macht sie in der Schule, redet sie auch mit anderen Jungen und so weiter (...) Ja, mein Vater ist auch wie meine Mutter. Ich glaube, diese Dinge sagt mein Vater meiner Mutter, ne. Mein Vater sagt das nicht direkt mir, ne. Er sagt das meiner Mutter und meine Mutter sagt es mir, ne." Aus diesem Ausschnitt des Interviews geht klar hervor, dass die Anforderungen in Bezug auf die Kleidervorschriften nicht von der Mutter beziehungsweise von Mehmet selbst stammen, sondern vom Vater über die Mutter an Mehmet herangetragen werden. Diese traditionelle indirekte Kommunikation spielt in einigen türkischen Familien immer noch eine entscheidende Rolle. Auch hierzu zum besseren Verständnis ein kleiner Exkurs:

Exkurs: Indirekte Kommunikation in türkischen Familien: Aufgrund des Erziehungszieles „Respekt vor Autoritäten" spielen spätestens ab der Adoleszenz Aspekte wie Gehorsam und Respekt eine besondere Rolle, insbesondere zwischen den Kindern und dem Vater. Offene Zornesäußerungen werden weder gegenüber Vätern noch gegenüber anderen Autoritätspersonen, wie zum Beispiel Onkeln, toleriert. In der Adoleszenz besteht fast immer eine merkliche Distanz zum Vater; diese Distanz schlägt sich in der gegenseitigen Kommunikation nieder. Wie auch aus dem Interview zu erfahren ist, hat die Mutter in der weiteren Entwicklung des Kindes eine Vermittlerrolle inne, die das Verhältnis des Vaters zu seinen Kindern koordiniert. Wenn die Kinder sich überhaupt einem Elternteil anvertrauen, dann mit hoher Wahrscheinlichkeit der Mutter. Die Mutter ist auch diejenige, die im Streitfall beim Vater ein gutes Wort für das Kind einlegt. Außerdem überbringt die Mutter den Kindern die Wünsche des Vaters, seine Anweisungen und sogar Strafen (vgl. dazu auch Kağıtcıbaşı/Sunar, 1997, 155ff.). Diese Art von Kommunikation, in der die Mutter die Vermittlerin ist, verläuft nicht immer reibungslos, wenn zum Beispiel die Mutter die Wünsche des Vaters falsch weitergibt oder interpretiert. Oft kann die Kommunikation auch dadurch gestört sein, dass die Mutter die Kinder schützen will und nicht alle Wünsche – vor allem aber die Strafen – des Vaters weitergibt.

Die Anforderungen, die Mehmet indirekt von seinem Vater mitgeteilt bekommt, gibt er seiner Freundin weiter, ohne darüber nachzudenken, ob sie richtig oder falsch sind. Während bei einem liberalen Erziehungsstil die Jugendlichen dazu ermuntert werden, selbstbewusst und selbständig zu sein, werden bei den meisten türkischen Jugendlichen Loyalität und Gehorsam gegenüber den Erziehungsberechtigten gefördert und gefordert. Gehorsam impliziert, dass das Kind/der Jugendliche das tut und ausführt, was der Erziehungsberechtigte von ihm verlangt, und zwar ohne Widerrede. Als (in unserem Fall) das Mädchen die weiteren Anforderungen, zum Beispiel das Tragen des Kopftuches, ablehnt, wird das von Mehmet als unehrenhaft bezeichnet, weil sie ihrem zukünftigen Ehemann widerspricht. In traditionellen Kreisen wird nämlich auch die Ehe nicht als gleichberechtigte Partnerschaft zwischen zwei Menschen betrachtet, sondern die Ehefrau muss sich den Wünschen und Vorstellungen ihres Mannes unterordnen. An einer anderen Stelle des Interviews wird allerdings deutlich, dass auch die Bezeichnung „unehrenhaft“ nicht von Mehmet selbst stammt, sondern von seinem Vater. „Dann hat meine Mutter gesagt, ne, wenn sie kein Kopftuch trägt, ne, dann hat sie keine Ehre, das ist kein Mädchen für unsere Familie (...) Das ist natürlich auch die Meinung von meinem Vater, ne. Mein Vater sagt das ja meiner Mutter.“ Als er später im Schulhof gewalttätig wird, handelt er nicht mehr nach den Anforderungen der Eltern, sondern aus verletzter Eitelkeit. Mehmet kann die Entscheidung seiner Freundin, dass sie nicht mehr mit ihm befreundet sein möchte, nicht akzeptieren. Sein Selbstverständnis als Mann von Selbstbewusstsein, Stärke, Virilität und Durchsetzungsvermögen ist durch das Verhalten der Freundin in Frage gestellt worden. Um seine verletzte Ehre als Mann wiederherzustellen, ist es für Mehmet legitim, Gewalt anzuwenden. Wenn sich ihm ein anderer Mann in den Weg stellt, ist es für Mehmet eine willkommene Gelegenheit, seine Männlichkeit zu beweisen: „Die hat dann ja Schluss gemacht, ne. Ich habe dann in der Schule gesagt, ich will mit dir reden. Sie wollte nicht, dann habe ich gesagt, die soll kommen, ne. Dann kam dieser Wichser, und sagt, verpiss dich. Dann habe ich ihm eine mitgegeben. Es war wichtig für mich, ne. Ich musste zeigen, dass ich sie noch will. Dann wollte sie diesen Typen schützen. Dann habe ich sie beide geschlagen (...) In der Schule haben dann die anderen gesagt, hat der Mehmet gut gemacht. Er hat seine Ehre gerettet, ne.“

Fall 3, Muhamet: Beibehaltung der konservativen Werte

Im Falle von Muhamet ist nicht eine unmittelbare persönliche Betroffenheit vorhanden, sondern seine grundsätzliche Einstellung in Bezug auf die traditionell-konservativen Geschlechterrollen steht im Mittelpunkt. Bereits mit 14 Jahren macht er sich sehr viele Gedanken über die Situation der türkischen Mädchen in Deutschland. Denn er ist der Meinung, dass die meisten türkischen Mädchen in Deutschland nicht ehrenhaft sind, da sie in Deutschland sehr viele Freiheiten genießen. Dafür macht er nicht nur die Mädchen persönlich verantwortlich, sondern die deutschen Institutionen, wie zum Beispiel die Schule. „Verstehst du, ich finde nicht in Ordnung, zum Beispiel, wenn Mädchen und

Jungen gemeinsam Sport machen oder gemeinsam schwimmen gehen. Das gibt es nicht in unserer Religion (...) Ja, in Deutschland ist das normal, ne. Aber unsere Mädchen machen dann auch mit. Und die Eltern erlauben das, ne. Das finde ich nicht korrekt (...) Und unsere Mädchen übertreiben dann. Sie ziehen sich wie die deutschen Mädchen an. Das sind nicht gute Sachen." Er persönlich beugt sich zwar den Rahmenbedingungen des deutschen Schulsystems, aber er erwartet von den Mädchen und deren Eltern mehr Widerstand gegen den gemeinsamen Sport- und Schwimmunterricht. Dies begründet er mit der religiös-islamischen Tradition, in der der gemeinsame Sportunterricht abgelehnt wird. In seinen weiteren Ausführungen macht er deutlich, dass die türkischen Mädchen diese Rahmenbedingungen missbrauchen, wenn sie sich wie die deutschen Mädchen kleiden. Um in seiner Schule auf die türkischen Mädchen einzuwirken, beschließt er gemeinsam mit einigen Freunden, die Mädchen unter Druck zu setzen. Dabei argumentiert er immer wieder mit konservativen Einstellungen, wie zum Beispiel der Trennung der Geschlechter, der Ehre der Frau oder der Verletzung der Jungfräulichkeit durch den Sportunterricht: „Ja, mit Freunden habe ich dann den Mädchen gesagt, ja, das ist nicht in Ordnung. Die sollen aufpassen. Es ist nicht gut, wenn Jungen und Mädchen Sport machen (...) Es ist auch nicht gut für Mädchen. In Sport können die Mädchen die Jungfräulichkeit kaputt machen. Oder, was noch? Die Ehre, es ist nicht gut für die Ehre. Es ist nicht gut für die Ehre, wenn sie sich wie die Deutschen anziehen oder so." Auf eine weitere Frage, ob die Mädchen sich den Vorstellungen der Jungen gebeugt haben, antwortet er folgendermaßen: „Also, die Mädchen hier finde ich voll krass, ne. Die sind schlimmer als die Deutschen. Die haben sich dann noch schlimmer angezogen. Die haben dann gesagt, was geht euch das an, oder solche Sachen." Aus dieser Aussage geht hervor, dass Muhamet und seine Freunde mit ihrem Versuch, die türkischen Mädchen unter Druck zu setzen, scheitern. Es ist sogar der gegenteilige Effekt zu beobachten, indem die Mädchen – um den Jungen zu demonstrieren, dass sie selbständig entscheiden wollen, was richtig oder falsch ist – sich noch freizügiger kleiden als vorher. Dieses Verhalten der Mädchen führt dazu, dass Muhamet und seine Freunde beschließen, eine Frau aus der Türkei zu heiraten.

Zusammenfassend ist Folgendes festzuhalten: Anhand dieser drei Fallbeispiele konnte nachgewiesen werden, dass die Männer Frauen aus den Heimatdörfern ihrer Eltern beziehungsweise Großeltern heiraten, nachdem sie die Erkenntnis gewonnen haben, dass die türkischen Mädchen in Deutschland zu selbstbewusst agieren. Diese Männer können sich weder den Wünschen und Vorstellungen ihrer Eltern entziehen, noch können sie mit selbstbewussten und redegewandten Mädchen umgehen. Aufgrund der persönlichen Schwäche dieser Männer liegt eine Brautwerbung in den Heimatdörfern nahe, weil sie auf diesem Wege ein Mädchen finden, das sich anpasst, sich unterordnet und die traditionelle Geschlechterrolle ohne Widerstand akzeptiert.

Die Motive der Braut

Bevor die Motive der Braut, die in erster Linie ökonomischer Natur sind, dargelegt werden, muss die historische Bedeutung des Brautpreises kurz angeschnitten werden. Dadurch können die Motive besser eingeordnet werden.

Die historische Bedeutung des Brautpreises

Dem Brautpreis wird in den Großstädten sowie in der westlichen Türkei immer weniger Bedeutung zugemessen. Eine Untersuchung von Altunek (1993) macht hingegen deutlich, dass der Brautpreis in der Provinz Van (Osttürkei) immer noch eine entscheidende Rolle spielt (vgl. Altunek, 1993, 73ff.). Auch in den ländlichen Gegenden Ostanatoliens, an der Schwarzmeerküste und in Zentralanatolien – Gegenden, von denen bekannt ist, dass dort der wirtschaftliche Beitrag der Frauen in der Landwirtschaft sehr hoch ist – ist die Zahlung eines Brautpreises nach wie vor üblich (vgl. Timur, 1985, 71ff.). Der Brautpreis wird bezahlt, um den finanziellen Ausgleich, den der Verlust der Arbeitskraft der Tochter im väterlichen Haushalt sowie in der Landwirtschaft bedingt, auszugleichen (vgl. Bates, in: Altunek, 1993, 74f., 81; Timur, in: Abadan-Unat (Hrsg.), 1985, 71ff.).
Timur prognostiziert, dass der Brautpreis aufgrund der Urbanisierung und der mechanisierten Landwirtschaft keine Bedeutung mehr haben wird. Nach ihrer Prognose wird der Brautpreis lediglich noch für einige

Zeit symbolische Bedeutung haben und bald ganz verschwinden (vgl. Timur, ebd.). Nach der Beschreibung von Gartmann (1981) wird der Brautpreis wie folgt entrichtet:

„Nachdem die Eltern des Mädchens der Verheiratung ihrer Tochter mit dem Sohn der Brautwerber zugestimmt haben, trinken sie am Abend mit den Gästen zusammen den sogenannten Wortkaffee (söz kahvesi) oder Fruchtsaft (şerbet), um damit den Erfolg des Besuches zu würdigen (...) Im Anschluß an das sogenannte Wortgeben (söz kesimi) wird über die Höhe des Brautpreises, den Umfang der Aussteuer und über den Verlobungs- und Hochzeitstermin entschieden (...) Diese Zusammenkunft dient einmal zur Festsetzung des Brautpreises (başlık kesimi), den der Bräutigam beziehungsweise dessen Vater an die Familie der Braut zu zahlen hat, und zum anderen zur Festlegung der von beiden Seiten in die Ehe mitzugebenden Wertsachen (...) Je nach Vereinbarung wird entweder der gesamte Betrag des Brautpreises dem Vater der Braut gezahlt, und dieser kauft dafür die für die Aussteuer seiner Tochter notwendigen Sachen. Oder ihm wird nur ein Teilbetrag des Brautpreises in bar übergeben, und die Familie des Bräutigams besorgt einen Teil der Aussteuergegenstände im Werte der restlichen Brautpreissumme. Eine dritte Möglichkeit besteht darin, dem Wert des geforderten Brautpreises entsprechend einen Goldschmuck für die Braut zu kaufen“ (Gartmann, 1981, 78ff.).

Die Ausführungen Gartmanns machen deutlich, dass es verschiedene Arten gibt, den festgelegten Brautpreis zu entrichten. In den östlichen, südöstlichen sowie nördlichen Provinzen, wo die Landwirtschaft und die patriarchalischen Großfamilien weit verbreitet sind, wird der festgelegte Brautpreis im vollen Umfang dem Vater der Braut ohne Gegenleistung bezahlt (d.h. der Vater der Braut muss damit nicht die Aussteuer für die Tochter finanzieren). In diesem Kontext gilt der Brautpreis als Ausgleich für den Verlust einer Arbeitskraft durch den Weggang der Tochter (vgl. Timur, 1985, 71f.). Die oben zitierte Prognose von Timur bezieht sich eher auf diese Art von Brautpreis, der auch als der klassische Brautpreis bezeichnet wird. In vielen Orten auf dem Lande wie auch in den Gecekondu-Gebieten der Großstädte und in einigen weiter entwickelten Orten wird zwar nicht mehr der klassische Brautpreis erhoben, jedoch ist ein latenter Brautpreis sehr verbreitet. Die Familie der Braut verlangt, dass der Tochter zum Beispiel eine bestimmte Anzahl von Goldringen, elektronischen Geräten (Fernseher, Videorekorder,

Spülmaschine, Kühlschrank, Elektroherd etc.) und Möbeln gekauft werden soll, oder aber die Familie des Bräutigams soll eine Hochzeitsfeier ausrichten, die den Vorstellungen der Eltern der Braut entspricht. In diesem Fall bekommt der Vater der Braut zwar kein bares Geld, aber er umgeht hier die teure Aussteuer der Tochter sowie die Organisation der kostenaufwendigen Hochzeitsfeier.

Deutschland als Brautpreis

Bei der Datenerhebung wurden die Frauen zwar nicht explizit befragt, aber bei genauer Betrachtung der Interviews mit den Männern fallen zwei wichtige Gründe der Frauen auf, einer Heirat mit einem Mann aus Deutschland zuzustimmen. Beide sind ökonomischer Natur und können unter „finanzielle Absicherung der Eltern“ und „ein besseres Leben im Luxus“ subsumiert werden. Da der Brautpreis oder die finanziellen Motive (Deutschland als Brautpreis und die finanzielle Absicherung der Familie) so sehr im Vordergrund stehen, ist es schwer nachzuweisen, ob die Mädchen zu einer Ehe gezwungen werden. Ganz sicher heiraten diese Frauen jedoch nicht aus Liebe, da sie die Männer bei der Eheschließung kaum kennen.

Finanzielle Absicherung der Eltern: Bei der Beschreibung der Biografien der Interviewpartner konnte aufgezeigt werden, dass die Männer ausschließlich junge Frauen heiraten, die aus den ländlichen und wirtschaftlich unterentwickelten Gebieten der Türkei stammen. Auch konnte belegt werden, dass diese Mädchen beziehungsweise jungen Frauen nur eine eingeschränkte schulische Bildung haben, in der Regel einen Grundschulabschluss. Eine Berufsausbildung, die in der Türkei beziehungsweise in Deutschland verwertbar ist, haben diese jungen Frauen nicht. In der ländlichen Türkei sind die Familien auch heute noch sehr kinderreich, da in den meisten Fällen Verhütung entweder abgelehnt oder aus Unwissenheit nicht praktiziert wird. Außerdem wollen die Eltern in der ländlichen Türkei viele Kinder, um die finanzielle Absicherung im Alter zu gewährleisten. Durch die Verheiratung der Tochter, im Speziellen nach Deutschland, erhoffen sich die Eltern finanzielle Entlastung: Einerseits erhalten die Eltern der Braut bei der Verheiratung einen einmaligen Brautpreis, andererseits erhoffen sie sich kontinuierliche finanzielle Unterstützung durch die Tochter beziehungsweise den Schwiegersohn. Die ökonomische Abhängigkeit der Eltern in der ländlichen Türkei ist den Männern in Deutschland bekannt und ermuntert sie zu einer Werbung im Heimatdorf, wenn beispielsweise die Brautwerbung in Deutschland erfolglos verlaufen ist. Bevor der Interviewpartner Yener seine Cousine aus dem Heimatdorf heiratet, verliefen seine Brautwerbungsversuche in Deutschland enttäuschend, weil alle Mädchen beziehungsweise ihre Familien Yener ablehnten. Warum er die erst 14-jährige Cousine heiratet, begründet er folgendermaßen: „Warum habe ich danach meine Cousine geheiratet? Ja, sie hat mir gut gefallen, ne. Sie war sehr jung. Und meine Mutter war dagegen, weil sie jung war. Aber ich wollte sie trotzdem heiraten (…) Mein Onkel, ne, also mein Schwiegervater hat ja viele Kinder. Und die haben immer Schulden. Die haben immer ganz wenig Geld. Dann habe ich mein Onkel gesagt, wenn ich mit der Tochter heirate, dann können wir dir immer aus Deutschland Geld schicken (…) Ja, wir haben mein Onkel auch başlık parası, also Brautgeld, gegeben (…) Ja, das war für die viel Geld, ne, 5.000 Mark haben wir Brautgeld gegeben (…) Wir schicken mein Onkel immer, also, jeden Monat 100 oder 150 Euro. Die haben nicht so viel Geld." Yener betont zwar am Anfang des Interviewausschnitts, dass die Cousine ihm gut gefallen habe. Aber im mittleren und abschließenden Teil des Interviews wird deutlich, dass er seinen Onkel mit finanziellen Argumenten zur Einwilligung gebracht hat. Nicht nur die einmalige Zahlung von 5.000 DM, die Yener als Brautgeld (in der Fachliteratur unter Brautpreis bekannt) bezeichnet, ist ein sehr hoher Betrag für die ländliche Türkei, sondern die kontinuierlich als Unterstützung überwiesenen 100 bis 150 Euro sind von großer Bedeutung für die Familie der Braut. Wenn man bedenkt, dass ein Beamter im mittleren Dienst in Istanbul zwischen 400 und 500 Euro verdient, kann der Wert von 100 oder 150 Euro in der ländlichen Türkei, wo keine Ausgaben für die Miete anfallen, besser eingeordnet werden. Auf die Frage, ob er sich darüber Gedanken gemacht habe, dass seine Cousine möglicherweise von seinem Onkel zu einer Heirat gezwungen wurde, weil die finanziellen Vorteile im Vordergrund standen, antwortet Yener wie folgt. „Warum denn? Ich habe doch nicht Böses gemacht. Viele Menschen wollen nach Deutschland kommen. Dann kann man besser den Eltern helfen, verstehst du? Ich habe meine Cousine geheiratet, ne. Dann hat die gesamte Familie in Yozgat, also mein Onkel, meine Tante und alle anderen Cousins, bisschen mehr Geld. Meine Frau freut sich, sie kann den Vater immer Geld schicken, oder so.“ Dass die interviewten Männer mit finanziellen Vorteilen für die Familie der Braut argumentieren, ist keine Ausnahme, sondern die Regel. Der Interviewpartner Ibrahim begründet die Vorgehensweise der Brautwerbung im Heimatdorf der eigenen Eltern ähnlich wie Yener: „Ja, weißt du, die Frauen, ne, die wollen ja ein Mann in Deutschland heiraten (...) Ja, ich hab nicht gefragt, will sie mich heiraten. Die meisten Frauen wollen sowieso einen Mann in Europa, also in Deutschland, heiraten (...) Wir haben ihm, also den Vater, schon Geld gegeben, 8.000 DM. Meine Frau und ich, ne, wir schicken jeden Monat Geld. Der Vater hat nicht viel Geld. Wir schicken immer jeden Monat 200 Euro, ne.“ Ebenso fällt bei Ibrahim auf, dass er die Motive des Vaters beziehungsweise der Braut ökonomisch begründet. Wenn man sehr zuspitzen möchte, könnte man sagen, dass die jungen Männer sich die Frauen und deren Eltern in der Türkei „frei kaufen“, da die Brautpreise, die im städtischen Kontext der Türkei und in Deutschland kaum noch vorhanden sind, sehr hoch ausfallen.

Ein besseres Leben im Luxus: Um die zukünftige Braut beziehungsweise Schwiegertochter zur einer Eheschließung zu motivieren, argumentieren die Eltern des Mannes bei der Brautwerbung mit Vorteilen in Deutschland. Hierbei werden die ökonomischen Ressourcen, wie zum Beispiel eine schöne Wohnung mit fließendem warmem Wasser, Auto, Waschmaschine, Kühlschrank, Kranken- und Arbeitslosenversicherung, Sozialhilfe etc., als Argumente in den Vordergrund gestellt. Bei der Beschreibung der Biografien konnte festgestellt werden, dass gerade diese materiellen Dinge, die in Deutschland eine Selbstverständlichkeit sind, in den Heimatdörfern der Mädchen mit großem Luxus verbunden werden. Denn viele Dörfer, gerade im östlichen Teil der Türkei, haben erst vor wenigen Jahren einen Stromanschluss erhalten, und in einigen Dörfern ist der Winter so hart, dass die Dorfbewohner monatelang von der Außenwelt abgeschnitten sind. Der Interviewpartner Yüksel beschreibt die Lebensbedingungen seiner Frau vor der Eheschließung: „Ja, ich würde schon behaupten, dass meiner Frau jetzt besser geht. Wir haben zwar eine kleine Wohnung. Aber die ist ziemlich gut. Alles, was man so im Leben braucht, haben wir: Auto, Waschmaschine, Spülmaschine, Fernseher, was weiß ich (...) Meine Frau hatte in der Türkei nicht mal Wasser in der Küche, ne. Sie mussten das Wasser aus den zwei Brunnen auf dem Dorfplatz abholen. Warmes Wasser gab es

sowieso nicht. Die Wäsche und das Geschirr musste sie alles mit der Hand waschen (...) Ja, natürlich haben wir – oder meine Mutter – bei der Brautwerbung auf diese Vorteile aufmerksam gemacht. Außerdem kannst du in Deutschland zum Arzt gehen, wann du willst. Dort gibt es auf dem Dorf nicht einmal Arzt. Der nächste Arzt ist 50 Kilometer entfernt. Und der ist sehr teuer. Die Leute haben doch keine Krankenversicherung wie hier in Deutschland.“ Das Interview zeigt, unter welchen Rahmenbedingungen die Mädchen leben und dass die Eltern im Grunde ihre Töchter nicht unter Druck setzen müssen, damit sie der Ehe mit einem Mann aus Deutschland zustimmen.
Um die Lebensbedingungen der auf dem Land und in den unterentwickelten Gebieten der Türkei lebenden Menschen zu veranschaulichen, soll exemplarisch das Gesundheitssystem der Türkei anhand eines kurzen Exkurses vorgestellt werden.

Exkurs: Das türkische Gesundheitssystem: Das erste Indiz für den katastrophalen Zustand der Gesundheitsversorgung der Türkei ist die sehr hohe Sterblichkeitsrate bei Säuglingen. Ein Vergleich untermauert diese Aussage: Während im Jahre 1995 in der Türkei 53 von 1000 Säuglingen im ersten Lebensjahr starben, betrug diese Zahl in den EU-Ländern nur neun, in den anderen entwickelten Ländern lediglich zwölf (vgl. TÜSIAT, 1995, 20f.). In der Türkei gibt es zwischen Stadt und Land sowie zwischen Ost und West ein starkes Gefälle. Die medizinischen Voraussetzungen auf dem Land und im Osten der Türkei sind wesentlich schlechter als in anderen Teilen des Landes, denn dort gibt es nur wenige Krankenhäuser, Ärzte, Krankenschwestern und Hebammen. Anfang der 1980er-Jahre lebten in drei zentralen Provinzen der Türkei, Ankara, Istanbul und Izmir, 21,4 Prozent der Bevölkerung; dort arbeiteten jedoch 59,1 Prozent der Ärzte. In den anderen 64 Provinzen lebten 78,6 Prozent der Bevölkerung und arbeiteten 32,8 Prozent der Ärzte (vgl. Eberding, 1994, 43ff.). Während in den ostanatolischen Gebieten 13 Ärzte 100.000 Einwohner betreuen mussten, waren in Deutschland 227 Ärzte für 100.000 Personen zuständig. Für die gleiche Anzahl Einwohner gab es in den ostanatolischen Gebieten 68 Krankenhausbetten, in Deutschland 11.489 (vgl. ebd.). Die Krankenhäuser sind für die ländliche Bevölkerung oft gar nicht zugänglich, da sie sich in den größeren Städten befinden und die Anfahrtszeit mehrere Stunden dauert, außerdem sind die Kosten so hoch, dass sich die meisten einen Krankenhausaufenthalt oder einen Arztbesuch gar nicht leisten können; eine flächendeckende Krankenversicherung wie in Deutschland gibt es nicht. Deshalb ist es nicht verwunderlich, dass in einigen Fällen, wie Eberding zutreffend anmerkt, auf informelle Heiler, Medikamente und Heilmethoden zurückgegriffen wird. Eberding (1994) spricht von zwei Bereichen:

- zum einen die eher traditionelle Medizin, innerhalb derer Wissen und Fähigkeiten oft über Generationen hinweg angewendet und weitervermittelt werden,
- zum anderen mythisch-religiöse Krankheitsvorstellungen und Heilmethoden.

Diese Methoden und Praktiken genießen bei der ländlichen Bevölkerung und bei den religiös-gläubigen Menschen auch heute noch eine hohe Anerkennung. In den drei großen Metropolen – Istanbul, Ankara und Izmir – existieren durchaus moderne, den europäischen Standards entsprechende und technisch gut ausgestattete private Krankenhäuser mit gut ausgebildeten Ärzten. Diese Krankenhäuser können aber nur von einer kleinen, reichen Elite in Anspruch genommen werden.

Nicht nur anhand des Exkurses kann die These aufgestellt werden, dass der persönliche Brautpreis der Mädchen ein „luxuriöses" Leben in Deutschland impliziert. Die Interviewpartner argumentieren bei der Brautwerbung mit weiteren gut funktionierenden sozialen Sicherungssystemen in Deutschland, wie zum Beispiel Arbeitslosengeld oder Sozialhilfe, die in dieser Form in der Türkei nicht existieren. „Wir wollten eine Frau aus der Türkei holen. Dann hat der Vater gefragt, ne, was mache ich beruflich und so. Ich habe dann gesagt, momentan bin ich arbeitslos oder so. Ja, dann hat er gesagt, wie hast du das Auto gekauft und so (…) Ich habe gesagt, ich bekomme Arbeitslosengeld und später Sozialhilfe. Wenn man kein Arbeit hat, dann kann man vom Staat bekommen oder so. Und auch Sozialhilfe oder so. Das gibt es in Türkei nicht, ne (…) Der Vater hat dann gesagt. Das ist schön in Deutschland. Man bekommt vom Staat Geld. Danach war kein Problem." (Muhamet)

Die Ausführungen des Interviewpartners belegen, dass in der Türkei nicht nur mit persönlichem Erfolg und Reichtum um eine Braut geworben wird, sondern explizit mit dem reichen Deutschland, das für seine Bürger sorgt. Bei der Brautwerbung wird allerdings bewusst ausgeklammert, unter welchen Umständen die Menschen Arbeitslosengeld, Arbeitslosenhilfe oder Sozialhilfe empfangen können. Auch dass die

Familienzusammenführung in vielen Fällen wegen fehlender finanzieller Mittel von der Ausländerbehörde in die Länge gezogen wird, wird nicht erwähnt.

Eheschließung als Disziplinarmaßnahme

Eltern türkischer Herkunft in Deutschland teilen sich die erzieherische Disziplinierung der Kinder in der Regel nach Geschlecht auf: Das heißt die Mutter unterweist die Töchter und der Vater die Söhne. Während der Vater auch die Töchter disziplinieren kann und sie gehorchen müssen, können sich Söhne den Anforderungen der Mutter widersetzen. Im frühkindlichen Alter (von 0 bis 3 Jahren) wird noch nicht zwischen den Geschlechtern unterschieden. Die Kinder tragen in dieser Zeit für ihr Verhalten beziehungsweise ihre Haltung keine Verantwortung. Dies ist im Vorschulalter, zwischen drei und sechs Jahren, nur noch bedingt der Fall. Das Kind erfährt die bis dahin schützende Familie nun auch als strafende Instanz. Mit der physischen und der intellektuellen Entwicklung des Kindes verändert sich gleichzeitig das Verhalten der Eltern, das nun deutlich geschlechtsspezifisch ausgerichtet ist.

Jungenerziehung

Da sich der Junge zunächst – bis zur Pubertät – in der häuslichen Umgebung aufhält, sind die wichtigsten Bezugspersonen die Mutter und gegebenenfalls die älteste Schwester (büyük abla). Bereits im Vorschulalter ist das Verhältnis des Jungen zur Mutter beziehungsweise zur Schwester zwiespältig: Einerseits ist es noch von körperlicher Zärtlichkeit geprägt, andererseits wird von beiden Seiten diese Körperlichkeit abgelehnt. Diese ambivalente Haltung spiegelt sich ebenso gegenüber der Autorität von Mutter und Schwester wider. Alle Aufforderungen der weiblichen Erziehungsberechtigten appellieren an seinen freien Willen. Er soll ihnen zwar nachkommen, aber außer einem Tadel geschieht ihm nichts, wenn er sich verweigert. Diese Aufforderungen werden häufig von einer Art von Vorlob begleitet. Damit er den Aufforderungen nachkommt, wird der Junge zwar von der Mutter ermahnt, sie lässt ihn jedoch gewähren und setzt ihre Autorität ihm gegenüber

nicht durch. Dieses Gewährenlassen führt beim Jungen teilweise zur Verunsicherung hinsichtlich der Autorität seiner weiblichen Bezugspersonen und auf der Handlungsebene zu Provokationen diesen gegenüber. Im Extremfall kommt es dazu, dass der Junge auf seine Mutter einschlagen, sie treten und boxen kann, ohne dass er mit ernsthafter Bestrafung rechnen muss; er wird lediglich ermahnt.
In dieser Zeit beginnt der Vater den Sohn zu unterweisen: Er weist ihn in den männlichen Aufgabenbereich ein; er achtet auf sein Verhalten, bestraft und lobt ihn. Im Gegensatz zur Mutter, deren Aufgaben sich zunehmend auf Fürsorge sowie Rückhalt beschränken, wird der Sohn vom Vater in allen Bereichen gefordert: „Während der Sohn den Anforderungen des Vaters gerecht werden muß, bleibt die Beziehung zur Mutter davon unbelastet, die zudem das Erziehungsmittel der körperlichen Züchtigung, wenn sie damit droht, auf den Vater überträgt und kaum selbst ausführt." (Pfluger-Schindlbeck, 1989, 139f.) Die Jungen dürfen ab der Pubertät ihre Freizeit eigenständig organisieren, dürfen Tanzlokale und Kneipen aufsuchen, ohne von den Eltern reglementiert zu werden. Außerdem dürfen die Jungen in der Jugend sexuelle Erfahrungen sammeln und sich mit Mädchen befreunden, auch wenn sie nicht unbedingt heiraten wollen. Rauchen und Alkoholkonsum werden als männertypisches Verhalten geduldet, während es bei den Mädchen stark abgelehnt und reglementiert wird.

Mädchenerziehung

Das Mädchen hält sich in der unmittelbaren Nähe der Mutter und der älteren Schwester auf, die ihre Hauptbezugspersonen sind. Der Aufenthaltsort des Mädchens ändert sich nicht, der räumliche Bezug ist das Haus und die nähere Umgebung. Das Mädchen kommt mit anderen Haushalten und deren Familienmitgliedern erst dann in Kontakt, wenn die Mutter die Tochter zum Besuch bei Verwandten oder Nachbarn mitnimmt. Im Gegensatz zum Jungen werden die Kontakte des Mädchens über die Mutter vermittelt und berühren primär Nachbarschaft und Verwandtschaft. Während die Mutter den Jungen bei der Orientierung am männlichen Geschlecht ohne Strenge positiv unterstützt, wird der gleiche Prozess beim Mädchen durch die Festlegung der weiblichen Geschlechterrolle mit mütterlicher Rigidität begleitet. Hier muss das Mädchen den Aufforderungen der Mutter zu Hilfsdiensten folgen. Die

Autorität der Mutter ist unangreifbar, und die Mutter bestraft das Mädchen, wenn es nicht gehorcht. Am Anfang hilft die Tochter gelegentlich bei leichten Arbeiten, wie zum Beispiel Aschenbecher leeren und bereitstellen oder das Zimmer aufräumen. Weiterhin soll das Mädchen lernen, sich in Anwesenheit anderer ruhig zu verhalten und nicht zu sprechen, außer wenn es etwas gefragt wird. Die Mutter-Tochter-Beziehung ist kaum von körperlicher Zärtlichkeit geprägt, so dass das Mädchen selten von der Mutter auf den Schoß genommen und zärtlich umarmt und geküsst wird. Zudem wird jedem Mädchen prinzipiell die Fürsorge für jüngere Geschwister übertragen; dies ist beim Jungen nicht der Fall. Wenn die Tochter diese Fürsorge nicht nach den Vorstellungen der Mutter erfüllt, bestraft die Mutter sie dafür. Die Autorität des Vaters besteht unangetastet und ist aufgrund der relativ großen sozialen Distanz und den Prinzipien der Achtung über die der Mutter gestellt. Bei den Konflikten zwischen Mutter und Tochter schaltet sich der Vater oft ein, indem er ihn durch einen lauten Befehl beendet. In vielen Fällen droht die Mutter dem Mädchen mit dem Vater, überträgt aber die Disziplinierungsmaßnahmen nicht auf den Vater, sondern führt diese selbst durch. Da der Vater sich aus der Erziehung der Tochter weitgehend heraushält, ist die Vater-Tochter-Beziehung freundlich. Wenn zwischen Vater und Tochter direkte Interaktionen stattfinden, dann haben sie den Charakter von kleineren Dienstleistungen der Tochter sowie seinerseits von milden Korrekturen ihres Verhaltens.

Zusammenfassend ist Folgendes festzuhalten: Beim Jungen fällt ins Auge, dass er viele Freiheiten genießt, ihm wird vieles nachgesehen und sein Fehlverhalten wird mit seiner Jugend entschuldigt. Das heißt, ihm werden kaum Grenzen gesetzt und er erfährt weniger scharf die Übergänge von der Kindheit über die Adoleszenz zum Erwachsensein. Weiterhin wird der Junge nicht altersadäquat behandelt, indem immer betont wird, dass er gewisse Sachverhalte nicht wissen muss. Um pointierter zu argumentieren: In der Adoleszenz bis zum Erwachsenenalter werden die Jungen wie kleine Kinder behandelt, sie tragen für ihr Verhalten selten Verantwortung und erst ab einem bestimmten Alter müssen sie auf „Knopfdruck" erwachsen werden. Ohne diese Entwicklungsübergänge zu „erleben", müssen die Jungen erwachsen werden und eine Familie gründen. Wenn die Jungen sich nicht diszipliniert verhalten (haben mehrere Freundinnen, kommen abends nicht nach Hause, werden strafrechtlich auffällig, Alkoholmissbrauch etc.), ergreifen die Eltern gewisse Maßnahmen, um das Erwachsenwerden der Jungen zu forcieren, nämlich: Militärdienst in der Türkei, die Heirat und schließlich Vaterschaft.

Militärdienst in der Türkei

Viele Eltern erhoffen sich durch den türkischen Militärdienst eine Verhaltensänderung ihrer Söhne. Die Grenzsetzung und Disziplinierung, die sie selbst bei ihren Kindern nicht erreichen konnten, übertragen sie dem Militärdienst, da der türkische Militärdienst für seine Rigidität bekannt ist. Obwohl die Eltern wissen, dass ein in Deutschland lebender türkischer Staatsbürger den zeitlichen Umfang des türkischen Militärdienstes (von zurzeit 18 Monaten) reduzieren kann (auf 30 Tage), indem er ca. 7500 Euro an den türkischen Staat überweist, wird in einigen Fällen darauf verzichtet. Viele Eltern wollen, dass ihre Kinder die volle Zeit des Militärdienstes ableisten. Dadurch erhoffen sich diese Eltern nicht nur eine Disziplinierung, sondern die Stärkung des türkisch-patriotischen Denkens und Fühlens. Der Interviewpartner Ibrahim hat auf Wunsch seines Vaters die volle Zeit des Militärdienstes abgeleistet. „Mein Vater hat gesagt, ne, ich soll endlich zum Militär in die Türkei. Ich war damals 19 (...) Ich denke, mein Vater wollte, ich soll anständiger werden. Ich wollte auch machen, ja, weil ich anständiger werden wollte und mehr Disziplin lernen wollte. Ich hab ja immer viel Scheiße gemacht. Ich hab viele Frauen gehabt, ich war immer weg und dann war die Polizei bei uns. Was war noch? Ich war dann in Knast, zwei Wochen oder so was (...) Ich wollte nicht ein Monat in Militär, ne. Wenn, dann muss man anständig machen. Das müssen wir für unser Land machen. Das ist unsere Aufgabe. Da kann man Türkei besser kennen lernen, bessere Türken werden oder so. Man muss schon 18 Monate machen. Jeder Türke in Deutschland muss Militärdienst machen, dann wird Türkei besser entwickelt (...) Militär in der Türkei ist schon gut, ne. Wenn Leute von hier gehen, ne, da muss man Geld ausgeben und so." Die Reduzierung der Militärzeit kam für ihn nie in Frage, weil er mit dem Militärdienst seinen Beitrag für die Verteidigung und Entwicklung des Landes als Staatsbürger leisten wollte. Außerdem betont er, dass jeder türkische Staatsbürger während der vollen Militärzeit in der Türkei Geld ausgibt und dadurch einen Beitrag zur wirtschaftlichen Entwicklung der Türkei leistet. Inwieweit die jungen Männer nach dem

türkischen Militärdienst tatsächlich die erwünschte Verhaltensänderung zeigen, ist fragwürdig. Die Interviews zeigen, dass sich nur vorübergehend Verhaltensänderungen einstellen und die jungen Männer binnen kürzester Zeit zu ihrem vorherigen Lebenswandel zurückkehren. „Nach Militärdienst war ich zwei Monate immer zu Hause, dann habe ich meine Freunde getroffen und so (…) Dann sind wir immer gemeinsam weggegangen. Dann war es wie vorher, ne. Es war so, ich dache, ich war gar nicht beim Militär. Ich habe wieder viel Mist gebaut, Frauen angemacht, nicht nach Hause gegangen. Wir haben dann mit Freunden gesoffen, wir sind nach Frankfurt gefahren und so." (Hasan)
Die Aussage des Interviewpartners „Wir sind nach Frankfurt gefahren" bedarf einer kurzen Erklärung. In bestimmten jugendkulturellen Kontexten in München ist es üblich, dass man zum Bordellbesuch nach Frankfurt fährt, weil das Risiko „ertappt" zu werden dort geringer ist. Weitere Motive sind, dass die Preise in Frankfurt viel niedriger sind und dass es heißt, die Auswahl an Frauen sei größer als in München, zum Beispiel an Frauen aus den ehemaligen Ostblockländern.

Die Heirat

Ist die gewünschte Verhaltensänderung aus Sicht der Eltern nach dem Militärdienst nicht erfolgt, ist die nächste Maßnahme die Verheiratung des Sohnes, damit er Verantwortungsbewusstsein und Eigeninitiative als Versorger, Ernährer und Oberhaupt einer Familie entwickelt. Im Zuge dessen soll der Sohn sich von seinem jugendtypischen Verhalten verabschieden, indem er seine Jugendfreunde seltener trifft, den Alkoholkonsum reduziert beziehungsweise einstellt und insbesondere ein geregeltes Sexualleben führt. Der Sohn wird allerdings weder auf eine Eheschließung vorbereitet noch wird mit ihm ausgelotet, warum eine Eheschließung ab einem bestimmten Alter wünschenswert ist. Das heißt, dem Sohn ist nicht klar, dass sein abweichendes Verhalten die Eltern beunruhigt und sie deshalb eine Heirat vorbereiten. Beim Interviewpartner Ibrahim wird dieser Weg besonders deutlich. Weil die Eltern nach dem Militärdienst keine entscheidenden Fortschritte bei ihrem Sohn feststellen können, setzen sie ihn in Bezug auf eine Eheschließung unter Druck. „Ich hab Militärdienst in Türkei gemacht. Dann war ich wieder in Deutschland und hab meine Freunde getroffen.

Wir haben halt dann viel Gaudi gemacht, wie immer halt. Ich bin nicht so oft nach Hause gekommen (...) Einmal bin ich sehr spät nach Hause gekommen. Ich glaub, es war fünf Uhr morgens. Mein Vater war wach. Er hat mir gesagt, das reicht jetzt. Du wirst heiraten. Sonst brauchst du nicht mehr in mein Haus zu kommen. Er war sehr böse und sauer. Ich wusste, dass ich das machen musste (...) Ich weiß nicht, halt, warum er so sauer war. Ich bin immer zu spät gekommen, ne. Er hat immer nichts gesagt. Ich dachte halt, es gibt keine Probleme (...) Ich würd schon sagen, ne, ich war schon bisschen überrascht." Dieser Ausschnitt ist ein Beispiel dafür, dass der Vater nicht direkt mit seinem Sohn bespricht, warum er heiraten soll beziehungsweise muss. Es wird lediglich ein Machtwort, verbunden mit einer Drohung, ausgesprochen, und der Sohn muss sich der Entscheidung des Vaters fügen. Der Sohn wird auf dem direkten Wege niemals erfahren, dass sein Verhalten nicht normkonform ist, weil die Grenzsetzung indirekt kommt und der Konflikt mit einem Machtwort des Vaters beendet wird, ohne die Interessen der Konfliktparteien auszuloten. Dass die Söhne sich durch solche Maßnahmen der Eltern nicht bändigen lassen, verdeutlicht die Phase nach der Eheschließung, denn meistens werden die unausgesprochenen Regeln auch nach der Eheschließung weiterhin verletzt. Nach der Eheschließung des Sohnes wohnt das frisch verheiratete Paar meistens in Deutschland bei den Eltern. Ist der Sohn aufgrund der Erwerbstätigkeit oder der persönlichen Freizeitgestaltung außer Haus, so sind die Eltern oder die Geschwister die Ansprechpartner für seine Frau. „Ja, wie war das, als meine Frau nach Deutschland kam? Wir wohnen bei meinen Eltern. Wenn ich weg bin, sind meine Eltern oder meine Geschwister da (...) Ich gehe mit meinen Freunden weg. Es ist kein Problem, ne. Meine Eltern oder meine Geschwister passen auf meine Frau auf (...) Ich gehe ab und zu mit meinen Freunden weg, wir gehen was saufen oder Fußballspielen oder Disko oder so (...) Mein Vater sagt nichts, ne. Vorher hat er was gesagt. Da war ich noch nicht verheiratet. Aber jetzt sagt er nichts, ne. Ich bin ja erwachsen." (Muhamet) Durch die Verheiratung übernimmt der Sohn keine Verantwortung, wie die Eltern gehofft haben, sondern es kommt im Gegenteil noch mehr Verantwortung auf die Eltern zu, da sie sich in der Abwesenheit des Sohnes um die Schwiegertochter kümmern müssen. Im Grunde bringt die neue Situation den Sohn nicht dazu, seinen Lebensstil zu modifizieren, weil er die Verantwortung für seine Frau auf seine Eltern beziehungsweise

Geschwister überträgt. Das Konzept der Eltern, mit der Verheiratung den Sohn zu disziplinieren, greift nicht, da der Sohn wie auch in der Phase der Kindheit und Adoleszenz alle Freiheiten genießt. Er erfährt die Grenzen seines abweichenden Verhaltens nicht, weil die Eltern unbewusst auf das Prinzip „Lernen am Modell“ setzen. Das heißt, sie gehen davon aus, dass der Sohn anhand der Beispiele in seinem Umfeld, wie sich ein verheirateter Mann zu verhalten hat, seine Haltung ändern wird. Wenn die gewünschte Änderung nicht unmittelbar erfolgt, wird die Braut seitens der weiblichen Familienmitglieder angehalten, ein Kind zu bekommen.

Vaterschaft

Das letzte Mittel, das die Eltern für die Disziplinierung des Sohnes einsetzen, ist die Verantwortungsübernahme für den eigenen Nachwuchs. Während das Ableisten des Militärdienstes und die Eheschließung seitens der Eltern beschlossen werden und der Sohn die Maßnahmen als abstrakt empfinden kann (der türkische Mann darf seine Sexualität auch außerhalb der Ehe ausleben), scheint der Weg über eine Vaterschaft die emotionalen Seiten des Mannes anzusprechen. Das Interview mit Ibrahim bekräftigt diese These: Als er nach der Eheschließung in der Türkei ohne seine Frau nach Deutschland kommt, befreundet er sich mit einer Türkin. Er fühlt sich für seine Frau in der Türkei nicht zuständig und verantwortlich, weil er seine Frau kaum kennt. Die Beziehung zu seiner Freundin beendet er erst, nachdem er erfährt, dass seine Frau schwanger ist: „Ich habe halt gehört, meine Frau ist in Türkei schwanger. Ja, dann habe ich mit meiner Freundin Schluss gemacht (...) Ja, für mein Kind. Ich habe das für mein Kind gemacht (...) Als meine Frau nach Deutschland kam, ne, da war schon mein Sohn da. Ich wollte für mein Sohn da sein. Ich war dann nicht mehr weg. Ich wollt nur für mein Kind was machen.“ Wenn der Interviewausschnitt separat betrachtet wird, kann angenommen werden, dass die letzte Maßnahme der Eltern Auswirkungen auf das Verhalten des Sohnes hat. Sowohl dieses Interview als auch andere zeigen allerdings, dass die Verhaltensänderung der Söhne temporär ist. Die Verantwortungsübernahme schlägt sich nicht kontinuierlich und umfassend in allen Bereichen ihres Verhaltens nieder. Die Ehefrau wird trotzdem vernachlässigt und die vorübergehende Veränderung resultiert nicht aus Überzeugung und Einsicht, sondern korreliert mit dem Konzept des Ansehens. Denn ein Mann, der nicht zu seiner schwangeren Frau hält, verliert in der Öffentlichkeit an Ansehen und Glaubwürdigkeit. „Weißt du, wenn meine Frau nicht schwanger wäre, ne, dann hätte ich mit meiner Freundin nicht Schluss gemacht (…) Ja, die Leute würden sagen, schau mal, seine Frau ist in Türkei schwanger, und er hat andere Freundin. Das ist ganz schlecht. Das macht man halt nicht. Die Leute reden dann schlecht. Die werden dann immer sagen, Ibrahim macht nur schlechte Sachen, die arme Frau in Türkei und so weiter (…) Ja, wenn mein Sohn in Deutschland war, erst war ich zu Hause. Dann hab ich gesehen, mein Frau ist da, meine Schwester ist da, meine Mutter ist da und so weiter (…) Ich hab mich dann nicht mehr gekümmert. Alle waren ja da. Ich bin dann wieder mit Freunden weggegangen, Fußball schauen oder so.“ (Ibrahim) Als er sieht, dass die Erziehung seines Sohnes von den weiblichen Familienmitgliedern übernommen wird, zieht sich Ibrahim in seine alte Rolle zurück, er trifft seine Freunde und ist nach außen orientiert. Denn in traditionell-bäuerlichen Familien versteht man unter der Erziehung des Kindes die Versorgung, hier die körperliche Pflege und die Ernährung; dieses Thema wird an anderer Stelle ausführlicher dargestellt. Der Mann wird ein weiteres Mal aus der Verantwortung genommen und die konventionellen Maßnahmen der Eltern bleiben dadurch ohne große Wirkung.

Zusammenfassend ist festzuhalten, dass die Eltern einige Maßnahmen zur Disziplinierung des Sohnes ergreifen, aber deren Wirkung aufgrund der inkonsequenten Umsetzung verpufft. Die oben beschriebenen Disziplinierungsmaßnahmen, die vor allem in der ländlichen Türkei sehr erfolgreich sein können, bleiben in der Migration erfolglos, denn sie beruhen auf der sozialen Kontrolle, die in Deutschland nicht in der Form vorhanden ist, wie in der ländlichen Türkei. Vor allem die Verheiratung des Sohnes bleibt ohne Wirkung, da dem Mann erlaubt ist, seine Sexualität anderweitig auszuleben, was den Männern in der ländlichen Türkei nicht gelingt.

Von der Zwangsverheiratung hin zu sekundären Motivlagen

Um die Grenze zwischen der Zwangsehe und der arrangierten Ehe ziehen zu können, muss man zunächst die Form der arrangierten Ehe, die sehr gängig ist aber nicht als Zwangsehe bezeichnet werden kann, beschreiben.

Die arrangierte Ehe

Wenn sich ein junger Mann im heiratsfähigen Alter befindet, in der Regel nach dem Militärdienst, wird er vom Vater oder von der Mutter gefragt, ob er sich darüber Gedanken gemacht hat, welche Frau er heiraten will. Wenn der Sohn sich bereits für ein Mädchen entschieden hat, teilt er seine Entscheidung der Mutter mit, damit die Familie als Brautwerber um die Hand der Tochter anhalten kann. Wenn die Familie mehrere Söhne hat, wird zuerst der älteste Sohn verheiratet. In Ausnahmefällen, wenn der ältere Bruder krank ist oder sich in einer Berufsausbildung befindet, kann der jüngere Bruder vor ihm verheiratet werden. In sehr vielen Orten der Türkei gilt diese Reihenfolge nur für gleichgeschlechtliche Geschwister, weil eine sehr viel jüngere Schwester ohne Rücksicht auf die Reihenfolge verheiratet werden kann, wenn ein adäquater Brautwerber um ihre Hand anhält. Diese Regel gilt auch in umgekehrter Weise: Ein jüngerer Sohn kann vor einer älteren Schwester verheiratet werden. Wenn sich der älteste Sohn einer Familie noch für kein bestimmtes Mädchen entschieden hat und es in der näheren Verwandtschaft und im Bekanntenkreis kein heiratsfähiges Mädchen gibt, dann beginnt die Familie (Mutter, Schwester, Oma oder Tante), eine geeignete Braut für den Sohn zu suchen. In dieser Phase der Brautschau – im Türkischen „görücü usulü" – werden in erster Linie die Mädchen in Erwägung gezogen, die aus der Nachbarschaft, dem Bekanntenkreis oder der Verwandtschaft stammen und demselben religiösen Glauben angehören (vgl. Gartmann, 1981, 67f.). Darüber hinaus werden solche Mädchen bevorzugt, die in der Gesellschaft einen guten Ruf genießen (das Mädchen darf nicht verlobt oder mit einem Mann befreundet sein), sich gegenüber älteren Personen und Gästen respektvoll verhalten, fleißig und zurückhaltend sind sowie ein

freundliches Wesen haben. Helene Gartmann (1981) beschreibt die ersten Besuche der Brautwerberinnen wie folgt:
„Bei den Besuchen im Hause des Mädchens achten die Brautschauerinnen besonders auf das Verhalten des Mädchens, unter anderem, wenn es den Gästen etwas zu trinken anbietet. Wenn es zum Beispiel die Reihenfolge beim Servieren, wonach zuerst den älteren Gasten und danach den jüngeren angeboten werden muß, nicht einhält oder beim Verlassen des Raumes den Gästen den Rücken zuwendet, sehen dies die Brautschauerinnen als Respektlosigkeit an und nehmen von ihrem Vorhaben Abstand" (ebd., 68f.).
Wenn auch die Familie des Mädchens geneigt ist, ihre Tochter zu verheiraten, sagen sie „besuchen sie uns doch ein anderes Mal" (başka zaman geliniz) oder „wir müssen noch etwas darüber nachdenken" (biraz düşünmemiz lazım). Wenn die Familie des Mädchens aber ihre Tochter nicht verheiraten möchte, dann sagt sie „es gibt in unserem Haus kein Mädchen zu vergeben" (verecek kızımız yok) oder „mein Kopf stimmt nicht zu" (kafam almıyor) (vgl. ebd. und Schiffauer, 1987, 16f.). Sollte die Familie des jungen Mannes während der Brautschau eine Absage vonseiten der Eltern des Mädchens bekommen, so erleidet das Ansehen der Familie keine Einbuße; die Familie schaut selbstbewusst nach einer anderen Brautkandidatin aus.
Wenn die Familie des Mannes von einem Mädchen einen angenehmen Eindruck gewonnen hat, ihre Nachforschungen über das Mädchen positiv verlaufen sind und die Eltern der „Mädchenseite" auch ihre Zustimmung erteilt haben, das heißt die Brautschau erfolgreich war, wird beschlossen, den Eltern des Mädchens einen Besuch als Brautwerber (dünürcü) abzustatten. Bevor die Familie gemeinsam mit dem Sohn das Haus des Mädchens besucht, wird ihre Familie vorher (in der Regel 2 bis 3 Tage) benachrichtigt und der Besuch angekündigt. Der Junge nimmt nicht aktiv am Gespräch teil, sondern zeigt sich nur der Familie, damit sie zumindest einen optischen Eindruck von ihm gewinnt. Er gibt nur Antworten auf Fragen, die ihm direkt gestellt werden. Ein Kontakt oder ein kurzes Gespräch mit der Braut kommt nicht in Frage. Die Brautwerbung wird in der Regel vom Vater beziehungsweise vom Großvater (falls der noch lebt) des jungen Mannes mit den folgenden Worten vorgetragen: „Auf Gottes Befehl und mit dem Worte des Propheten wollen wir deine Tochter für unseren Sohn" (Allahın emri ile peygamberin kavli ile kızını oglumuza istiyoruz) (vgl. ebd.).

In der Regel stimmen die Eltern der Tochter bei dem ersten Besuch nicht zu und sagen: „Wir müssen in der Familie darüber beraten." In dieser Zeit stellen die Eltern des Mädchens Nachforschungen über den jungen Mann und seine Familie an. Wichtig ist es jetzt, dass die Familie und der Sohn ein gutes Ansehen (şeref) in der Nachbarschaft und im Bekanntenkreis genießen, der junge Mann keine schlechten Gewohnheiten (starkes Rauchen, Alkoholkonsum, Glücksspiele etc.) hat und einer Arbeit beziehungsweise einem angesehenen Beruf nachgeht, der ihn in die Lage versetzt, seine zukünftige Familie zu ernähren. Wenn die Nachforschungen positiv verlaufen sind und die Tochter der Eheschließung zugestimmt hat,[6] wird die Tochter den Brautwerbern versprochen (söz kesmek). Ab diesem Zeitpunkt ist die Phase der Brautwerbung beendet. Alle Vereinbarungen zwischen den beiden Familien über den Brautpreis und die Festlegung des Hochzeitstermins werden nach diesem Versprechen getroffen. Insbesondere auf dem Land wird nach den ersten Hochzeitsverhandlungen das ohnehin strenge Kontaktverbot vom künftigen Paar besonders eisern befolgt. Auch kurze Gespräche, beispielsweise bei einem zufälligen Zusammentreffen des Paares, sollten vermieden werden (vgl. Schiffauer, 1987, 17f.).
In der städtischen Türkei gibt es zwar regionale Unterschiede beim Kontaktverbot des zukünftigen Paares. Generell ist aber die Handhabung in den größeren Städten weniger rigide: Das zukünftige Paar besucht sich in Anwesenheit anderer Familienmitglieder gegenseitig, plant und bereitet die Hochzeitsfeier gemeinsam vor und besorgt Einkäufe für den Hochzeitsabend beziehungsweise für die Hochzeitstage.
Eine genaue Abgrenzung zwischen der arrangierten Ehe und der Zwangsehe ist in Deutschland trotzdem schwierig, weil die Grenzen fließend sind. Viele arrangierte Ehen, in denen beide Teile zu einer Eheschließung motiviert beziehungsweise überredet werden, können bereits als Zwangsehen bezeichnet werden, weil im Vorfeld die freie Entscheidung der Kinder möglicherweise manipuliert wurde. Zahlen und Daten über Zwangsehen, in denen mindestens ein Ehepartner gegen seinen Willen verheiratet wurde, existieren nicht. Zur Partnerwahl

6 Die Tochter spricht in dieser Phase der Brautwerbung in der Regel nicht mit dem Vater. Sie wird entweder von der Mutter oder von der Schwester nach ihrem Einverständnis gefragt. Das Einverständnis der Tochter wird dem Vater durch die Mutter mitgeteilt.

und Eheschließung bei türkischen Migranten in Deutschland hingegen existieren zwei aktuelle Dissertationen, in denen auch explizit das Thema arrangierte Ehe angesprochen wird. Die Untersuchung von Gaby Straßburger wurde unter dem Titel „Heiratsverhalten und Partnerwahl im Einwanderungskontext" im Jahre 2003 vorgelegt und 2002 mit dem Augsburger Wissenschaftspreis für Interkulturelle Studien ausgezeichnet. Die andere Studie zum Thema Eheschließung bei türkischen Migranten wurde im Jahre 2002 unter dem Titel „Auf Gottes Befehl und mit dem Worte des Propheten …" von mir vorgelegt. Beide Studien zeigen einhellig, dass die Partnerwahl bei türkischen Migranten von sehr vielen Faktoren abhängig ist, wie zum Beispiel vom Erziehungsstil oder Bildungsniveau (Toprak) oder vom „Angebot" auf dem Heiratsmarkt (wenige heiratsfähige türkische Frauen) oder von sozialen und kulturellen Ressourcen (Straßburger). Beide Untersuchungen kommen aber zu dem gleichen Ergebnis: Die allermeisten jungen Menschen aus dem Herkunftsland Türkei dürfen ihre Partner selbständig und selbstverantwortlich wählen.

Sowohl in der Türkei als auch in Deutschland müssen beide Partner einer Eheschließung zustimmen. Formal wird die Ehe durch die Zustimmung und später durch die Unterschriften der Betroffenen besiegelt, was auf die freiwillige und mündige Entscheidung der Ehepaare zurückzuführen ist. Es ist allerdings anzunehmen, dass die Eltern bei der Zwangsverheiratung die „freie Willenserklärung" manipulieren. In der deutschen Öffentlichkeit werden nur zwangsverheiratete junge (muslimische) Mädchen wahrgenommen. Die Männer werden in diesem Zusammenhang entweder überhaupt nicht thematisiert oder nur am Rande, als Vollzieher oder als Profiteure der Zwangsehen. Wenn die Grenzen der Zwangsverheiratung streng gezogen werden, das heißt romantische Liebe das Kriterium für eine freiwillige Ehe wäre, dann wären alle 15 befragten Männer dieser Untersuchung zwangsverheiratet worden. Allerdings muss hinterfragt werden, inwiefern eine Ehe auf romantischer Liebe beruhen muss und ob diese die einzige legitime Voraussetzung für eine Eheschließung sein kann. Die ausschließlich auf romantischer Liebe beruhende Form der Eheschließung ist sowohl in der Türkei als auch in Deutschland in erster Linie in gut ausgebildeten Akademikerkreisen die Regel. In Unterschichtmilieus spielen beispielsweise die ökonomische Absicherung oder aber die Vertrautheit des Partners und der Familien eine wichtige Rolle. Im folgenden

Kapitel soll dieser Ansatz anhand der Interviews, sowohl aus Sicht der Männer als auch aus Sicht der Frauen, diskutiert werden.

1. Zwangsehe bei Frauen

Alle 15 befragten Männer haben ihre Ehefrauen aus der ländlichen Türkei ausgewählt. Sie alle kannten ihre Ehefrauen vor der Eheschließung kaum. Entsprechend kann angenommen werden, dass die Frauen ebenso ihre Männer vor der Eheschließung nicht kannten. Bei den Motivlagen konnte oben aufgezeigt werden, dass die Mädchen einer Eheschließung durchaus freiwillig zustimmen, weil sie sich dadurch ein besseres Leben in Deutschland erhoffen. Unabhängig davon sollen aber die wichtigsten Indizien, die bei den Mädchen auf eine Zwangsehe schließen lassen, benannt und diskutiert werden. „Das niedrige Alter der Braut", „die wirtschaftliche Abhängigkeit der Eltern" sowie eine „in Abwesenheit der Brautleute geschlossene (islamische) Eheschließung" deuten auf eine Zwangsehe der Mädchen.

Das niedrige Alter der Braut: Fast alle befragten Männer haben minderjährige Mädchen in der Türkei geheiratet, deren Altersdurchschnitt bei 16,5 Jahren liegt. Der Grund für das niedrige Alter liegt darin, dass die Männer eine Frau heiraten wollen, die ihre Jungfräulichkeit bewahrt hat. Ein weiteres Motiv ist, dass die jungen Frauen unerfahren sind und die Anforderungen der Männer ohne Widerrede erfüllen werden. Es wird allgemein angenommen, dass Mädchen besser „geformt" werden können, wohingegen junge Frauen mit ihrer Erfahrung bereits „festgefahren" sind und den Männern beziehungsweise den Schwiegereltern widersprechen könnten. Das niedrige Alter impliziert aus Sicht des Mannes und seiner Eltern die absolute Loyalität, Gehorsamkeit und Abhängigkeit. Da es in der ländlichen Türkei den Mädchen nicht zusteht, ihren Eltern (offen) zu widersprechen, kann nicht ausgeschlossen werden, dass die Mädchen zwangsverheiratet wurden. „Meine Frau war 16, als wir geheiratet haben. Der Vater hat gesagt, ich habe meine Tochter gefragt, sie will heiraten. Das war dann okay, oder? (…) Aber dann hat der Vater gesagt, sie ist noch jung, wenn wir sagen, sie soll heiraten, dann ist das gut für sie. Ich hab dann gedacht, ein braves Mädchen, sie hört auf den Vater. Mädchen, die auf Eltern hören, finde ich gut. Die Mädchen hier in Deutschland hören nicht mehr auf die Eltern."

(Hakan) Im Mittelpunkt der Aussage von Hakan steht die Tatsache, dass seine zukünftige Frau gehorsam ist und den Eltern nicht widerspricht. Ob die Eheschließung unter Zwang zustande kommt, berührt ihn nicht, weil er auf der Suche nach einer jungen Frau ist, die seinen Anforderungen entspricht. Dass die Suche nach loyalen, gehorsamen und nicht widersprechenden Frauen fast zwangsläufig zu sehr jungen Frauen führt, wird beim Interviewpartner Yener noch deutlicher. „Ich habe versucht, mit einer sauber Frau in Deutschland zu heiraten. Es hat nicht geklappt; was soll ich machen? (...) Einmal bin ich mit meinen Eltern nach Berlin gefahren. Ich wollte mit ihr heiraten. Sie hat mir gesagt, ne, ich werde dich nicht heiraten. Wenn meine Eltern mich zwingen, werde ich mich umbringen (...) Die war so alt wie ich, ne. Die Mädchen hier hören überhaupt nicht auf die Eltern. Die machen immer, was sie wollen. Der Vater hat doch überhaupt nichts zu sagen, ne. Ich hab dann gedacht, wenn ich heirate, diese Frau, wird sie nur Probleme machen (...) Dann habe ich meine Cousine in Yozgat geheiratet. Das ist kein Problem. Sie hat keine Probleme gemacht. Bei Heiraten hat sie keine Probleme gemacht, und jetzt macht sie auch keine Probleme (...) Sie war ja noch jung, man konnte ihr alles beibringen.“ Dieser letzte Satz zeigt, dass die Männer in der Regel Partnerinnen suchen, die nicht widersprechen und die noch den eigenen Vorstellungen entsprechend erzogen werden können.

Die wirtschaftliche Abhängigkeit der Eltern: Ein weiteres Indiz für eine Zwangsehe ist die wirtschaftliche Abhängigkeit der Eltern, die sich durch eine Verheiratung der Töchter in die Migration ökonomische Vorteile beziehungsweise Entlastungen erhoffen. In diesem Kontext muss hervorgehoben werden, dass die Eltern die ökonomischen Vorteile nicht nur für sich erhoffen, sondern insbesondere für ihre Töchter. Die ökonomische Absicherung der Kinder ist den Eltern viel wichtiger als die romantische Liebe, was das türkische Sprichwort „Liebe alleine macht nicht satt“ verdeutlicht. „Meine Eltern haben schon über Geld geredet. Der Vater von meiner Frau hat gesagt, das ist kein Problem. Sie sind eine gute Familie. Wenn meine Tochter heiratet, dann wird ihr gut gehen in Deutschland. Die Tochter kann dann uns auch bisschen Geld schicken, wenn sie heiratet (...) Das ist für meine Frau gut, für alle ist das gut. Der Vater hat gesagt, wenn sie ein Mann im Dorf heiratet, dann wird sich ihr Leben nicht ändern, es wird ihr nicht besser gehen.“ (Mehmet) Mehmet geht lediglich auf den wirtschaftlichen

Aspekt der Motivlage ein, obwohl sich die Frage auf die Zwangsverheiratung bezog. Die Interviewpartner interpretieren die Zwangsverheiratung anders, sie argumentieren mit dem Begriff Vernunft, nicht mit Zwang: „Ich war vernünftig, ich hab auf mein Eltern gehört. Ich hab geheiratet (…) Wenn die Mädchen vernünftig sind, dann heiraten sie ein Mann in Deutschland (…) Ja, was heißt das? Schau mal, in Deutschland hast du alles, was du brauchst. In Türkei, in Dorf, gibt es gar nichts. Da gibt es nicht mal richtig Wasser oder Strom, ne (…) Wenn man bisschen denkt, und bisschen vernünftig ist, dann muss man automatisch denken, ja, ich heirate ein Mann in Deutschland. In Türkei gibt überhaupt keine gute Sachen, wie in Deutschland. Die Leute wollen nach Deutschland." (Hasan) Mit dem Begriff „Vernunft" verbinden die Interviewpartner die ökonomischen Ressourcen in Deutschland, zu denen die Mädchen durch die Eheschließung Zugang bekommen. Weil diese wirtschaftlichen Aspekte von zentraler Bedeutung sind, kann aus Sicht der Männer nicht von der Zwangsehe gesprochen werden. Denn ein vernünftiges Mädchen müsste diese Vorteile unmittelbar erkennen und einer Eheschließung automatisch zustimmen, ohne von den Eltern unter Druck gesetzt zu werden, so die Argumentation der interviewten Männer.

In Abwesenheit der Brautleute geschlossene (islamische) Eheschließung: Ein Indiz, das explizit auf eine Zwangsverheiratung der Mädchen deutet, ist die islamische Verheiratung in Abwesenheit der Betroffenen. Diese Form der Eheschließung ist nach der islamischen Tradition zulässig, birgt aber in der Praxis Probleme. Zwei der Interviewpartner haben einer Eheschließung zugestimmt, ohne persönlich an der Feierlichkeit teilgenommen zu haben. In beiden Fällen wird deutlich, dass die Eltern ihre Töchter zu einer Eheschließung gezwungen haben. Nachdem die Töchter sich dem Druck der Eltern widersetzt haben, wurde trotzdem an dem Termin vor dem Imam festgehalten. Die Abwesenheit der Töchter wurde mit Krankheit erklärt, um in der Öffentlichkeit Zeit zu gewinnen und nicht an Ansehen zu verlieren. Denn ein Mädchen, das seinen Eltern widerspricht, ist unehrenhaft und schwächt das Ansehen des Vaters in der Community. „Ja, wir haben eine Imam-Ehe gemacht. Wir haben beide nicht teilgenommen. Ich habe mein Cousin gesagt, ich werde sie heiraten. Sie war auch nicht da. Sie war krank (…) Ob sie wirklich krank war? Ich glaube nicht. Die Eltern haben das gesagt. Für den Vater ist schlecht, wenn die Tochter nicht auf sie hört. Die haben das so gesagt.

Später hat der Vater mit Tochter gesprochen. Der Vater hat gesagt, du gehst dahin, ne." Bei diesem Interview wird deutlich, dass in Abwesenheit vor dem Imam geschlossene Ehen ausschließlich auf Zwang beruhen. Hier greifen auch nicht mehr die sekundären Motive, einer Eheschließung zuzustimmen, um später wirtschaftlich zu profitieren.

2. Zwangsehe bei Männern

Es ist schwer nachzuweisen, dass die Männer zwangsverheiratet werden, weil sie von der Ehe mehr profitieren als die Frauen. Vor allem in der Anfangsphase aber muss von Zwang ausgegangen werden, weil den Jungen öfters vorgeschrieben wird, heiraten zu müssen. Dieser Zwang wird aber in die sekundäre Motivlage umgewandelt, weil die Jungen schnell überzeugt werden, dass sie von einer Eheschließung nur profitieren werden. Aus der Untersuchung von Merkens geht hervor, dass sowohl die Eltern als auch die befragten Kinder die Ehe als sehr positiv einschätzen. Darüber hinaus ist es auffällig, dass die Väter der Ehe in leicht höherem Maße zustimmen als die Mütter. „Die Ehe ist für die Männer, wenn die Geschlechtsrollendifferenz strikt eingehalten wird, eine Ressource, die es ihnen ermöglicht, im Alltag Lasten abzuladen, die mit der Haushaltsführung und der Kindererziehung zusammenhängen" (vgl. Merkens, in: Merkens/Schmidt (Hrsg.), 1997, 43f.). Die alltäglichen Lasten (administrative Aufgaben, Haushaltsführung, Kindererziehung etc.) werden nach der Eheschließung der befragten Männer ausschließlich von der Frau getragen; sie ist selten erwerbstätig und in erster Linie in die Verwandtschaftsbeziehungen involviert. Wie bei den Frauen gibt es auch bei Männern Indizien, die auf den ersten Blick auf eine Zwangsehe deuten. Diese sind: die oben diskutierte Eheschließung als Disziplinierung, das niedrige Alter der jungen Männer sowie die weit verbreitete Eheschließung mit Verwandten. Da der Ansatz „Eheschließung als Disziplinierung" bereits ausführlich diskutiert wurde, sollen hier nur die anderen beiden Indikatoren kurz angeschnitten werden.

Eheschließung mit Verwandten: Die eheliche Verbindung ist nicht die persönliche und private Angelegenheit zweier Personen, sondern die ökonomische und explizite Bindung von zwei Familien. Da die familiäre Bindung im Mittelpunkt der Eheschließung steht, muss sehr genau darauf geachtet werden, aus welchem Hause die zukünftige Braut stammt. Die Migranten in Deutschland kommen aus fast allen Gebieten der Türkei, so dass die Brautwerbung in Deutschland erschwert wird. Denn nicht nur die Nationalität und die religiöse Einstellung (alevitisch oder sunnitisch) sind von entscheidender Bedeutung, sondern auch die Vertrauenswürdigkeit. Diese kann optimal überprüft werden, wenn die zukünftige Braut aus der gleichen Stadt oder dem gleichen Landkreis stammt wie die Brautwerber. Ist diese Überprüfung in Deutschland kompliziert oder gibt es wenige Familien aus der gleichen Stadt, orientieren sich die Eltern in Richtung Heimat. Denn hier ist die Wahrscheinlichkeit sehr groß, dass sie eine Braut für den Sohn finden werden, die das Vertrauen der Familie auch ohne große Überprüfung genießt. Dies ist natürlich insbesondere im verwandtschaftlichen Umfeld gegeben. Eine Eheschließung innerhalb der Verwandtschaft hat aus Sicht der Eltern mehrere Vorteile, die folgendermaßen zusammengefasst werden können.

1. Durch die Heirat des Sohnes im Umfeld der Verwandtschaft in der Türkei erhoffen sich die Eltern mehr Loyalität und Unterordnung der Braut, weil eine doppelte wirtschaftliche Abhängigkeit vorhanden sein wird. Durch die Verheiratung des Sohnes wird nicht eine fremde Familie finanziell unterstützt, sondern ein Onkel, eine Tante oder ein Vetter etc. Die Wahrscheinlichkeit, dass die Braut sich nicht unterordnen lässt, beziehungsweise nicht loyal sein wird, wird durch die verschärfte wirtschaftliche Abhängigkeit verringert. Aus dieser Annahme heraus versuchen die Eltern ihre Söhne zu einer Eheschließung zu motivieren. Dazu äußert sich der Gesprächspartner Yüksel. „Ich habe mich länger mit meiner Mutter unterhalten. Meine Mutter meinte, es wäre gut, wenn ich meine Cousine in der Türkei heiraten würde (...) Sie meinte, die Cousine sei gut für mich, weil wir die Familie gut kennen: Das sind unsere Verwandte. Danach hat meine Mutter gesagt, sie wird dich immer unterstützen und immer für dich da sein, weil sie deinen Onkel in der Türkei unterstützen möchte. Dann hat sie auch gesagt, wenn sie Probleme macht, können wir schnell mit deinem Onkel reden. Bis jetzt läuft es ganz gut." Noch ein weiterer Aspekt wird hier deutlich, nämlich die offene und unmittelbare Kontaktaufnahme zu den Eltern der Braut, wenn sie sich nicht den Vorstellungen der Schwiegereltern und des Mannes entspre-

chend verhält. Da diese Aussprache innerhalb der „Großfamilie“ stattfindet, verliert keine Partei an Ansehen in der Öffentlichkeit, wenn eine Disziplinierung der jungen Frau nötig werden sollte.

2. Eine Migration nach Deutschland erscheint vielen von Armut und Arbeitslosigkeit betroffenen Bewohnern der ländlichen Türkei als verlockend, eine Möglichkeit dazu bietet eine Ehe mit einem in Deutschland lebenden Türken. Durch die Verheiratung eines Sohnes mit einer Cousine aus der Türkei wollen die Eltern ihre Verwandtschaft in der Türkei unterstützen. Die These heißt, „wenn die Verwandten nicht legal nach Deutschland einreisen dürfen, dann sorgen wir dafür, dass sie im Rahmen der Eheschließung nach Deutschland kommen können“. Mit dieser Vorgehensweise wird der Anwerbestopp an Arbeitskräften aus dem Jahre 1973 umgangen. Bei Frauen, die Männer in der Türkei heiraten und später in Deutschland leben, kann man die gleichen Motive beobachten. Der interviewte Muhamet erläutert die Gründe für seine Eheschließung mit einer Frau aus dem Umfeld der Verwandtschaft. „Meine Eltern wollten, also ich wollte auch, ne, ich soll ein Mädchen heiraten. Die soll aus unserem Dorf sein, am besten verwandt (…) Ja, weil, da kann noch eine Familie nach Deutschland, ich meine, die Familie kann nicht nach Deutschland. Aber wir können die Familie in Türkei unterstützen, mit Geld meine ich, oder wir können ein Haus für die kaufen (…) Wenn Familie ist, also verwandt ist, ist es besser, ne. Dann geht das nicht an fremde Menschen. Das geht an die Verwandte von uns. Die sind doch nicht fremd (…) Ja, das hat meine Mutter schon gesagt. Aber, ne, das war auch meine Meinung. Ich wollte immer eine Frau heiraten, die in Türkei ist.“ Es ist stark anzunehmen, dass Muhamet bei der Werbung um die Braut von seinen Eltern motiviert beziehungsweise unter Druck gesetzt wurde, damit er eine Frau aus dem Kreise der Verwandten heiratet. Er betont zwar mehrmals, dass es sein eigener Wunsch war, eine Verwandte zu heiraten, aber die Formulierung „meine Eltern wollten“ deutet darauf hin, dass sein Wunsch im Vorfeld stark manipuliert wurde.

Das Heiratsalter: Das durchschnittliche Heiratsalter bei türkischstämmigen Männern ist im Vergleich zu deutschen und anderen mitteleuropäischen sehr niedrig. Das liegt daran, dass die Eltern so früh wie möglich, auch wenn ihre Kinder noch in einer Berufs- oder Universitätsausbildung stecken, den Wunsch nach einer Eheschließung nicht nur äußern, sondern auch häufig durchsetzen. Die Phase der Familiengründung liegt vor dem Einstieg ins Berufsleben, die materielle Sicherheit wird erst danach gemeinsam angestrebt und gefestigt. Durch die Verheiratung der Söhne im jungen Alter erhoffen sich die Eltern weniger Widerspruch, weil unerfahrene und junge Männer besser motiviert beziehungsweise manipuliert werden können. Je später ein Mann heiratet, umso höher ist die Wahrscheinlichkeit, dass er sich bei der Brautwahl nicht nach den Vorstellungen seiner Eltern richten wird. Die Eltern erlauben einen Auszug aus dem Elternhaus nur dann, wenn der Sohn geheiratet hat und eine Familie gründet. Ist der Auszug wie im Fall Yüksel wegen der Ausbildung vorher erfolgt, so entzieht sich der Sohn der Kontrolle seiner Eltern. Weil diese elterliche Kontrolle außer Kraft gesetzt und Yüksel älter und selbstbewusster wurde, wollte er eine Frau heiraten, die den elterlichen Kriterien nicht entsprach. Dieser Versuch „auszubrechen" scheitert dann aber am entschiedenen Widerstand der Eltern seiner Freundin. „Also, wenn ich sofort nach der Schule, wie meine Eltern gesagt haben, geheiratet hätte, hätte ich diese Enttäuschung nicht erlebt. Ich dachte, auch wegen meiner Ausbildung, dass heutzutage kein Problem sein würde, eine alevitische Frau zu heiraten (…) Ja, ich habe das öfter in meinem Umfeld beobachten können. Da sieht man ja mehr, man hört auch mehr. Wenn man alleine wohnt und studiert, hat man ein anderes Umfeld (…) Ich bin schon der Meinung, dass die Eltern mehr Einfluss auf die Söhne haben, wenn sie noch jünger sind. Die machen dann keine große Scheiße wie ich (…) Ich habe später nach den Wünschen meiner Eltern geheiratet, weil das mit meiner Freundin nicht geklappt hat. Zum Glück hat das nicht geklappt. Meine Eltern und ihre Eltern hätten sich nicht verstanden. Dass mit den Familien ist aber wichtig, sonst klappt auch die Ehe nicht." Um solchen Schwierigkeiten vorzubeugen, versuchen die Eltern ihre Söhne in sehr jungem Alter zu verheiraten. Dass der Interviewpartner nach der enttäuschenden Erfahrung dann doch nach den Wünschen und Vorstellungen der Eltern heiratet, ist kein Automatismus.

Die Geschlechterrollen: Die Braut fängt ganz unten an

Die Rollen- und Autoritätsstrukturen, um die es hier geht, basieren auf den Werten, die primär im türkisch-ländlichen Kontext relevant sind. Die befragten jungen Männer und ihre Eltern wollen diese Geschlechterrollen beibehalten, da sie sich vor den Einflüssen der urbanen Türkei und vor allem vor migrationsbedingten Änderungen schützen wollen. Die klassische Rollen- und Autoritätsstruktur, auf die sich die befragten Migranten größtenteils berufen, ist sehr starr nach Geschlecht und Alter gegliedert. Das Familienoberhaupt ist der Vater oder – wenn er in der Familie lebt – der Großvater. Er ist nicht nur der Ernährer, sondern gleichzeitig auch der Beschützer und der Repräsentant nach außen, das heißt der Mann trägt die Verpflichtung und Verantwortung für den Unterhalt seiner Frau und seiner Familie. Hier darf die Frau nicht gezwungen werden, für den Unterhalt der Familie zu arbeiten. In der Praxis sieht es aber anders aus: So sind zum Beispiel Feldarbeit, Teppichknüpfen und Weben zur Aufstockung des Familieneinkommens auf dem Land üblich. Die meisten Frauen in der Migration sind – und sei es auch nur für wenige Stunden am Tag – als Putz- oder Küchenhilfe erwerbstätig. „Der Vater muss das Sagen haben, ne. Das ist schon wichtig. Der Mann muss für die Familie da sein, für die Familie sorgen, Geld verdienen und so. Außerdem muss der Mann die Familie schützen, ne, egal, was passiert (...) Die Frau kann schon bisschen arbeiten. Ja, damit etwas mehr Geld reinkommt. Aber sie muss nicht so viel arbeiten wie der Mann. Wenn der Vater nicht mehr da ist, ne, dann muss der Sohn, der älteste Sohn, das machen und so. Das ist schon wichtig." (Hakan)
Die Führungsrolle des Vaters beinhaltet eine lebenslange Dominanz. Seine Autorität wird auch dann nicht angezweifelt, wenn die Kinder – insbesondere die Söhne – erwachsen sind. Erst beim Tode des Vaters übernimmt der älteste Sohn die Rolle des Familienoberhauptes.
Die jungen Männer nehmen sich die Rolle als Vorbild, die der Vater in den ländlichen Gebieten der Türkei innehat: Er vertritt alle Entscheidungen nach außen und muss keine Rücksprache mit seiner Frau beziehungsweise mit anderen Familienmitgliedern halten, auch wenn diese Entscheidungen in Frage gestellt werden können. Damit der Mann nicht als schwach bezeichnet wird oder an Prestige verliert, bleiben die (möglichen) Diskussionen eine interne Angelegenheit der Familie, und

der Vater wird nach außen weiterhin als eine dominante und starke Persönlichkeit präsentiert.

„Ich vertrete die Meinung, dass der Vater beziehungsweise der Mann die Entscheidungen nach außen darstellt. Man kann ja intern zu Hause diskutieren oder aber sich streiten. Aber es ist für einen Mann entscheidend, dass er nach außen hin die Positionen der Familie vertritt (...) Manchmal macht mein Vater Dinge, die er nicht mit meiner Mutter oder mit uns nicht bespricht. Ich finde das in Ordnung, wenn es der Familie nicht schadet. Aber alle Männer wollen sowieso das Beste für die Familie (...) Oder bei den Deutschen ist es so, dass der Mann alles gemeinsam mit seiner Frau machen muss. Oder dass er immer seine Freizeit mit der Frau planen muss. Ich habe mal Lust, nur alleine wegzugehen, die Männer zu treffen. Und meine Frau trifft sich zu Hause mit anderen Frauen. Das ist doch nicht so schlimm. Was ist denn schon dabei?" (Yüksel) Nach diesem Konzept verbringt der Mann seine Freizeit mit anderen Männern, meistens im Teehaus, wo auch Karten gespielt und über das alltägliche Leben diskutiert wird. Die Frau bleibt in der Wohnung. Trifft sie andere Frauen, ist sie aber trotzdem mit kleinen Aufgaben beschäftigt, wie etwa mit Kochen oder Nähen. Diese unterschiedlichen Welten, wie sie von Yüksel angedeutet werden, werden in der Literatur als duofokale Familienstruktur beschrieben: Die Frau lebt in einer weiblichen Welt der Verwandten, Nachbarn und Kinder und der Mann in einer Welt der männlichen Verwandten und Freunde (vgl. Renner, 1982, 151f.). Sowohl bei den Männern als auch bei den Frauen sind die Verwandten die wichtigsten Personen, zu denen immer ein intensiver Kontakt gepflegt wird.

Die Rangfolge in der Familie mit Kindern reicht vom Großvater (wenn er in der Familie lebt) zum Vater über die Mutter zu den Kindern, wobei ein erwachsener Sohn die Mutter von ihrer Position in der Hierarchie verdrängen kann. Am Ende dieser Hierarchie ist die Ehefrau des Sohnes zu finden, wenn sie nach der Ehe bei der Familie ihres Ehemannes lebt. Von der jungen Frau wird erwartet, dass sie allen Erwachsenen innerhalb der Familie des Patriarchen zu Diensten ist. Ihre Position innerhalb der Familie verbessert sich, sobald sie einem Sohn das Leben schenkt. In dieser Hierarchie hat die aus der Türkei kommende Ehefrau einen schweren Stand, und sie muss sich alle Rechte schwer erkämpfen. Da die Aufgaben nach Geschlechterrollen und Hierarchie verteilt werden, beginnt sie ganz unten. Das heißt, alle Aufgaben, die von der Schwiegermutter oder von den Geschwistern erfüllt wurden, werden ihr übertragen, zum Beispiel Kochen, Putzen, Bewirtung der Männer und der Gäste. An diesen Aufgaben muss sie sich bewähren, sie darf sich nicht widersetzen und muss sich schamhaft, loyal und gehorsam verhalten. Zu den Aufgaben der Frau äußert sich der Interviewpartner Hakan: „Ich meine, meine Frau macht alles, ne. Das ist auch okay, meine ich. Sie ist ja noch jung. Meine Mutter hat viel gearbeitet, viele Kinder und Enkelkinder erzogen oder so. Sie ist müde. Meine Frau ist noch jung und muss das machen. Meine Mutter braucht da viel Unterstützung (...) Es ist ja nicht so schlimm, wenn meine Frau den Männern Tee bringt oder wir bekommen Gäste und so. Es ist doch nicht Schlimmes, wenn meine Frau für Gäste kocht oder ihnen Tee bringt." Der von Hakan beschriebene Zustand illustriert ein sekundäres Motiv des Sohnes für die Eheschließung. Viele Eltern wollen den Sohn verheiraten, damit er nicht nur in geregelten Verhältnissen lebt, sondern sie wünschen sich gleichzeitig große Entlastung im Haushalt durch die Schwiegertochter. Zugespitzt könnte man sagen, dass die Eltern beziehungsweise der Mann sich eine kostenlose Haushaltshilfe holen, die sich nicht wehren kann beziehungsweise darf. Darüber hinaus erfüllt die unbezahlte „Haushaltshilfe" eine weitere Aufgabe, nämlich die sexuelle Befriedigung des Ehemannes. In dieser Rolle darf sich die Frau nicht nach ihren eigenen Wünschen und Vorstellungen richten: Nicht ihre persönlichen Interessen sind handlungsweisend, sondern die gesamte Befindlichkeit der Gemeinschaft, der Familie beziehungsweise des Ehemannes steht im Mittelpunkt des Interesses. In dieser strengen Hierarchie wird die junge Frau nur dann (bedingt) entlastet, wenn sie ein Kind beziehungsweise einen Sohn auf die Welt bringt. Schenkt sie mehreren Kindern oder Söhnen das Leben, wächst ihr Ansehen innerhalb der Familie und sie steigt in der Hierarchie kontinuierlich auf. Kinder, insbesondere Söhne, zu gebären, wird als eine besondere Leistung anerkannt, weil Kinder/Söhne im traditionell-bäuerlichen Kontext nicht nur als ökonomische Absicherung interpretiert werden, sondern auch als Fortführung des Familiennamens oder der Familientradition. „Also, meine Frau musste erstmal was schaffen. Nicht, was Sie meinen, Herr Toprak. Nicht irgendwie studieren oder einen super Job haben oder so. Nein, das ist schon wichtig, ne. Aber für eine Frau ist was anderes noch wichtiger, finde ich. Wie soll unsere Tradition weiter gehen, ne, wenn wir keine Kinder oder keine Söhne haben. Söhne sind gut. Die sind immer da, wenn den Eltern schlecht geht. Schau mal, ich helfe meinen Eltern. Ich helfe meinen Eltern, wenn ihr schlecht geht. Wenn sie kein Geld haben oder so (...) Und meine Frau hilft meiner Mutter beim Kochen oder Putzen, ne (...) Wenn die Frau Söhne bekommt, ist das große Leistung, sie hat was geschafft. Danach kann sie etwas weniger zu Hause arbeiten. Wenn sie was geschafft hat, Söhne bekommen. Dann hat sie was geschafft. Das ist schon wichtig." (Muhamet) In dieser Hierarchie kann die junge Frau entlastet beziehungsweise abgelöst werden, wenn eine andere Schwiegertochter, beispielsweise die Ehefrau eines jüngeren Sohnes, in die Familie kommt. Hier ist nicht das Alter der Frauen entscheidend, sondern das Alter der Söhne. Das heißt, auch wenn die Ehefrau des jüngeren Sohnes älter ist als die Ehefrau des älteren, muss sie sich in der Hierarchie der Ehefrau des älteren Sohnes unterordnen. Die Ehefrau des älteren Sohnes überträgt alle häuslichen Aufgaben auf die Ehefrau des jüngeren und entlastet sich selbst. Bleibt allerdings die Ehefrau des älteren Sohnes ohne Kinder beziehungsweise ohne einen Sohn, kann sie in der Hierarchie von der Ehefrau des jüngeren Sohnes überholt werden, wenn die Frau des jüngeren Bruders bereits einen Sohn hat. Diese besondere Leistung wird damit honoriert, dass sie von häuslichen Aufgaben entbunden wird und ihre Aufgaben auf die kinderlose Frau übertragen werden, die diese besondere Leistung noch bringen muss.

In dieser patriarchalischen Struktur kann die Frau des Sohnes auch von minderjährigen Söhnen oder männlichen Kindern mit diversen Aufgaben beauftragt werden, denen sie ohne Widerrede nachkommen muss. Nur den weiblichen Kindern in der Familie steht es nicht zu, sie mit Aufgaben und Wünschen zu beauftragen, weil diese selbst spätestens bis zur Pubertät gelernt haben müssen, ihre Geschlechterrolle zu akzeptieren.

Zusammenfassend ist Folgendes hervorzuheben: Die Braut heiratet nicht nur einen Mann aus Deutschland, sondern die gesamte Familie. Denn ein kleiner Widerstand oder Loyalitätsbruch gegen eines der Familienmitglieder kann dazu führen, dass die Ehe geschieden wird. Widersetzt sich die Braut den Anforderungen eines Familienmitgliedes, wird das als eine bewusste Missachtung und Aufsässigkeit gegenüber der Autorität des Mannes interpretiert, die mit Disziplinierungsmaßnahmen, wie zum Beispiel Schlägen oder im Extremfall mit der Scheidung, wiederhergestellt werden kann.

Die Isolation der Braut in der Migration

Die sozialen Kontakte spielen im Leben von kollektivistisch geprägten Kulturen eine herausragende Rolle. Die Frauen sind in der Türkei in einer kollektivistischen Umgebung sozialisiert und das Wir-Gefühl steht im Mittelpunkt der sozialen Kontakte. Vor der Eheschließung sind die Frauen in ein dichtes Netz – Freundinnen, Familienmitglieder, Eltern, Geschwister etc. – von sozialen Kontakten eingebettet. Innerhalb der weiblichen Umgebung haben die Frauen im Dorf „sehr viele Freiheiten“: Sie treffen sich nach dem Rotationsprinzip in einer Wohnung, organisieren kleine Partys und tauschen sich über ihre Probleme aus, wobei auch Tabuthemen wie zum Beispiel Sexualität oder Verhütung angesprochen werden. Dieses soziale Netzwerk spielt im Leben der Frauen eine entscheidende Rolle, da der Austausch über bestimmte Themen in der Familie aufgrund von Geschlechterrollen, Scham und Respekt nicht angesprochen werden können. In diesem losen, aber bedeutsamen Netzwerk wird auch über die Erziehung der Kinder, Kochrezepte und Eheprobleme gesprochen. Das oben beschriebene Netzwerk ist als freizeitgebundene Form des Zusammentreffens meist dadurch charakterisiert, dass es seinen Mitgliedern vollwertige Partizipation gewährt, die ihnen in den übrigen Handlungsbereichen, insbesondere Familie und Schule, in diesem Umfang nicht gewährt wird. Deshalb gewinnt das soziale Netzwerk oder die Peergroup eine so große Bedeutung in der psychosozialen Orientierung. Vor allem zwischen dem 13. und dem 20. Lebensjahr scheint die Zugehörigkeit zu einer Gruppe und Clique von zentraler Bedeutung zu sein: Freundinnen zu finden beziehungsweise zu haben, stellt für die Mädchen ein vorrangiges Problem dar.

Und noch ein weiterer Aspekt ist entscheidend: In der ländlichen Türkei ist ein Leben in der Großfamilie noch verbreitet und die Frauen haben große Macht und großen Einfluss auf den sozialen Frieden innerhalb der Familien. Die Frauen fungieren beispielsweise als ein wichtiges Bindeglied zwischen den Söhnen und dem Vater beziehungsweise Großvater und sorgen für den Kommunikationsfluss zwischen den Generationen. Dadurch sind die sozialen und kommunikativen Fähigkeiten der Frauen sehr ausgeprägt, sie werden bei Konflikten, insbesondere in hohem Alter, als so genannte Mediatorinnen aktiv und sind sozial und gesellschaftlich anerkannt.

Während die Mädchen und jungen Frauen vor der Migration nach Deutschland in ein soziales Netzwerk integriert sind, das Orientierung bietet und Identitätsarbeit leistet, ist in der Migration kein soziales Netzwerk vorhanden beziehungsweise es muss erst noch aufgebaut werden. Die junge Ehefrau ist ausschließlich mit dem Haushalt und der Kindererziehung beschäftigt und ein Austausch mit Freundinnen oder Gleichaltrigen findet nicht statt, weil ihr Umfeld nur aus der Verwandtschaft ihres Mannes besteht, der sie nicht uneingeschränkt vertrauen kann. Etwaige Freundschaften zerbrechen nicht nur aufgrund geringer Verlässlichkeit und mangelnder Integration, sondern auch wegen äußerer Anlässe und Zwänge, wie zum Beispiel durch den Umzug in eine andere Stadt oder in ein anderes Land. Die Eltern und das soziale Umfeld der türkischen Jugendlichen erwarten von den verheirateten Kindern, dass sie den Kontakt zu „alten" Freunden aufgeben und ihre Kontakte auf das familiäre Umfeld beschränken. Der Verlust dieser Beziehungen führt für die Mädchen zur stärkeren Isolation, weil sie eng an die häusliche Umgebung gebunden sind. Durch den Umzug in ein anderes Land wird die Isolation für die Mädchen noch verstärkt. Außer des familiären Kontextes erlauben die interviewten Männer ihren Frauen keinen Kontakt zu anderen Frauen, weil sie den schlechten Einfluss der „unehrenhaften" (türkischen) Frauen fürchten. „Ja, meine Frau darf keine Freundinnen haben, ne. Die Frauen hier haben keine Ehre. Sie machen Sachen, die nicht gut sind. Die gehen in Disko oder Café und so. Sie gehen mit Männer weg oder so. Wenn meine Frau diese Frauen trifft, ne, dann lernt sie nur schlechte Sachen. Also, bei uns in der Familie gibt es ja viele Frauen. Die kann mit meinen Schwestern oder Schwägerin was machen, ne." (Mehmet) Die Kontaktmöglichkeiten der Frauen werden durch das rigide Verbot der Ehemänner stark eingeschränkt. Eine junge Frau wird ihre persönlichen Probleme nicht den Geschwistern des Mannes anvertrauen, da sie als „Verbündete" des Ehemannes betrachtet werden. Und hierin liegt auch das Motiv des Mannes, den Kontakt seiner Frau ausschließlich auf die Familienmitglieder zu beschränken, denn so kann er sicher sein, über das Verhalten seiner Frau informiert zu werden. Der Kontakt zu Frauen außerhalb der Familie wird nur in einem geschützten Raum, wie zum Beispiel einem Kultur- oder Moscheeverein, erlaubt, weil die Männer die soziale Kontrolle über ihre Frauen in diesen geschützten Räumen nicht gefährdet sehen. Den ausgewählten Kulturvereinen wird ausnahmslos vertraut, weil jeder Verein eine bestimmte Zielgruppe anspricht und die Angebote auf diese ausgerichtet sind. Während einige Kulturvereine eine liberale Linie verfolgen und keine geschlechtsspezifischen Angebote oder Trennungen vornehmen, werden in den so genannten Moscheevereinen ausschließlich geschlechtsspezifische Angebote unterbreitet, wie zum Beispiel Koran- oder Kochkurse für Frauen. Muhamet äußert sich zu diesem Thema wie folgt: „Ja, meine Frau darf schon raus gehen, ne. Aber nicht überall und nicht alleine (...) Zum Beispiel darf meine Frau mit meiner Schwester in Kulturverein, in Moschee, gehen. Da ist überhaupt kein Problem, ich kenne die Leute dort. Ich weiß, wer da hinkommt. Da kommen nur anständige Frauen; nicht diese Frauen, die wie Nutten sind. Da kommen anständige Frauen mit Ehre und Kopftuch hin (...) Ja, was macht meine Frau dort? Die kochen gemeinsam, oder sie machen Korankurs oder die unterhalten sich nur (...) Alleine darf sie nicht gehen, nur mit Familie." Obwohl die Linie des Vereins und die Besucherstruktur die Anforderungen des Interviewpartners voll erfüllen, darf seine Frau den Verein nicht alleine aufsuchen. Eine „kleine" Sozialkontrolle, in der Aussage „nur mit Familie", wird trotzdem eingebaut, um der Ehefrau zu signalisieren, dass der Mann die absolute Kontrolle immer in der Hand haben wird.

Auch darf die junge Frau nicht alleine einkaufen gehen, zumindest so lange sie bei den Schwiegereltern wohnt, und gerade zu Beginn der Migration wohnen fast alle Frauen bei ihren Schwiegereltern. Die sowieso schon vorhandene Isolation in einem fremden Land und fremder Umgebung wird verstärkt erlebt, wenn die Frauen keinen Kontakt zur Außenwelt haben, um sich neu zu orientieren. Die Begründung der Männer, die Frauen würden sich in der Fremde nicht zurechtfinden und benötigten daher Orientierung und Unterstützung, ist vielleicht anfangs zutreffend, aber ein langjähriges Verbot, alleine den Einkauf zu erledigen, kann nicht mehr mit Fürsorglichkeit begründet werden, sondern muss als explizites Misstrauen und als Angst interpretiert werden, die Frau könnte unerwünschte Kontakte knüpfen. Die konservativ-traditionell orientierten Männer glauben, dass ihre Frauen beim Einkauf von anderen Männern angesprochen werden könnten. Ob die Frauen sich gegen diese Männer wehren oder sich widersetzen, ist nicht entscheidend. Ausschlaggebend ist, dass die Frau überhaupt angesprochen wird und sie dabei beobachtet werden könnte. Denn Frauen, die sich ansprechen lassen, auch gegen ihren Willen, werden in diesen Milieus als unehrenhaft bezeichnet. Ein ehrenhafter Mann muss in diesem Kontext entschieden handeln und den Mann zur Rechenschaft ziehen.

Weil dies unter den Bedingungen in der Großstadt nicht immer möglich ist, verbietet er präventiv seiner Frau das Haus ohne Begleitung zu verlassen. „Verstehst du, früher war ich sehr streng zu meiner Frau. Sie durfte das Haus nicht verlassen. Sie durfte das Haus schon verlassen. Aber nicht alleine: Entweder mit mir oder mit Familie oder Begleitung (...) Sie durfte auch nicht alleine einkaufen gehen oder so, nur mit meiner Schwester oder mit mir (...) Ja, ich wollte nicht, ne, wenn sie alleine rausgeht, einkaufen oder so. Ja, sie ist doch jung und hübsch, hat keine Kinder und so, dann kommen Männer und machen sie an. Das will ich nicht. Du kennst doch die türkischen Männer. Die machen das nur mit Absicht (...) Ja, weil sie meine Ehre verletzen wollen. Wenn ein Mann seine Frau nicht schützen kann, ne, der hat doch keine Ehre". (Osman) Die rigide Haltung der Männer erklärt sich, wie Osman andeutet, daraus, dass die Frauen sehr jung sind und nach außen nicht die Reife einer Mutter ausstrahlen und daher von Männern angesprochen werden können. Es ist bekannt, dass Mütter mit Kindern von türkischen Männern nicht angesprochen werden. Und noch ein weiterer Aspekt geht aus dem Interview hervor: Die konservativ orientierten Männer sind den anderen Männern gegenüber misstrauisch, weil sie annehmen, dass diese ihre jungen Frauen mit Absicht ansprechen, um ihnen zu schaden. Diese Befürchtung kommt daher, dass die befragten Männer selber türkische Frauen ansprechen, um sich mit ihnen zu befreunden, dahingehend äußert sich der Interviewpartner Ibrahim: „Ich war schon verheiratet, ne, meine Frau war in Konya. Ich war viel unterwegs und so. Auf der Straße habe ich eine Frau, eine türkische Frau, angesprochen. Sie wollte nicht, aber ich war immer hinterher. Die hat mich beschimpft und so. Irgendwann hat sie dann mit mir geredet. Sie war auch verlobt und so. Ihr Verlobter war in der Türkei. Wir waren lange zusammen. Ich wollte sie heiraten, das ging nicht. Meine Frau war ja in der Türkei."

Gewalt in der Familie

Es ist sehr mühsam, mit türkischen Männern über das Thema Gewalt zu diskutieren, weil sie das als eine Einmischung in die internen Familienangelegenheiten bewerten. Vor allem zum Thema sexuelle Gewalt gibt es in der Literatur keinerlei Erkenntnisse, weil sich türkisch-muslimisch geprägte beziehungsweise sozialisierte Männer zu diesem Thema nicht öffentlich äußern. Um Datenmaterial für das Thema „Gewalt“ erheben zu können, wurden die Fragen zunächst unter der Überschrift „Beobachtete Gewalt in der Familie oder Peergroup“ subsumiert. Türkische – wie auch deutsche – Männer sind eher bereit, mit einem Wissenschaftler über allgemeine, sie nicht direkt betreffende Gewalt zu diskutieren. Erst nach diesem allgemeinen Teil konnte der Bogen zur eigenen Gewaltanwendung gespannt werden. Beim Thema sexuelle Gewalt war die Eingangsfrage so formuliert, ob es üblich sei, dass in der Familie sexualisierte Schimpfwörter gebraucht würden. Das Thema Vergewaltigung wurde beim Thema „Hochzeitsnacht“ oder „Freizeitbereich (Bordellbesuche)“ angeschnitten. Beim Thema Gewalt wurde lediglich die physische und sexuelle Gewalt angesprochen, weil die Interviewpartner die Formen der psychischen und strukturellen Gewalt nicht kennen. Bei der Auswertung der Interviews konnte aber festgestellt werden, dass psychische Gewalt sehr verbreitet ist: Dies konnte vor allem beim Thema „Bestrafungs- und Disziplinierungsmaßnahmen“ herausgearbeitet werden.

1. Gewalt gegen die Kinder

Dass Kinder nationalitätsübergreifend von innerfamiliärer Gewalt betroffen sind, steht bereits seit Jahrzehnten fest. Genaue Daten über innerfamiliäre Gewalt gegen Kinder und Jugendliche türkischer Herkunft wurden erst im Jahre 2002 erhoben. In einer Untersuchung des Kriminologischen Forschungsinstituts Niedersachsen (vgl. Kriminologisches Forschungsinstitut Niedersachsen, 2002) stellte sich heraus, dass diese Jugendlichen zwei bis drei Mal häufiger von elterlicher Gewaltanwendung betroffen sind als andere Jugendliche. Gewaltanwendung ist in türkischen Familien offenbar ein verbreitetes Erziehungsmittel. Der Autor der vorliegenden Studie führte zu diesem Thema im Jahr 2004 Interviews mit mehreren Elternpaaren türkischer Herkunft durch. Die Eltern wurden unter anderem getrennt voneinander danach gefragt, welche Erziehungsziele sie verfolgen und welche Bestrafungspraktiken sie bei der Erziehung der Kinder anwenden (vgl. Toprak, 2004). Meine Ergebnisse aus dem Jahre 2004, die Ergebnisse aus dem Jahre 2002 und die Befragung der Männer zur aktuellen Studie bestätigen, dass die türkischen Eltern – sei es physisch oder psychisch – in

der Erziehung Gewalt anwenden. Die Fragestellung in der vorliegenden Untersuchung wurde gegenüber den Studien von 2002 und 2004 um folgende Bereiche erweitert: Gewaltanwendung gegen die Partnerin, sexuelle Gewalt und eigene Gewalterfahrung durch die Eltern.
Türkische Männer beziehungsweise Väter wenden die folgenden Formen der Gewalt gegen ihre Kinder an:

(1.) Ohrfeige

Ohrfeige – im Türkischen „tokat" – ist die gängigste Form der Bestrafung im Bereich der körperlichen Züchtigung. Der Stellenwert einer „tokat" in der Erziehung ist zentral und wird nicht als Gewalt definiert. Die meisten türkischen Eltern, vor allem aber die Männer, sind der Meinung, dass „ein, zwei Ohrfeigen in der Erziehung keinem Kind schaden würden". Da sie selbst als Kinder diese Schläge bekommen haben, sind sie davon überzeugt, dass ein gewisses Maß an Gewalt sogar angebracht ist, um die Kinder besser zu disziplinieren. „Ich meine, ein, zwei Ohrfeigen sind doch nicht schlimm. Wir haben auch diese Ohrfeigen bekommen. Ich habe auch von meinem Vater oder von meiner Mutter Ohrfeigen oder Schläge bekommen. Du hast auch von deinem Vater Schläge bekommen. Es ist doch nicht so schlimm (…) Meine Kinder bekommen schon ab und zu mal Schläge, ne, wenn sie nicht brav sind, oder, sage ich mal, wenn sie nicht auf die Mutter hören. Ja, was noch, wenn sie zum Beispiel keine Hausaufgaben oder so machen, dann bekommen die Kinder schon Ohrfeigen, das mach ich schon." (Hasan) Die schädigende Wirkung wird oft unterschätzt, was auf der eigenen Gewalterfahrung beruht. Die Annahme, dass alle Kinder und Jugendlichen Gewalt erfahren haben, wird sogar mit der Aussage „Du hast auch von deinem Vater Schläge bekommen" auf den Forscher übertragen. Alle 15 befragten Männer sind sich einig, dass für die Optimierung der Erziehung die Ohrfeige als eine legitime Erziehungsmethode eingesetzt werden muss. Hier wird keine geschlechtsspezifische Unterscheidung vorgenommen, weil der Vater legitimiert wird, beide Geschlechter zu bestrafen, wenn es dafür einen Anlass gibt. Der Interviewpartner Yener äußert sich zur „Erziehungsmethode" Ohrfeige. „Ich habe drei Kinder. Es ist schwer, Kinder zu erziehen, auch noch in Deutschland, ne. Die Kinder sehen in der Schule oder auf der Straße Sachen, die für unsere Familie nicht gut sind (…) Damit sie nicht schlimme Sachen machen, gebe ich denen ab und zu paar Ohrfeigen und sage denen, die sollen ordentlich sein. Sie sollen brav sein oder so (…) Ist schon wichtig, ab und zu Ohrfeige, dann lernen die Kinder, diese Sache ist nicht gut." (Yener) Wie der Gesprächspartner exemplarisch darstellt, wenden die Väter Gewalt in Form von Ohrfeigen an, um die Kinder zu disziplinieren und zur gewünschten Verhaltensform zu „erziehen". Zudem deutet der Ausschnitt „(…) auch noch in Deutschland, ne. Die Kinder sehen in der Schule oder auf der Straße Sachen, die für unsere Familie nicht gut sind" darauf hin, dass der Vater seine Kinder vor den Einflüssen des deutschen Umfeldes schützen will. Er hat Angst, dass seine Kinder die Werte und Normen der deutschen Mehrheitsgesellschaft übernehmen und sich von der Familie oder von den Eltern ablösen. Um die Kinder vor diesen „schädlichen" Einflüssen zu schützen, ist es legitim, Gewalt anzuwenden.

(2.) Schwere körperliche Misshandlung und Entzug der Grundnahrungsmittel

Schwere körperliche Misshandlung in Form von Ohrfeigen, Faustschlägen, Tritten und Einsperren wird flankiert vom Entzug der Grundnahrungsmitteln und der Verweigerung von Grundbedürfnissen, wie zum Beispiel Toilettengang oder Waschen. Diese Form der Gewalt wird allerdings nur dann angewendet, wenn aus Sicht der befragten Männer eine Extremsituation vorliegt. Eine schwere körperliche Misshandlung soll anhand des Fallbeispiels Yener erläutert werden.

Der Interviewpartner Yener hat drei Kinder, zwei Söhne und eine Tochter. Das älteste Kind von Yener ist 1988 geboren worden und ist ein Mädchen. Als seine Tochter 15 Jahre alt wird, teilt er ihr mit, dass er sie mit einem ehrenhaften Cousin aus dem Heimatdorf in Yozgat verlobt habe. In den Sommerferien 2004 soll die Tochter in Yozgat den Cousin heiraten. Als die Tochter merkt, wie ernst die Sache ist, läuft sie von zu Hause weg und sucht Schutz in einer Mädcheneinrichtung. Einige Monate später überredet Yener seine Tochter mit dem Versprechen, dass sie den Cousin nicht heiraten muss, zurückzukehren. Als sie nach Hause kommt, schlägt Yener auf sie ein, tritt sie mit Füßen, sperrt sie eine Woche lang in den Keller, ohne ihr etwas zu essen und zu trinken zu geben. Die Tochter darf nicht einmal auf die Toilette gehen. Yener begründet sein Verhalten folgendermaßen. „Ich habe sie eingesperrt,

ja, wie soll ich das sagen, Sie wissen das doch, es ging um meine, um unsere Ehre, um die Familienehre. Ein Mädchen läuft einfach nicht weg. Sie war in diesem Wohnheim, Jugendamt, ne. Bei uns gehen die Mädchen von zu Hause weg, nur wenn sie heiraten (…) Sie hat unsere Familienehre verletzt, sie hat nicht auf mich gehört. Sie hat das verdient. Ich sollte sie vorher öfter schlagen, ne, damit sie nicht wegläuft."
Dass dem Mädchen mit der Zwangsheirat Unrecht getan werden soll, interessiert Yener nicht. Im Mittelpunkt seiner Argumentation steht die Tatsache, dass ein Mädchen nicht von zu Hause wegläuft, unabhängig von ihren persönlichen Motiven. Denn ein ehrenhaftes und loyales Mädchen hört auf ihren Vater und heiratet den Mann, der für sie ausgewählt wurde. Läuft ein Mädchen weg, um sich Hilfe von außen, hier von der Jugendhilfe, zu holen, schadet sie dem Ansehen des Vaters in der Öffentlichkeit, weil er nicht in der Lage ist, seine Tochter zu disziplinieren.
Diese Form der Gewaltanwendung wird zwar nicht oft angewendet, aber unter bestimmten Umständen bejaht, wenn der Vater triftige Gründe hat, wie dies bei Yener anscheinend der Fall war. „Also, Ohrfeige ist schon in Ordnung. Aber wenn meine Tochter oder mein Sohn von zu Hause wegläuft, oder wenn sie einen Mann heiratet, der nicht zu uns passt, oder sie geht mit Männern in Disko oder so, dann würde ich schon mehr schlagen, mit Faust, mit Füßen oder einsperren oder so. Das muss man auch machen. Sonst ist die Ehre kaputt. Die Leute reden dann nur schlecht über uns." (Ibrahim)

(3.) Sexuelle Beleidigung als „orospu" (Nutte) oder „ibne" (schwul)

Obwohl Sexualität und sexuelle Neigungen in der Kommunikation zwischen den Generationen und Geschlechtern innerhalb der Familie zu den absoluten Tabuthemen gehören, ist hingegen die sexualisierte Gewalt präsent; sexualisierte Gewalt in Form von Beleidigungen ist verbreiteter als angenommen. Die Töchter werden als Nutte (orospu) beschimpft, die Söhne werden als schwul (ibne oder göt veren = derjenige, der seinen Hintern hergibt) oder aber „pezevenk" (Zuhälter) bezeichnet. Ziel dieser sexualisierten Gewalt ist es, die Betroffenen in ihrer Ehre zu kränken und dafür zu sorgen, dass sie sich nicht wie Prostituierte oder Homosexuelle verhalten. Da eine ehrenhafte Frau

beziehungsweise ein ehrenhaftes Mädchen sich unauffällig kleidet, in der Öffentlichkeit nicht auffällt und sich schamhaft verhält, wird ein Mädchen, das gegen diese Verhaltensnormen opponiert als „Nutte“ beschimpft, um eine Verhaltensänderung zu bewirken.
Hakan beschreibt sein Verhalten folgendermaßen: „Ich sage meiner Tochter schon manchmal ‚Du kleine Nutte', wenn sie sich nicht anständig hinsetzt (...) Wenn zum Beispiel Gäste kommen, ne. Dann sitzt sie vor den Gästen mit einem Rock, und alle sehen ihre Beine. Oder sie schlägt die Beine übereinander. Dann sage ich schon ‚Du Nutte, das macht man nicht'. Aber meine Frau sagt das mehr. Sie ist für die Erziehung zuständig. Wenn meine Tochter so was macht, sagt meine Frau sehr oft orospu, also Nutte oder so (...) Warum? Ja, damit sie keine Nutte wird, damit sie sich anständig benimmt.“ Schon das Übereinanderschlagen der Beine wird bei den Mädchen als unehrenhaftes und schamloses Verhalten interpretiert und legitimiert die Eltern, auf eine Verhaltensänderung hinzuwirken. Das Übereinanderschlagen der Beine bei Mädchen impliziert in konservativ-traditionellen Kreisen Selbstbewusstsein, Aufsässigkeit sowie Aufrichtigkeit und wird aufgrund des traditionellen Erziehungsziels „Respekt vor Autoritäten“ im Allgemeinen und zurückhaltendes Verhalten (Schamhaftigkeit) bei den Mädchen im Speziellen abgelehnt.
Bei den Söhnen wird die Bezeichnung „ibne“ (schwuler Mann) eingesetzt, wenn die Söhne sich nicht nach den ehrenhaften männlichen Vorgaben – wie bereits genannt sind das Virilität, Unnachgiebigkeit, Stärke und Dominanz – verhalten. Alle Verhaltensnormen, die einer Frau zugeschrieben werden, sind unmännlich. Wenn ein Mann weibliche Verhaltensweisen an den Tag legt, wird er als „ibne“ bezeichnet, weil nur schwule Männer die weiblichen Rollenmuster übernehmen würden. „Wenn mein Sohn nicht stark ist oder er hat Angst. Oder sagen wir mal, er benimmt sich wie eine Frau, spielt nur mit Mädchen, oder macht Sportarten von Mädchen, dann bin ich schon sauer. Er soll schon Sachen machen, die alle Männer machen (...) Wenn er das trotzdem macht, ne, dann sage ich zu ihm ibne, damit er das nie wieder macht, ne (...) Nein, meine Frau sagt das nie. Nur die Männer dürfen dem Sohn das sagen, ne, nicht die Mutter.“ (Hasan) Die befragten Männer geben einhellig zu Protokoll, dass die Mutter den Sohn nicht sexuell beleidigen darf. Das steht nur den Vätern zu, weil nur sie einschätzen können, wie ein ehrenhafter Mann sich zu verhalten hat. Auch bei den Jungen

beziehungsweise Söhnen wird das Übereinanderschlagen der Beine sanktioniert und mit der sexuellen Bezeichnung „ibne" reglementiert, weil dieses Verhalten nicht mit männlichen Attributen kompatibel ist und dem Erziehungsziel „Respekt vor Autoritäten" widerspricht. Während Homosexualität einerseits als unehrenhaftes und unerwünschtes Verhalten abgelehnt wird, wird an anderer Stelle mit homosexueller Neigung die Männlichkeit unter Beweis gestellt. Die Bezeichnung „ibne" ist im türkischen Kontext ausschließlich negativ besetzt. Aber bei türkischen Männern – in unserem Kontext – gibt es zwei unterschiedliche Bewertungen von Homosexualität. Die aktive Rolle beim Geschlechtsverkehr wird mit den Begriffen Stärke, Dominanz, Potenz und Männlichkeit in Verbindung gebracht. Die passive Rolle wird dagegen mit den Begriffen Schwuchtel, Frau und Schwächling abgewertet und ist verpönt. Bei den meisten Männern und Jugendlichen wird man nur dann als schwul, also „ibne" bezeichnet, wenn man die Rolle des Schwächeren übernimmt, weil diese in der Regel die Frauenrolle impliziert und nicht in das beschriebene Männerbild passt (vgl. Toprak, 2005).

(4.) Androhung von Schlägen

Die Androhung von Schlägen ist eine Vorphase zur Ohrfeige und wird sehr oft angewandt, um zunächst den Vollzug einer Ohrfeige oder weiterer Schläge zu verhindern. Die Drohung hat meistens einen unverbindlichen Charakter, weil es eher eine Redensart ist, das heißt, Schläge werden unverbindlich und inflationär angedroht, ohne Nachdruck und ohne unmittelbare Konsequenzen, wenn das Kind sein Verhalten nicht korrigiert. So verliert die Gewaltandrohung ihren Bedrohungscharakter und die Kinder gehen damit spielerisch um, ohne Angst zu haben. Inkonsequentes Handeln in der innerfamiliären Interaktion ist ohnehin bei den in Deutschland lebenden türkischen Familien ein sehr ausgeprägtes Verhaltensmerkmal (vgl. Kağıtcıbaşı, 1996). Die Kluft zwischen verbaler Drohung und ihrer Umsetzung in tatsächliche Handlungen verunsichert die Kinder. Sie übernehmen dieses Verhaltensmuster und übertragen es auf Situationen in der Schule, in der Freizeit, im Kindergarten oder Hort und drohen den Mitschülern beziehungsweise Pädagogen, ohne die Wirkung bei der Mehrheitsgesellschaft einschätzen zu können. Reagieren die Pädagogen oder die

Mitschüler auf diese Drohung, indem sie beispielsweise im Extremfall eine Anzeige erstatten, sind die Kinder und Jugendlichen erstaunt und verunsichert. Denn diese Drohung ist aus ihrer Sicht eine unverbindliche „Redensart", die „niemals" in die Tat umgesetzt wird.

(5.) Mit der Türkei (in Verbindung mit Zwangsheirat) drohen

Bei sehr großen Verstößen und Fehlverhalten wird den Kindern damit gedroht, sie in die Türkei zu Verwandten zu schicken beziehungsweise die Mädchen in der Türkei zu verheiraten und ihnen den türkischen Reisepass zu entziehen. Eine tatsächliche Übersiedlung in die Türkei erfolgt zwar nur in den seltensten Fällen, aber es gibt immer wieder Beispiele dafür, dass die Kinder temporär in die Türkei gebracht werden, um mehr Disziplin und Ordnung zu lernen. Kinder und Jugendliche, die in Deutschland geboren und sozialisiert sind, haben große Schwierigkeiten, sich in der Türkei zurechtzufinden, insbesondere im schulischen Kontext, weil der Unterricht dort sehr autoritär und auf das Auswendiglernen ausgerichtet ist. Die Eltern drohen vorsätzlich, die Kinder in die Türkei zu bringen, damit sie aus Angst das gewünschte Verhalten an den Tag legen. Den Mädchen wird gedroht, sie müssten in der Türkei heiraten und dort beim Ehemann bleiben. Mit dieser Drohung werden zwei elementare Ängste der Mädchen geschürt:

- Die Mädchen müssen einen Mann heiraten, den sie nicht kennen und dem sie nicht trauen,
- und sie müssen in einem Land leben, das sie nur aus Urlaubsaufenthalten und Erzählungen der Eltern, Großeltern oder Freunde kennen. Das Wenige, was sie über die Türkei wissen, ist für die Mädchen ambivalent und verunsichert sie: einerseits ein schönes Urlaubsland mit Sonne, Strand und Vergnügen, andererseits Rigidität, Tradition und große Sozialkontrolle.

Die Kinder werden tatsächlich in die Türkei gebracht, wenn es große Schwierigkeiten in Deutschland gibt, wie zum Beispiel Straffälligkeit oder das Nichterreichen des gewünschten Bildungsabschlusses. In der Regel werden sie aber wieder nach Deutschland geholt, um nicht das Aufenthaltsrecht zu gefährden. Die Kinder sollen in vielen Fällen für immer in die Türkei gehen, aber wegen mangelnder Möglichkeiten dort werden sie wieder nach Deutschland zurückgebracht.

(6.) Beleidigen, Anschreien, Beschimpfen

Das Beleidigen, Anschreien und Beschimpfen (auch ohne Ohrfeigen und Schläge) sind gängige Erziehungsmittel, um eine Verhaltensänderung zu bewirken. Beleidigungen beziehen sich in den meisten Fällen auf die Männlichkeit beziehungsweise Weiblichkeit, also auf die Ehre. Jugendliche – männliche wie weibliche – müssen spätestens in der Adoleszenz ihre Rollen in der Gesellschaft erlernt und eingenommen haben. Wenn die Kinder sich gegen diese Rollen auflehnen, werden sie als unehrenhaft beleidigt. Mit auf die Ehre abzielenden Beleidigungen wollen die Eltern auf ein vorbildliches Rollenverhalten in der Öffentlichkeit hinwirken.

(7.) Kontaktabbruch (anschweigen, ignorieren, nicht ansprechen beziehungsweise nicht wahrnehmen)

Wenn die oben genannten Maßnahmen nicht greifen, neigen viele Eltern dazu, ihre Kinder anzuschweigen, zu ignorieren, nicht anzusprechen beziehungsweise nicht wahrzunehmen, um ihren Unmut zu demonstrieren. Diese psychologische Variante der Bestrafung ist nicht eine gezielte Maßnahme, sondern resultiert in erster Linie aus der Hilflosigkeit der Eltern. Wenn die traditionellen Maßnahmen nicht greifen und die verbalen Fähigkeiten der Eltern eingeschränkt sind, um ihre Kinder mit Argumenten zu überzeugen, ignorieren die Eltern ihre Kinder, weil sie überfordert sind. Diese unbewusste Bestrafung ist bei Eltern mit geringem Bildungsniveau äußerst populär und wirksam, da die Kinder verunsichert sind und den Dialog – häufig über die Mutter – suchen.

2. Gewalt gegen die Ehepartnerin beziehungsweise weiblichen Familienmitglieder

Wissenschaftlich ist es mittlerweile unbestritten, dass die meisten Individuen, die Gewalt anwenden, selbst Opfer von Gewalt waren beziehungsweise sind. Nach Auswertung der Interviews konnte belegt werden, dass die befragten Männer einerseits selbst in der Erziehung oder in der Peer-group Gewalt erfahren haben. Andererseits – und das ist in diesem Zusammenhang entscheidend – haben sie beobachtet, dass der Vater die Mutter und andere Frauen schlägt beziehungsweise demütigt. Diese beobachtete Gewalt gegenüber den Frauen führt bei den befragten Männern zu der Annahme, dass es legitim und rechtens sei, die eigene Frau beziehungsweise ein anderes weibliches Familienmitglied, wie zum Beispiel die Schwester, zu schlagen. Da darüber hinaus im familiären Kontext dem Mann suggeriert wird, dass er über seine Frau und die jüngeren Geschwister bestimmen darf, schlägt und beschimpft der Mann seine Frau oder die jüngeren Geschwistern unabhängig vom Alter. Demnach spielen also bei den hier interviewten Männern zwei zentrale Faktoren eine Rolle, die zur Ausübung von Gewalt gegenüber den Frauen in der Familie führen. In den folgenden Abschnitten sollen sie näher betrachtet werden.

(1.) Die Männer bestimmen über die Frauen

In der Erziehung haben alle befragten Männer gelernt, dass sie über die Frauen – die Schwestern und die Ehefrau – bestimmen können. Um dies wirksam tun zu können beziehungsweise ihre Frauen zu kontrollieren, ist es für sie eine Selbstverständlichkeit, Gewalt anzuwenden, wenn die Frauen sich nicht normkonform verhalten. Die Art der Gewalt kann je nach Kontext von Ohrfeigen bis zu Faustschlägen oder aber von Beschimpfungen/Beleidigungen bis zur sexuellen Erniedrigung reichen. „Ich hab so gelernt. Der Mann hat das Sagen, ne (…) Das ist halt so, der Mann muss das Sagen haben, weil ich das in unsere Familie so gelernt habe. Mein Vater hat mir das so beigebracht. Wenn du als Mann nicht das Sagen hast, dann bist du doch kein Mann. Du musst stark sein und wissen, was wichtig ist. Das müssen die Türken so machen, das müssen Moslems so machen, das haben wir so gelernt. Alle Türken machen das so." (Ibrahim) Dass die Männer über die Frauen bestimmen, wird bei einigen Interviewpartnern unreflektiert mit den Werten des Islam begründet. Auch bei Ibrahim werden die Begriffe „Islam" und „Türken" im selben Atemzug genannt und miteinander in Verbindung gebracht. Da diese Männer in bestimmten sozialen Submilieus verkehren, sehen sie keine gegensätzlichen Beispiele aus der eigenen Community und projizieren ihre verinnerlichten Einstellungen auf alle Männer, die aus muslimisch geprägten Ländern stammen. Wenn allerdings die Männer explizit danach befragt werden, inwiefern der Islam sie legitimiert, über ihre Frauen zu bestimmen und Gewalt anzuwenden, sind die Antworten spärlich und undifferenziert. „Du musst das machen, das sagt der Koran, ne (…) Ja, wo steht das im Koran? Das weiß ich nicht, ich habe den Koran nicht gelesen. Das hat halt mein Vater gesagt. Der Mann muss das machen, ja, weil der Koran sagt, die Frau muss tun, was der Mann sagt (…) Ich glaube, im Koran steht, der Mann muss die Frau oder die Schwester schlagen, wenn die Frau nicht anständig ist (…) Nein, hab ich nicht gelesen. Das hat mir mein Vater gesagt. Oder mein Onkel und die Freunde haben auch gesagt. Du musst dann halt tun, du musst die Frau schlagen, wenn sie nicht ordentlich ist und so.“ (Mehmet) Nicht nur dieses Interview zeigt, dass der Mann sich auf den Koran beziehungsweise Islam bezieht, wenn es um Geschlechterrollen und legitimierte Gewalt geht, sondern auch die übrigen 14 Interviews. Die Ergebnisse belegen aber auch, dass die meisten nicht wissen, in welcher Form und wo genau die Geschlechterrollen im Koran festgeschrieben sind. Die Männer berufen sich oft auf die allgemein gültigen Annahmen, die sie von ihrem männlichen Umfeld erfahren. Die vorherrschenden patriarchalischen Strukturen werden undifferenziert von männlichen Vorbildern übernommen und auf der Suche nach dem Grund wird der Islam als legitimierende Begründung beziehungsweise Rechtfertigung oft missbraucht.[7]

Bei einigen befragten Männern wird diese Einstellung so weit interpretiert, dass sie im Extremfall auch die eigene Mutter schlagen würden, wenn sie sich in der Öffentlichkeit unehrenhaft verhielte. Diese Einstellung wird aber vom Sohn verinnerlicht, wenn der Vater nicht da ist, beziehungsweise nicht reagieren kann. „Ich würde meine Mutter nie schlagen, meine Mutter ist alles für mich. Wenn jemand meiner Mutter was sagt, dann bringe ich den um (…) Wenn meine Mutter was macht, was Schlimmes, was Unehrenhaftes, dann würde ich unsere Ehre retten. Sagen wir mal, wenn mein Vater nicht da ist oder nicht kann (…) Ich hab schon meine Mutter geschlagen, das musste ich schon machen, weil sie hat mit einem Mann gesprochen. Mein Vater war in Türkei. Und ich habe sie geschlagen, damit sie das nie wieder tut (…) Das hab ich dann mein Vater gesagt. Mein Vater hat sie dann auch geschlagen (…) Mein Vater hat bisschen viel geschlagen. Aber sie hat schon ver-

7 Vgl. dazu „Bezug zum Islam“, S. 167f.

dient. Der Mann muss das schon machen." (Muhamet) Da die Männer sehr stark und selbstverständlich in diese Rolle hineinerzogen werden, ist das Unrechtsbewusstsein in Bezug auf Gewalttätigkeit, auch wenn sie die eigene Mutter betrifft, nicht ausgeprägt. Der Vater erlaubt und erwartet von seinem Sohn sogar, nicht nur Gewalt gegen die Ehefrau und die Geschwister anzuwenden, sondern auch gegen die eigene Mutter, wenn durch deren Verhalten die Familie in der Öffentlichkeit an Ansehen und Macht zu verlieren droht. Die extreme Ausübung der Gewalt und Macht gegenüber den Frauen wird dadurch verstärkt, dass die Männer keinerlei Widerstand in der öffentlichen Wahrnehmung erfahren. Denn Gewaltanwendung und Unterdrückung der „Schwachen" wird vor allem in der türkischen Minderheitsgesellschaft als Privatangelegenheit betrachtet und eine Einmischung von außen als Angriff auf die Ehre des Mannes gewertet.

(2.) Die Frauen sind eine Gefahr für die männliche Ehre:

Eine andere sehr wichtige und tief verankerte Einstellung, die die Gewalt gegen das weibliche Geschlecht aus Sicht der Männer legitimiert, ist die Angst, dass die Frauen immer die Ehre des Mannes beschmutzen beziehungsweise verletzen können. Vor allem bei der Beschreibung der Biografien konnte deutlich aufgezeigt werden, dass alle Männer den Wert der Ehre über das Verhalten ihrer Frauen oder Schwestern definieren. Durch das grundlegende Misstrauen gegenüber den Frauen, sie könnten die Ehre des Mannes beschmutzen, wird Gewalt angewendet, um die Loyalität und den Gehorsam der Frauen zu erzwingen. Die Form der Gewaltanwendung kann von Ohrfeigen und Schlägen bis zu sexuellen Beleidigungen, wie zum Beispiel „orospu" (Nutte) oder „basit kadın" (leichte Frau), reichen. Der Interviewpartner Muhamet geht sogar so weit, dass er seine Frau präventiv in der Hochzeitsnacht ohne Grund schlägt, sexuell beleidigt und vergewaltigt. „Ja wie war die Hochzeitsnacht. Wir waren in Kayseri, im Dorf. Wir haben gefeiert. Dann war in der Nacht Hochzeitsnacht. Dann bin ich in Zimmer rein. Meine Frau war schon im Zimmer (...) Ja, das ist so. Die Frau geht zuerst ins Zimmer und wartet, bis der Mann kommt. Das ist immer so. Die Frau geht zuerst, dann kommt der Mann. Ja, sie saß halt auf dem Bett. Ich bin rein, dann ist sie aufgestanden (...) Ja, sie stand da, sie hat halt den Kopf nach unten gesenkt. Dann habe ich ihr denn Kopf aufgemacht. Sie dachte, ich werde ihr ein Geschenk machen. Dann habe ich ihr halt zwei Watschen gegeben (...) Ja, sie stürzte auf das Bett. Dann hab ich ihr gesagt, ‚orospu, wenn du meine Ehre in Deutschland beschmutzt, bekommst du noch mehr Schläge!' Ja, dann habe ich sie ich auf das Bett geschmissen, ihr Kleid kaputt gemacht und sie gefickt." Die Gewaltanwendung in dieser Form und in diesem Kontext hat Symbolcharakter, weil es üblich ist, dass der Ehemann seiner Frau in der Hochzeitsnacht ein persönliches Geschenk macht. Dieses Geschenk, in Form von Schmuck, wird ausgehändigt, wenn der Mann nach dem traditionellen Brauch in der Hochzeitsnacht „zum ersten Mal" seine Frau sieht. Das Geschenk symbolisiert eine dauerhafte und glückliche Beziehung, zu der der Mann auf diese Weise beiträgt und sie festigt. Mit der Gewaltanwendung in dieser Situation möchte der Interviewpartner bereits im Vorfeld seiner Frau demonstrieren, wer in der Beziehung das Sagen hat und nach wessen Vorstellungen diese Ehe geführt wird. Oftmals werden junge, heiratsfähige Frauen in der Familie als eine „Belastung" betrachtet, weil sie bis zur Ehe ihre Jungfräulichkeit bewahren müssen. Wenn das nicht der Fall ist, ist die Ehre der ganzen Familie, insbesondere die des Vaters beziehungsweise des älteren Bruders, stark beschädigt. Die meisten Väter versuchen, ihre Töchter sehr früh zu verheiraten, damit sie die Verantwortung dem Schwiegersohn übertragen können. Um sich davor zu schützen, dass die Tochter die Ehre der Familie beschädigt, werden die männlichen Familienmitglieder, auch jüngere Brüder, legitimiert, Gewalt anzuwenden. Sobald die Tochter heiratet, übernimmt der Schwiegersohn die Verantwortung für seine Frau und auch für ihre Ehre. Hier demonstriert Muhamet seiner Frau eindrucksvoll, dass er ab sofort über sie bestimmt, das Sagen hat und dass sie ab diesem Zeitpunkt sein Eigentum ist.

Vergewaltigung in der Ehe

Aufgrund der Geschlechter- und Sexualrollen sowie des Werts der Ehre werden die Mädchen und Jungen unterschiedlich sozialisiert. Eine sexuelle Aufklärung in der Familie findet in den seltensten Fällen statt. Es ist durchaus üblich, dass 12- bis 13-jährige Mädchen, wenn sie nicht in der Schule oder über die Medien aufgeklärt wurden, beim Einsetzen der ersten Menstruation vor Angst weinend die Vertrauenslehrerin oder einen Arzt aufsuchen, weil sie glauben, sich verletzt zu haben oder erkrankt zu sein. Während die Mädchen ausnahmslos unerfahren, als Jungfrauen, in die Ehe gehen und vielerorts ihre Jungfräulichkeit anhand von Blutlaken nach außen beweisen müssen, wird von den Männern eine gewisse Erfahrung in Fragen der Sexualität erwartet. Denn ist der Mann nicht erfahren, besteht die Gefahr, dass er in der Hochzeitsnacht seine Männlichkeit nicht unter Beweis stellen kann und er in den Augen seiner Frau an Ansehen und Macht verliert. Dieses Konzept führt dazu, dass die Männer unter Umständen kurz vor der Eheschließung von männlichen Erwachsenen, in der Regel vom Vater oder älteren Bruder, gefragt werden, ob sie bereits sexuelle Erfahrungen mit einer Frau hätten. Verneint der Heiratskandidat dies, wird er meistens zum Besuch eines Bordells begleitet, wie der Interviewpartner Ibrahim erläutert: „Wir waren in der Türkei, alles war vorbereitet, dann kam mein Bruder, hat gefragt, ja ob ich schon eine Frau hatte. Ich hatte schon was mit einem Mädchen gehabt. Aber ich hab das nicht gesagt, ne (…) Ja, dann hat mein Bruder gesagt, okay, komm wir gehen in die Stadt (…) Er hat mir nicht gesagt, was wir in der Stadt machen. Dann waren wir in Puff. Er hat mir gesagt, geh da rein mach das, damit es morgen in der Hochzeitsnacht klappt (…) Ja, ich hab das gemacht. In Puff ist es gut, ne. Die Frauen wissen viel, die wissen, was Männer mögen.“ Diese zwei unterschiedlichen Geschlechter- und Sexualkonzepte, einerseits völlig unerfahrene Frauen, die ihre Unschuld bis zur Hochzeitsnacht aufbewahren und in der Ehe treu bleiben müssen und andererseits Männer, die gegebenenfalls vor der Ehe Erfahrungen bei Prostituierten sammeln müssen, führen dazu, dass die Männer diese Erfahrungen in die Ehe übertragen. Diese Praktiken wollen einige Männer mit der Ehefrau umsetzen und stoßen an ihre Grenzen, weil die Frauen zur Umsetzung nichts beitragen können. Die Sachlage beschreibt der Interviewpartner Hasan folgendermaßen: „Ich gehe immer noch ab und zu in Puff, ne. Oder ich hab schon ab und zu eine deutsche Freundin. Das finde ich schon gut. Das müssen die Männer schon machen. Die Frauen dort können viel. Die wissen schon, was die Männer geil macht (…) Da kann ich schon andere Stellungen ausprobieren. Da wird man geil (…) Ja, diese Sachen probiere ich schon mit meiner Frau. Aber die hat überhaupt keine Ahnung, ne. Ich sage, du sollst so und so machen. Aber die liegt wie ein Holzstück da. Die hat überhaupt keine

Ahnung, ne (…) Oder sie sagt, ich will das nicht machen. Dann sage ich, komm her, ich zeige dir, wie das geht (…) Sie sagt dann nein, aber ich mach das, was ich will. Der Mann muss immer machen, was er will, weißt du.“ Der Gesprächspartner sagt aus, dass es aus seiner Sicht den Männern zustehe, außereheliche sexuelle Beziehungen zu pflegen, was bei Ehefrauen und weiblichen Familienmitgliedern kategorisch abgelehnt und sanktioniert wird. Werden die sexuellen Wünsche seitens der Frau nicht erfüllt, weil sie unter anderem diese speziellen Praktiken nicht kennen, wird die Frau vergewaltigt, wie Hasan mit der Aussage „Sie sagt dann nein, aber ich mach das, was ich will“ beschreibt.
Nicht nur das Konzept der Sexualrollen in der Ehe, verbunden mit den sexuellen Freiheiten des Mannes in Form von Bordellbesuchen, begünstigt und fördert die Vergewaltigung in der Ehe, sondern weitere Kriterien sind nach Sichtung und Auswertung der Interviews entscheidend, die wie folgt zusammengefasst werden können:

Die ehelichen Verpflichtungen und das Sich-Zieren einer Frau

Mit ehelichen Verpflichtungen der Frauen umschreiben die befragten Männer „das Führen des Haushaltes“, „die Kindererziehung“ und „die sexuelle Befriedigung des Mannes“. Die ersten zwei Aussagen der Männer können hier vernachlässigt werden, weil es in diesem Kapitel um die Sexualität geht. Bereits in der Aussage wird festgelegt, dass es in der Sexualität nicht um die partnerschaftliche und gleichberechtigte Umsetzung des Liebesaktes geht, sondern allein um die Bedürfnisse des Mannes.[8] Weigert sich die Frau, mit ihrem Mann zu schlafen, verhält sie sich entgegen der ihr zugeschriebenen Rolle und er „darf“ trotzdem mit ihr schlafen, was als Vergewaltigung gewertet werden muss. Im Extremfall äußern die Männer den Wunsch, dass die Frauen Widerstand zeigen sollen, damit eine Vergewaltigung erfolgen kann, die aber von Männern nicht als Vergewaltigung, sondern als „Action“, „Spannung“ oder aber „Anmache“ bezeichnet wird. „Ja, was mach ich, wenn meine Frau nicht will. Sie darf nicht. Sie ist meine Frau, wenn ich mit ihr ficken will, muss sie das (…) Ja, wenn sie das doch nicht will,

8 Vgl. dazu auch das Kapitel „Motive für eine Eheschließung“.

ist es manchmal ganz gut, ne. Dann ist da mehr Action, dann werde ich auch handgreiflich, ich gebe ihr paar Ohrfeigen. Danach geht das schon. Frauen wollen das schon, aber die wollen nur die Männer ärgern. Die müssen immer nein sagen. Das ist bei den Frauen immer so. Das wissen Sie doch, bei Frauen ist es so. Sie sagen immer nein, ne. Sonst haben sie keine Ehre. Wenn sie sofort ja sagt, dann hat sie doch keine Ehre." (Hakan) Nicht nur im Kontext des Geschlechtsaktes wird das „Nein" nicht als „Nein" gewertet, sondern als das Sich-Zieren einer Frau, die sich so verhalten muss. In bestimmten Zusammenhängen gehört es zum Konzept der Weiblichkeit, dass sich eine Frau zieren muss, wie zum Beispiel bei der Brautwerbung im bäuerlichen Kontext oder bei einer Einladung zum Essen im städtischen Kontext. Sagt eine Frau sofort „Ja", ohne dass sie hofiert wurde, wird diese Frau als „leicht" und „unehrenhaft" bezeichnet. Auch beim Flirten wird von einer türkischen Frau erwartet, dass sie sich ziert und grundsätzlich zu Beginn „Nein" sagt, damit sie umworben wird. Dieses Konzept wird, wie von Hakan erläutert, auf den Geschlechtsakt übertragen, und das „Nein" wird als Sich-Zieren einer Frau gedeutet und nicht als „Nein" anerkannt. Der Widerstand wird dann mit einem Machtwort beziehungsweise Machtakt, hier Vergewaltigung, beendet, weil es den Männern zusteht, über die Frau zu bestimmen, wie es im Kontext von „Gewalt gegen die Ehepartnerin beziehungsweise weiblichen Familienmitglieder" erläutert wurde.

Liebesbeweise

In konservativen Kreisen und in bäuerlich geprägten Familien ist es unzulässig, seine Zuneigung zur Ehefrau öffentlich durch Zärtlichkeiten (z.B. in die Arme nehmen, Küssen oder kleine körperliche Berührungen) zu zeigen. Diese Vorschrift wird noch strenger befolgt, wenn der Vater, der Großvater oder andere Familienmitglieder anwesend sind. Die meisten Paare wohnen am Anfang ihrer Ehe bei den Eltern des Mannes und das Bedürfnis, mit der Partnerin allein zu sein, ist in dieser Phase sehr ausgeprägt. Die Sexualität in Form von Liebesbeweisen muss solange verdrängt beziehungsweise verschoben werden, bis das Paar alleine ist. Liebesbeweis heißt für die Männer der Vollzug des Geschlechtsakts. Das Offenbaren von Zuneigung in Form von

Zärtlichkeiten ist in der Öffentlichkeit nicht nur unerwünscht, sondern wird als unmännlich bewertet und abgelehnt. „Ja, es ist so. Wenn meine Eltern da sind, dann berühre ich meine Frau nicht. Das ist unhöflich und unehrenhaft. Das ist eine private Sache zwischen mir und meiner Frau, die in das Schlafzimmer gehört. Ich habe das so von meinen Eltern gelernt (…) Es ist natürlich immer schwer, das umzusetzen, weil man auch aus Versehen nicht seine Frau berühren kann (…) Aber wenn ich mit meiner Frau alleine bin, dann will ich schon immer mit meiner Frau schlafen, weil ich immer so lange darauf warten muss. Das sehe ich als Beweis, dass ich sie liebe. Sonst kann ich das ihr ja nicht zeigen (…) Wenn ich mit meiner Frau schlafe, heißt das ja, dass ich sie liebe. Sonst würde ich nicht mit ihr schlafen (…) Sie muss das wollen, ne. Ich sage dann, dass sie das machen muss. Wenn sie nicht machen würde, dann würde ich trotzdem mit ihr schlafen, um ihr zu zeigen, dass ich das will." (Yüksel) Hier wird deutlich, dass der einzige Liebesbeweis aus Sicht der Männer der Geschlechtsakt ist. Unberührt davon bleibt die Vergewaltigung, weil wieder das Unrechtsbewusstsein in Sexualrollen und die Wünsche und Bedürfnisse der Frau nicht berücksichtigt werden. Dieser Geschlechtsverkehr wird von Männern nicht als Vergewaltigung wahrgenommen.

Das Verhalten der Frauen

Ein weiterer Umstand, der die Vergewaltigung in der Ehe begünstigt, ist das Verhalten der Frau beim Geschlechtsakt. Unabhängig von der oben beschriebenen Situation des Sich-Zierens schätzen die Männer das Verhalten der Frauen falsch ein, weil die Frauen nicht immer explizit aussprechen oder aussprechen können, was sie wünschen. Einerseits werden die Mädchen dahingehend erzogen, dass es in allen Belangen unerwünscht und zu unterlassen ist, dem Mann zu widersprechen. Andererseits teilen einige Frauen die Auffassung, dass es dem Mann zusteht, sich in diesem Kontext so zu verhalten. Es ist durchaus üblich, dass die Frauen eine Vergewaltigung nicht als solche deuten, sondern als Befriedigung des männlichen Triebs, der gerechtfertigt ist. Eines ist allerdings gewiss: Egal, wie die Frau sich verhält, sie macht Fehler, weil sie aufgrund ihrer Erziehung eine ambivalente Rolle einnimmt. Denn weigert sie sich, den Geschlechtsakt zu vollziehen, wird sie von ihrem

Mann möglicherweise geschlagen und getreten, weil der Mann die Ablehnung als an seine Potenz gerichtete Kränkung und Demütigung auslegt. Äußert sie aber eigene sexuelle Wünsche und Bedürfnisse, wird sie ebenfalls bestraft, beleidigt und vergewaltigt. Denn die Frau darf in dieser Frage keine Wünsche haben, weil es beim Geschlechtsakt primär um die Befriedigung und Triebe des Mannes geht. Dazu bezieht Muhamet Stellung: „Ja, ich meine, was hat das mit der Frau zu tun. Es geht doch um den Mann, ne. Die Frau muss doch da sein, wenn der Mann etwas will (…) Meine Frau hat keine Wünsche, wenn wir im Bett sind. Ich weiß, was zu tun ist (…) Einmal hat sie gesagt, das will sie nicht, ne, das tut weh, ich soll sie doch streichen. Dann hab ich sie geschlagen. Warum soll ich sie streichen. Soll sie auch noch Lust haben, oder so. Warum soll ich sie streichen, ich bin doch kein Schwuchtel (…) Ja, dann habe ich weiter gemacht (…) Ja, wie? Das was ein Mann machen muss."

Ehre als Doppelmoral beziehungsweise Mord im Namen der Ehre

Um die Dopplermoral der Ehre vollständig verstehen zu können, muss man zunächst definieren, was sich hinter dem Begriff „Ehre" verbirgt.

Das Konzept der Ehre

Ehre beinhaltet drei voneinander untrennbare Werte. Indem diese – *şeref, namus,* und *saygı* – definiert und erläutert werden, kann der komplexe türkische Ehrbegriff besser verstanden werden.

Begriffserklärung

Şeref = Ansehen: Ein Interviewpartner von Pfluger-Schindbeck (1989) definiert „şeref" folgendermaßen:

> „(…) wenn ein Mann, ein Mensch, gegenüber seinen Mitmenschen, gegenüber seiner Umgebung gute Dienste leistet, zum Beispiel ihnen hilft, ihnen in Notzeiten zur Seite steht, so erhöht sich das Ansehen dieses

> Mannes. Solch ehrbare Männer werden şerefli kişiler (Männer mit Ehre, Ansehen) genannt (…) Daneben gibt es Menschen, die das Eigentum der anderen Menschen nicht achten, deren namus verletzen, lügen, stehlen und schlecht über sie sprechen. Man nennt diese şerefsiz insanlar (Menschen ohne Ehre, Ansehen)" (Pfluger-Schindlbeck, 1989, 47f.).

Der Interviewpartner spricht hier zwar vom „şeref" (Ansehen) des Mannes, aber in einer anderen Passage betont er, dass „şeref" auch die gleiche Bedeutung für die Frau hat: „(…) es gibt bei Männern solche mit şeref, bei Frauen solche mit şeref und bei beiden solche ohne şeref, das heißt, diese Vergehen werden von Männern und Frauen begangen" (ebd.).
Wie aus der Definition hervorgeht, kann sich der Wert von „şeref" durch gute Taten erhöhen und durch schlechte Taten verringern. Männer und Frauen haben gleichermaßen „şeref" und dieses steht in Verbindung zu „namus". Zusammenfassend kann gesagt werden, dass „şeref" und auch „namus", mühsam durch gute Taten erarbeitet werden müssen.

Namus = Ehre: Werner Schiffauer (1983) unterteilt „namus" in zwei verschiedene Bereiche, innen und außen:

> „Dem Wert der Ehre (namus) unterliegt die Vorstellung einer klaren Grenze, die innen, den Bereich der Familie, vom außen, der – männlichen – Öffentlichkeit des Dorfes oder der Stadt, scheidet. Die Ehre eines Mannes ist beschmutzt, wenn diese Grenze überschritten wird, wenn jemand von außen einen Angehörigen der Familie, womöglich eine der Frauen, belästigt oder angreift. Als ehrlos (namussuz) gilt der Mann, der dann nicht bedingungslos und entscheidend den Angehörigen verteidigt" (Schiffauer, 1983, 65f.).

Ehre (namus) regelt nicht nur die Beziehung nach innen und außen, sondern sie bestimmt auch das Verhältnis zwischen Mann und Frau. Wenn von „namus" gesprochen wird, bedeutet sie für Mann und Frau Unterschiedliches. „Namus" bedeutet für die Frau, dass sie bis zur Ehe ihre Jungfräulichkeit bewahrt und während der Ehe treu bleibt. Die „namus" eines Mannes hängt in erster Linie vom Verhalten seiner Frau ab. Ehre im Sinne von „namus" impliziert, dass die Männer die Sexualität ihrer Frauen (= Ehefrauen, Töchter und Schwestern) kontrollieren und ihre Kontrolle sozial anerkannt und gerechtfertigt ist. Pfluger-Schindlbeck beschreibt diese Beziehung folgendermaßen: „Von der Frau verlangt die namus korrekte Bekleidung, korrektes Verhalten im Umgang mit

fremden Männern, keine vor- oder außereheliche Beziehungen usw. Handelt sie dem zuwider, so muß der Mann, um seine eigene Ehre wieder herzustellen, sie im äußersten Fall verstoßen"(Pfluger-Schindlbeck, 1989, 63f.).
Ein Mann kann seine Ehre auch aus eigenem Verschulden verlieren, indem er, obwohl er Frau und Kinder hat, nach anderen (verheirateten) Frauen schaut.
In der türkischen Gesellschaft ist das Urteil von Verwandten, Bekannten oder Nachbarn von großer Wichtigkeit, deshalb wäre der Ehrbegriff unvollständig definiert, bliebe das Verhältnis zwischen Familie und sozialem Umfeld unberücksichtigt:

> „Die wesentliche Bedeutung für die Familienehre hat gerade nicht die innere Einstellung und Selbstbestätigung der einzelnen Familienmitglieder, sondern das von außen, das heißt von der sozialen Umwelt wahrgenommene Erscheinungsbild. Konsequenz dieser Priorität ist, daß nicht der Grad der Verinnerlichung gesellschaftlicher Normen, die persönliche Einstellung zählt, die sich ja kaum kontrollieren läßt, sondern allein die Handlung. Die Bewahrung der Regeln wird von der Dorfgemeinschaft oder, in Großstädten (auch in Deutschland), der Nachbarschaft kontrolliert und muß folglich kontrollierbar sein" (Özkara, 1988, 29f.).

Saygı = Respekt, Achtung: Ein anderer wichtiger Begriff für die Ehre ist Achtung (*s*aygı). In der Familienhierarchie werden ältere Brüder mit „ağabey" (großer Bruder) und ältere Schwester mit „abla" (große Schwester) angesprochen. Die Ausführungen von Schiffauer (1983) bekräftigen diesen Sachverhalt:

> „Der Sohn schuldet dem Vater, die Frau dem Mann, der jüngere Bruder dem älteren Achtung. Sie kann ganz unterschiedlich bekundet werden: Der Höherstehende darf nicht mit dem Vornamen angesprochen, ihm darf nicht widersprochen werden, in der Öffentlichkeit muß man in seiner Gegenwart schweigen, man darf nicht in seiner Gegenwart rauchen oder trinken" (Schiffauer, 1983, 67f.).

Die Verwandten dürfen nicht nur mit dem Vornamen angesprochen werden, sondern mit Onkel, Tante oder großer Bruder. Diese Anreden werden in der Regel auch für ältere, fremde, nicht der Familie angehörende Personen verwendet.
Wie oben erwähnt, gibt es Unterschiede zwischen der Ehre (namus) der Frau und der Ehre des Mannes. Wie diese Unterschiede ausgelegt werden, soll kurz geschildert werden.

Die Ehre des Mannes

Bei der Definition wurde klar, dass die Ehre die Beziehung zwischen Mann und Frau sowie die Grenzen nach innen und außen klärt. Ein Mann gilt als ehrlos, wenn seine Frau beleidigt oder belästigt wird und er nicht extrem und empfindlich reagiert. Derjenige Mann gilt als ehrenhaft, der seine Frau verteidigen kann, Stärke und Selbstbewusstsein zeigt und die äußere Sicherheit seiner Familie garantierende Fähigkeiten besitzt. Eine Frau, die einen Ehebruch begeht, befleckt damit nicht nur die eigene Ehre, sondern auch die ihres Gatten, weil der Mann nicht Manns genug war, sie davon abzuhalten: „(...) ein Mann, der seine Frau nicht vom Ehebruch abhalten kann, gilt als schwach und unmännlich, er wird übervorteilt und gerät wesentlich häufiger in Auseinandersetzungen als andere Männer“ (ebd., 33f.). Es geht in erster Linie immer darum, die Frauen nach außen hin zu schützen: „(…) die Wahrung ihrer Ehre ist nicht Sache der Frauen alleine, sondern die männlichen Familienangehörigen haben die Aufgabe, Ehrverletzungen ihrer Mutter, ihrer Frau, ihrer Schwestern und Töchter zu ahnden“ (Özkara, 1988, 28f.).
Ein (ehrenhafter) Mann steht zu seinem Wort. Diese These bekräftigt ein Sprichwort aus dem Türkischen („erkek adam sözünü tutar“ = „ein Mann hält sein Wort“). Er muss klar und offen zu seinem Wort stehen, und er darf niemals mit „vielleicht“ oder „kann sein“ ausweichen, weil diese Antwort nur von einer Frau zu erwarten ist. Darüber hinaus muss ein ehrenhafter Mann willens und in der Lage sein zu kämpfen, wenn er hierzu herausgefordert wird. Die Eigenschaften eines ehrenhaften Mannes sind Virilität, Stärke und Härte. Er muss in der Lage sein, auf jede Herausforderung und Beleidigung, die seine Ehre betrifft, zu reagieren und darf sich nicht versöhnlich zeigen.
Der Mann muss in der Lage sein, das Geheimnis seines Hauses und seiner Intimität zu wahren. Mit Intimität ist die Ehefrau gemeint, die niemals mit Namen, sondern immer indirekt oder mit Hilfe von Umschreibungen genannt wird, wie „hanım“ (Frau), „çocukların anası“ (Mutter meiner Kinder). Im Haus wendet sich der Mann niemals direkt an die Frauen noch zeigt er etwa Zuneigung und Zärtlichkeit. Wenn im Haus auch der Vater oder der ältere Bruder wohnt, ist dieses Postulat noch strenger. Der Mann ignoriert seine Frau regelrecht. Bourdieu begründet dieses Verhalten des Mannes damit, dass der Anstand dem Mann verbietet, seine Frau zu erwähnen, da die Frau zu den Dingen ge-

hört, derer er sich schämt, von denen er nicht spricht, ohne sich zu entschuldigen. Bourdieu weiter: „(…) weil die Frau für den Mann von allen Dingen das heiligste ist, wie die üblichen Ausdrücke, die in Schwüren gebraucht werden, es bezeugen: ‚Meine Frau möge mir unerlaubt sein'" (ebd., Bourdieu, 1976, 39f.).
Alles, was zur Natur gehört, der Körper und alle organischen Funktionen, das Gefühl und die Affekte, gehören auch zur Intimität, und die Ehre gebietet, all diese Intimitäten zu verschleiern (vgl. ebd.). Diese von Bourdieu beschriebenen strengen Vorstellungen existieren im ländlichen Gebiet sicherlich auch heute, aber in einer modernen Kernfamilie in der Stadt gelten sie wohl verbreitet als überholt.

Die Ehre der Frau

Schiffauer (1983) und Petersen (1985) führen über die Ehre der Frau das Folgende aus: Die Ehre einer Frau wird darin gesehen, dass sie bis zur Ehe sexuell rein geblieben ist. Wenn eine Frau heiratet, muss sie als Jungfrau in die Ehe gehen und ihrem Mann in der Ehe treu bleiben. Schon ein geringer Verstoß gegen diese sexuellen Normen genügt, um ein Mädchen oder eine Frau in Verruf zu bringen. Die Ehrenhaftigkeit der Frau wird auch darin gesehen, dass sie eine schamhafte Frau ist. Eine Frau ist schamhaft, „(…) wenn sie ihr Haar vor Männern bedeckt hält, vor ihnen ihre körperlichen Funktionen zu verbergen weiß und sich allgemein schüchtern und scheu gegenüber Männern verhält" (Petersen, 1985, 11f.). Das Verhalten einer ehrenhaften Frau wird von der *Gesellschaft* bis ins Einzelne festgelegt. Eine anständige, ehrenhafte Frau darf nicht mit fremden Männern sprechen; sie darf auch nicht alleine spazieren gehen oder ohne Erlaubnis des Mannes das Haus verlassen; sie muss die Kleidervorschriften beachten, Arme, Beine und die Haare bedeckt halten, und sie soll in der Öffentlichkeit nicht schreien und laut sprechen (vgl. Schiffauer, 1983, 75f.). Auf die Jungfräulichkeit der Frau wird in der Provinz und in der Großstadt gleichermaßen Wert gelegt. Die Ausführungen von Schiffauer beziehen sich grundsätzlich nur auf die traditionellen Wertvorstellungen, die er in den Dörfern beobachtet hat. Diese können nicht ohne Abstriche auf die Stadt übertragen werden, denn sehr viele Frauen in den Großstädten bewegen sich ziemlich frei, sind selbstbewusster, tragen kein Kopftuch, sondern moderne

Kleidung und haben durchaus auch vor der Ehe sexuellen Kontakt zu Männern. Anhand von drei Verhaltensmustern erweist sich eine Frau als ehrenhaft, welche – so zeigt das Folgende – bei den Großstadtfrauen nur noch ansatzweise zu erwarten sind.

Die Bedeutung der Haare: Es ist allgemein bekannt, dass eine traditionell erzogene türkische Frau – vor allem im ländlichen Kontext – den Kopf bedeckt halten muss, das heißt, kein einziges Haar darf zu sehen sein.[9] Nach der Hochzeit, die auch einen neuen sozialen Status der Frau bedeutet, darf ein „Pony" aus dem Kopftuch herausschauen. Noch ein weiteres Mal kann über das Haar eine Statusveränderung ausgedrückt werden, nämlich nach der Menopause: Dann tragen die Frauen ihre Haare offen, oder sie färben ihre weiß gewordenen Haare mit Henna (vgl. Petersen, 1985, 13f.). Petersen begründet die strenge Vorschrift der Bedeckung damit, dass offen getragene Haare die Männer sexuell erregen und dass die Frauen ihre sexuellen Wünsche offen legen. „(…) hier korreliert die gelockerte beziehungsweise in ihr Gegenteil verkehrte Regel, das Haar immer verborgen zu halten, mit der angenommenen Veränderung der sexuellen Wünsche der Frauen. Alte Frauen (…) können ihr Haar durch Rotfärbung sogar betonen (…) unverheiratete Mädchen – wenn auch indirekt – versuchen, die Aufmerksamkeit von Männern zu erregen, indem sie zum Beispiel das Kopftuch locker tragen." (ebd.)
Zur ehrenhaften und anständigen Frau gehört auch, dass die Achsel- und Schamhaare rasiert werden; dies gilt auch für die Männer. Man sei dadurch sauber – „temiz" – und, so Petersen, durch das Rasieren der Schamhaare werde das Geschlecht eindeutiger: „Es gibt nichts, das es versteckt. Beseitigt wird, was beiden Geschlechtern gemein ist – der Unterschied wird so hervorgehoben. Durch die Entfernung des Zweideutigen, Ambivalenten wird das Geschlecht sauber, klar, rein" (ebd., 14f.).

Die Bedeckung des Körpers: Nach islamischem Brauch muss der Körper einer Frau so bedeckt werden, dass die körperlichen Attribute nicht eindeutig zu erkennen sind. Außer den Händen und dem Gesicht ist der ganze Körper von der Kleidung bedeckt. Die Mädchen müssen

9 Siehe ausführlich zur Geschichte der Verschleierung der Frau im Islam: Knieps, 1993.

schon mit drei bis vier Jahren lernen, auf ihre Kleidung zu achten. Spätestens im Alter von elf bis zwölf Jahren (Pubertät) müssen sie ein Kopftuch tragen, und das Haar darf darunter nie offen getragen werden (vgl. ebd., 12ff.). Diese Vorschriften werden im ländlich-dörflichen Kontext noch befolgt, während die jungen Frauen in den Großstädten wie zum Beispiel Ankara, Istanbul und Izmir sehr modern angezogen sind und selten ein Kopftuch tragen. Insgesamt ist die Handhabung der Kleidervorschriften in der Türkei weniger streng als in den arabischen Ländern, besonders den jungen Frauen im heiratsfähigen Alter wird modische Kleidung zugestanden.

Schamhaftigkeit in Sprache und Gestik: In männlich dominierten Gruppen sprechen die Frauen leiser als sonst; sie rufen nicht laut, wenn Männer in unmittelbarer Nähe sind. Männer und Frauen tanzen bei Festen in getrennten Räumen und Gruppen. Diese Verhaltensweisen finden sich ebenfalls am häufigsten in ländlichen Gebieten. Wenn eine Frau und ein Mann sich in der Öffentlichkeit treffen, senken beide ihre Blicke und grüßen sich nicht, auch wenn sie sich kennen. Kreuzen sich die Wege eines Mannes und einer Frau, so lässt die Frau den Mann passieren.
Mit zunehmendem Alter lockern sich die Anforderungen an die Schamhaftigkeit der Frauen. Frauen ergreifen in Anwesenheit vieler Männer das Wort, schreien laut und tragen das Kopftuch sehr locker oder überhaupt nicht. Ohne als unehrenhaft zu gelten, widersprechen die Frauen Männern und machen obszöne Scherze.

Wie aber die Auszüge aus der Theorie und die Schilderungen der Interviewpartner bereits zeigen, wird die Ehre für die Geschlechter unterschiedlich gewichtet. Die Ehre des Mannes wird in erster Linie über das Verhalten der weiblichen Verwandten und Ehefrauen definiert. Während das Fehlverhalten des Mannes als ein Ausrutscher oder als ausgeprägte Männlichkeit (z.B. bei Untreue in der Ehe) schnell verziehen wird, ist ein Fehlverhalten der Frau mit unnachgiebiger und rigider Sanktionierung durch die Männer verbunden. Dazu die Schilderung von Yüksel: „Ich meine, Ehre ist für den Mann was anderes als für die Frau. Das ist in der Familie, in der türkischen Gesellschaft so festgelegt (...) Ja, wie ich das genau meine? Ich meine, wenn meine Frau mit einem Mann gesehen wird, der nicht ein Familienmitglied ist, dann gibt es Probleme, dann sagen die Leute, die hat keine Ehre, ist verheiratet und treibt sich mit anderen Männern rum. Da muss der Mann schon handeln. Das muss er auch, er muss seine Ehre schützen, damit er nicht geschwächt ist. Aber wenn ein Mann mit einer Frau gesehen wird, auch wenn sie nicht von der Familie ist, das ist auch nicht gut, ne. Weil verheirate Männer sollen auch treu sein und so. Aber die Leute sagen, es ist nicht so schlimm, er ist ein Mann. Ein Mann braucht vielleicht Abwechslung, er zeigt seine Männlichkeit und so. Bei der Frau ist das aber nicht so." Hier zeigt sich, dass das Konzept der Ehre im Grunde für beide Geschlechter gleiche Maßstäbe setzt, den Männern aber doch sehr viele Freiheiten gibt, die nicht gerechtfertigt sind. Denn bei der Ehre wird lediglich ein Teilbereich der Ehre, nämlich das Verhalten der Frau in der Öffentlichkeit, berücksichtigt. Dass ein Mann mit Ansehen (şeref) seiner Familie gegenüber treu bleibt, nicht lügt, den Menschen in seinem Umfeld hilft und ehrlich bleibt, wird ausgeblendet. Die Doppelmoral der Ehre – obwohl das Fehlverhalten des Mannes zentral ist, wird es der Frau zugeschrieben – soll anhand eines Extrembeispiels in Form eines Exkurses konkretisiert werden.

Exkurs: die Doppelmoral der Ehre: Was in der Biografie von Osman kurz angedeutet wurde, dass er seine Schwester wegen der Ehrverletzung umbringen wollte, soll hier analysierend dargelegt werden. Als Osman 17 Jahre alt ist, wird er von seinem Vater und dem älteren Bruder beauftragt, seine „Lieblingsschwester" umzubringen. Zwei wichtige Gründe legitimieren diesen extremen Schritt aus ihrer Sicht:

1. In konservativ-patriarchalischen Familienstrukturen steht es der Frau nicht zu, ihren Mann zu verlassen. Die traditionelle Rolle der Frau besteht darin, das Funktionieren der Familie, unabhängig von ihren Bedingungen, sicherzustellen.

2. Wird aber die Ehe trotzdem geschieden, weil der Mann seine Frau verlässt oder die Frau keine andere Wahl hat, muss die Frau wieder zu ihren Eltern zurückkehren. Denn einer Frau wird nur im Rahmen einer Eheschließung erlaubt, das Elternhaus zu verlassen.

Die Schwester von Osman widersetzt sich diesen Vorschriften, indem sie ihren Mann verlässt und selbständig in München wohnt und arbeitet, statt zu ihren Eltern nach Freising zurückzugehen. Für die männlichen Familienmitglieder sind nicht die Motive der Scheidung von Bedeutung, sondern die Scheidung als Akt, der von der Frau voll-

zogen wird. Osman äußert sich zu diesem Punkt sehr präzise: „Es kam raus, dass meine Schwester Schluss gemacht hat. Also, ich meine, sie wollte sich scheiden lassen. Bei uns, bei meinem Vater, war die Hölle los. Alle haben gesagt, wie kann sie ihren Mann verlassen oder so. Es hat überhaupt niemanden interessiert, niemand wollte wissen, warum sie Schluss gemacht hat (…) Sie haben nur gesagt, die hat den armen Mann verlassen, der muss jetzt in die Türkei und so. Die haben über meine Schwester geschimpft (…) Meine Mutter hat nicht viel gesagt, aber sie war gleiche Meinung. Ich war auch damals dieser Meinung."
Bei jemandem, der nicht aus den Ländern der EU stammt und der sich wegen einer Familienzusammenführung in Deutschland befindet, gab es bis Ende der 1990er-Jahre eine Vorschrift, derzufolge die Ehe mindestens vier Jahre Bestand haben muss, damit er/sie eine eigenständige Aufenthaltsgenehmigung bekommt. Wurde die Ehe vor Ablauf dieser Frist geschieden, so muss, wie im Falle von Osmans Schwager, der nachgezogene Ehepartner das Land verlassen, denn die Aufenthaltsgenehmigung erlischt bei einer vorzeitigen Auflösung der Ehe. Die Eltern beziehen sich lediglich auf den Mann, der „leider" das Land verlassen muss, weil die Ehe nicht mehr existiert. Die Beweggründe und Motive der Tochter werden nicht berücksichtigt.
Auf die Frage, warum sein Schwager seine Ehre nicht selbst geschützt habe, gibt Osman die folgende Antwort. „Er konnte ja nicht. Meine Schwester hat ihn angezeigt (…) Ja, weil er immer meine Schwester geschlagen hat. Er war in Knast wegen gefährlicher Körperverletzung, Nötigung und so. Ja, dann wurde er sofort in Türkei abgeschoben. Er konnte seine Ehre gar nicht schützen." Da der Ehemann aufgrund der Inhaftierung seine Ehre nicht wiederherstellen kann, sieht sich die Familie in der Pflicht, die Verletzung der Familienehre zu ahnden. Das Hauptmotiv für den Beschluss, die Schwester umzubringen, liegt in deren freizügigem Lebensstil nach der Scheidung. Sie arbeitet und lebt alleine in München und hat männliche Bekanntschaften, die nicht in eine Ehe münden. Dieses Verhalten der Schwester bringt die Familie in der Öffentlichkeit in Erklärungsnot, da es mit der traditionell-ehrenhaften Rolle einer Frau nicht kompatibel ist. Warum ausgerechnet Osman den Mordanschlag ausführen muss, schildert er wie folgt. „Irgendwann stand fest, dass man was machen muss. Wir mussten auf alle Fälle unsere Familienehre schützen. Ganz Freising hat über uns gesprochen. Alle haben über uns schlecht geredet. ‚Das Mädchen der

Familie lebt in München, hat viele Freunde, geht halb nackt auf die Straße und keiner macht was.' Die Leute haben nicht mehr mit uns geredet, weil meine Schwester unehrenhaft ist. Dann war mein Onkel da, der kam aus Stuttgart, hat mit meinem Vater gesprochen. Die Freunde von meinem Vater haben gesagt, man muss was tun, die Ehre sauber machen und so (...) Dann haben viele gesagt, ich soll das machen, ich bin jung. Und ich wollte schon machen, ich hab mein Schwester schon gemocht, sie hat Scheiße gemacht. Ich hab damals so gedacht, weißt du." Eine genaue Analyse des gesamten Interviews zeigt chronologisch alle Schritte, die zu dem Beschluss führen, einen Mordanschlag im Namen der Ehre auf die Schwester zu verüben:

- Die junge Frau verlässt den Ehemann und bricht mit ihrer Familie, indem sie nicht ins Elternhaus zurückkehrt, sondern in einer Großstadt selbständig lebt.
- Dieses Verhalten der Tochter wird in der Öffentlichkeit ausnahmslos abgelehnt, aber intern zunächst geduldet. Um Härte, Unnachgiebigkeit und Kompromisslosigkeit zu demonstrieren, verstößt der Vater öffentlich seine Tochter. Er verbietet allen Familienmitgliedern den persönlichen und telefonischen Kontakt zu ihr.
- Durch den Verstoß der Tochter erwirbt der Vater in der Öffentlichkeit Ansehen und Respekt, weil dieser Schritt seine Stärke demonstriert und das Fehlverhalten der Tochter missbilligt.
- Durch Wahrheiten und Halbwahrheiten wird dem Vater und anderen Familienmitgliedern hinterbracht, welchen Lebensstil die Tochter in der Großstadt vermeintlich pflegt. Dabei wird nicht überprüft, ob die Gerüchte stimmen, sondern der Umstand, dass diese Gerüchte existieren und die Familie öffentlich gebrandmarkt wird, ist entscheidend.
- Der Vater gerät von allen Seiten unter Druck, weil das Verstoßen der Tochter ihn nicht von weiteren Maßnahmen entbindet, wenn krasses und dauerhaftes Fehlverhalten weiterhin publik wird.
- Andere Familienmitglieder und enge Verwandte beraten, was für eine Maßnahme ergriffen werden muss, um die Familienehre wiederherstellen zu können sowie den Gerüchten ein Ende zu bereiten. In dieser Runde wird der Vater unter Druck gesetzt, damit er „ad-

äquat" reagiert, in diesem Falle mit der geplanten Ermordung der Tochter.

- Ein solcher Beschluss wird häufig auf die minderjährigen (männlichen) Familienmitglieder übertragen, weil bekannt ist, dass das deutsche Strafrecht für Jugendliche „lediglich" eine Höchststrafe von zehn Jahren vorsieht. Welches männliche Familienmitglied den Anschlag verübt ist unerheblich, entscheidend ist, dass die Familie reagiert und der Schaden beziehungsweise die Strafe, die der Täter auf sich nimmt, so gering wie möglich ist.
- Der Minderjährige, in diesem Falle Osman, wird von allen Seiten unter Druck gesetzt. Ihm wird suggeriert, dass er als Märtyrer der Familie in die Geschichte eingehen wird, wenn er sich für die Familie aufopfert. Bei Osman wird allerdings noch mit einem weiteren Tatbestand argumentiert, nämlich mit der Liebe und dem Vertrauen zu seiner Schwester, die durch ihr Verhalten gestört sind und nur mit rigider und entschlossener Ahndung wiederhergestellt werden können.

Osman bleibt keinerlei Spielraum für eine eigene Entscheidung, sondern der Beschluss wird vom Kollektiv gefasst. Wenn er sich weigert, schadet er nicht nur sich selbst, sondern ein weiteres Mal seinem Vater. Denn erneut würde er seinen Vater als unfähig entlarven dafür zu sorgen, dass seine Kinder sich Erwachsenen und Erziehungsberechtigten gegenüber loyal und gehorsam verhalten. Die Relation zwischen dem Fehlverhalten und dem Strafmaß wird nur mit dem aktuellen Verhalten der Tochter (uneheliche sexuelle Beziehungen zu Männern) begründet, was den Mordanschlag rechtfertigt.
Um die Ehre der Familie wiederherzustellen, reist Osman im Jahre 1994 kurz vor seinem 18. Geburtstag mit einem Messer nach München und passt seine Schwester vor ihrer Haustür ab. Als er auf sie einzustechen versucht, stolpert er und trifft die Schwester am Oberschenkel, worauf beide zu Boden stürzen. Die Schwester fängt sich schnell und schreit um Hilfe. Daraufhin läuft Osman weg. Zwei Stunden nach dem Attentat wird Osman in der Nähe von Freising verhaftet und bleibt bis zu seiner Verhandlung ein halbes Jahr in Untersuchungshaft. Aus einem Auszug des Interviews wird allerdings deutlich, dass er nicht ernsthaft beabsichtigt hat, seine Schwester umzubringen. „Ich war am Morgen in München. Wir wussten, wann sie in die Arbeit geht und

wann sie von der Arbeit kommt. Morgen war besser, weil auf der Straße nicht viel los war als am Abend (…) Dann stand ich vor dem Haus. Ich war schon aufgeregt. Das ist ja meine Lieblingsschwester, sie hat für mich gesorgt, sie war wie eine Mutter für mich. Aber, ich habe gedacht, wenn du das nicht machst, dann ist die Ehre nicht mehr in Ordnung. Mein Vater hat dann Probleme, seine Kinder haben keine Ehre. Auch sein Sohn hört nicht auf ihn. Ich bin dann zu ihr, ich war sehr langsam. Dann habe ich mein Messer raus gezogen. In dem Moment hat sie sich umgedreht, ich habe voll Angst bekommen. Also keine Angst, sondern, ich habe gedacht, wie kannst du jetzt deine Schwester umbringen, die ist doch deine Mutter. Dann hab ich an die Familie gedacht, und wollte sie abstechen. Dann bin ich halt gestolpert und hab sie nicht getroffen (…) Ich glaub schon, dass ich sehr aufgeregt war. Vielleicht wollte ich gar nicht töten, aber zumindest versuchen." Dieser Auszug belegt, dass Osman nicht ernsthaft in Erwägung zog, seine Schwester umzubringen. Der Mordversuch war ein Kompromiss, um der Community die Handlungsfähigkeit und Entschlossenheit der Familie zu beweisen, aber gleichzeitig die Schwester doch am Leben zu lassen.

Nachdem Osman ein halbes Jahr in Untersuchungshaft verbracht hat, wird er nach der Hauptverhandlung in München zu zwei Jahren Jugendstrafe wegen gefährlicher Körperverletzung verurteilt, deren Vollzug auf Bewährung ausgesetzt wird. Seine Schwester hat mit ihrer Aussage wesentlich dazu beigetragen, dass er nicht wegen versuchten Mordes verurteilt wurde. Unmittelbar nach der Haftentlassung wird er von seiner Familie und dem näheren Umfeld als Held gefeiert und heiratet kurze Zeit später seine Cousine aus dem Heimatdorf seiner Großeltern. Die Zeit nach seiner Haftentlassung beschreibt Osman wie folgt: „Nach der Verhandlung in München konnte ich sofort gehen. Alle waren da, mein Bruder, meine Mutter, die Verwandten, alle. Nur mein Vater war nicht, er war in der Arbeit (…) Die haben alle applaudiert, als ich gehen konnte (…) Ich war dann in Freising, alle haben mich gegrüßt. Die haben gesagt ‚Hast du gut gemacht. Du hast die Ehre eurer Familie gerettet. Du hast es gemacht, das ist wichtig' und so weiter. Alle hatten Respekt vor mir. Mein Vater hat auch gesagt ‚ich bin stolz auf dich, Junge' (…) Das war damals schon cool, wenn alle Respekt vor dir haben."

Nach der Eheschließung mit der Cousine ändert sich Osman kaum. Durch den Umstand, dass er aus dem Mordanschlag auf die Schwester gestärkt herauskommt, unterdrückt und schlägt er seine junge Frau und die beiden Kinder regelmäßig. Er kommt selten nach Hause, kümmert sich nicht um seine Frau und die beiden Kinder, trifft in seiner Freizeit seine Freunde, hat mehrere Affären mit anderen Frauen und besucht regelmäßig Bordelle und Diskotheken. Acht Jahre nach dem Mordanschlag, im Jahr 2002, ändert er sich grundlegend und setzt sich intensiv mit dem Anschlag auseinander, nachdem er in München zufällig seine Schwester getroffen hat. Bis zu diesem Zeitpunkt hat kein Familienmitglied Kontakt zur Schwester, in der Familie wird ihr Name nicht erwähnt und bei der Anzahl der Kinder wird sieben statt acht angegeben. Nach mehreren Gesprächen mit der Schwester erfährt Osman, dass sie keine andere Wahl hatte, als ihren Mann zu verlassen und nach München zu gehen. Eine Rückkehr ins Elternhaus kam für die Schwester nicht in Betracht, weil sie regelmäßig von ihrem Vater geschlagen und sexuell missbraucht wurde. Osman schildert in einem Münchener Café unter Tränen und Weinkrämpfen die Versöhnung mit seiner Schwester. „Sie hat mir gesagt, warum sie nicht nach Hause kann. Ich war total baff. Ich konnte erst gar nicht glauben. Ich hab ihr natürlich geglaubt, aber ich konnte mir nicht vorstellen, dass mein Vater so ein Arschloch ist. Also, sie hat mir gesagt, dass ihr Mann sie immer geschlagen hat (...) Sie war keine Jungfrau. Deshalb hat er sie immer geschlagen, beleidigt und immer als orospu bezeichnet. Er hat immer zu ihr gesagt, wie viele Männer sie schon hatte, wie viele Männer sie schon gefickt haben und solche Sachen (...) Ja, sie konnte das nicht mehr aushalten. Dann hab ich ihr gesagt, dass ihr Mann Recht hatte, weil sie nicht mehr Jungfrau war. Ich hab gesagt, ich hätte meine Frau auch geschlagen. Das macht jeder Mann so. Dann hat sie mich aber gefragt, warum sie nicht Jungfrau war (...) Ja, dann sagt sie mir, dass der Vater sie immer vergewaltigt hat. Schon als Kind hat er sie zum Sex gezwungen (...) Ich konnte das nicht glauben (...) Ja, dann war ich bei meiner Mutter. Ich habe sie gefragt, was sie dazu sagt. Sie hat überhaupt nichts gesagt, weder ‚ja' noch ‚nein'. Sie hat das die ganze Zeit gewusst und hat mein Vater gedeckt. Dann bin ich wieder zu meiner Schwester und hab sie umarmt. Seitdem sind wir nicht nur Geschwister, sondern Freunde. Mit anderen rede ich nicht mehr. Ich bin der Einzige, der mit meiner Schwester redet."

Hier wird die Doppelmoral der Ehre sehr deutlich: Der Vater verhält sich unehrenhaft und kriminell, indem er seine Tochter nicht nur schlägt und demütigt, sondern auch sexuell missbraucht. Die Tochter traut sich nicht, ihren Vater anzuzeigen, weil einerseits niemand ihr glauben würde und andererseits sie ihren Vater in der Öffentlichkeit nicht schwächen möchte. Als beschlossen wird, dass die Tochter umgebracht werden soll, steckt der Vater in einem Dilemma: Zurückhaltung und Passivität würden sein Bild in der Öffentlichkeit beschädigen. Wenn er die Wahrheit erzählen würde, wäre er erst recht als ein unehrenhafter und gewalttätiger Mann entlarvt und würde sein Ansehen verlieren. Denn sexuelle Übergriffe innerhalb der Familie sind absolut tabu und werden nicht verziehen; der Täter wird verachtet und nicht mehr angesprochen. Statt sich seinen Taten zu stellen, opfert der Vater für den Erhalt des Scheins seine Tochter.

Nach den Gesprächen mit der Schwester bricht Osman den Kontakt zu seiner Familie ab, ohne darüber mit seinem Vater und dem Bruder zu sprechen. Er ist davon überzeugt, dass seine Schwester die Wahrheit sagt und sein Vater alles abstreiten wird. Zum Zeitpunkt der Interviews (mit ihm wurden zwei Gespräche geführt) bestätigt ihm seine Mutter die Aussagen der Schwester.

Zusammenfassende Gründe für die Gewaltanwendung

Fünf Grundmotive konnten bei den befragten Männern ausgemacht werden, die die häusliche Gewaltanwendung (psychische, physische und sexuelle) fördern:

(a) Verstöße gegen die Erziehungsziele beziehungsweise Ehre;

(b) große soziale Distanz zwischen den Generationen und Geschlechtern;

(c) Strafe als Disziplinierungsmaßnahme;

(d) Bezug auf den Islam;

(e) fehlendes Unrechtsbewusstsein in Bezug auf Gewalt.

Diese fünf Begründungsstränge sollen anhand der Interviewergebnisse diskutiert werden:

(a) Verstöße gegen die Erziehungsziele beziehungsweise Ehre

Das wichtigste Motiv für die Bestrafung der Kinder sind die Verstöße gegen die Erziehungsziele. Im Kontext von Armut und materieller Abhängigkeit von der Gemeinschaft entwickeln sich Wertvorstellungen am besten, wenn die Familienmitglieder Loyalität, Gehorsam und eng geknüpfte interpersonelle Bande untereinander für wichtig erachten. Gegenseitige Unterstützung ist, mehr als individuelles Fortkommen, die Norm in der unterprivilegierten Familie. Bei der Vermittlung der Erziehungsziele wird davon ausgegangen, dass sich gehorsame Kinder später ihren Eltern gegenüber loyal verhalten, während unabhängige Kinder vielleicht eher eigene Interessen im Auge haben, wenn sie erwachsen geworden sind (vgl. dazu auch Kağıtcıbaşı/Sunar, 1997): „Ich schlage schon meine Kinder ab und zu (…) Ja, damit sie brav werden, auf uns hören. Wenn man die Kinder nicht schlägt und die erzieht, dann laufen sie schnell von zu Hause weg, wie die Deutschen. Dann wollen sie ihr eigenes Leben führen. Aber die sollen anständige Menschen, anständige Bürger werden. Später für ihre Eltern und Familie sorgen. Deshalb muss man ab und zu die Kinder schlagen." (Mehmet)
Werden die Vorstellungen der Männer beziehungsweise der Eltern seitens der Kinder und Ehefrauen nicht erfüllt, neigt insbesondere der Mann dazu, die Kinder, die Geschwister oder die Ehefrau zu bestrafen. Zunächst werden die Kinder beziehungsweise die Frau ermahnt, um das gewünschte Verhalten zu erwirken. Die psychische Gewaltanwendung wird seitens der meisten Männer nicht als Gewalt betrachtet und wahrgenommen. Sollte sich das Kind oder die Ehefrau nach einer Ohrfeige immer noch inopportun verhalten, ist es unter anderem legitim, das Kind zu beschimpfen, anzuschweigen, nicht anzusprechen beziehungsweise zu ignorieren. Diese psychische Gewaltanwendung ist für die meisten Befragten eine Selbstverständlichkeit und keine Gewaltausübung.
Ein weiteres Motiv für die Anwendung von Gewalt ist der Verstoß gegen das Konzept der Ehre. Eine der zentralen Botschaften, die den Kindern und weiblichen Familienmitgliedern eingetrichtert werden, ist die Wichtigkeit des tadellosen Ansehens der Familie in der Öffentlichkeit. Beschädigen ein Kind oder ein weibliches Familienmitglied dieses Ansehen, sind der Vater oder andere männliche Familienmit-

glieder, bezogen auf den Kontext, legitimiert, Gewalt anzuwenden, um das Ansehen oder die Ehre der Familie zu schützen. Da sehr viele Verhaltensweisen bereits als Ehrverletzung gedeutet werden, seien hier nur einige Beispiele genannt:

Freizügige Bekleidung der Kinder oder Ehepartnerinnen: Freizügige und körperbetonte Bekleidung ist in einigen Familien bereits ein Grund, die Betroffenen mit Hilfe von Schlägen davon abzuhalten. Bei Jungen und Männern wird solche Kleidung mit Homosexualität konnotiert, bei Mädchen und Frauen mit Prostitution.

Außereheliche Beziehung der Mädchen zu Jungen: Bereits eine freundschaftliche Beziehung zu einem Mann oder ein unverbindliches Gespräch in der Schule kann von einem Mann oder vom Bruder als ein unehrenhaftes Verhalten ausgelegt werden, das mit Gewalt sanktioniert wird. Eine voreheliche Beziehung der Töchter wird, wenn keine Heiratsabsicht erkennbar ist, im Extremfall mit einer Morddrohung oder Mord sanktioniert.

Scheidung: Wenn eine junge Frau die Scheidung einreicht, wird sie von den eigenen Eltern der Unehrenhaftigkeit bezichtigt, da sie nicht in der Lage ist, das Familiengefüge zusammenzuhalten. Darüber hinaus fühlt sich der Mann in seiner Ehre gekränkt beziehungsweise in seiner Männlichkeit geschwächt. Um verlorenes Prestige wieder zu erlangen, versuchen einige Männer unter anderem mit Hilfe von Gewalt, ihre Frauen von einer Scheidung abzuhalten.

Straffälligkeit: Wenn Kinder straffällig werden (z.B. durch Diebstahl), schadet das dem Ansehen der Familie in der Öffentlichkeit immens. Mit Diebstahl verbinden die Migranten eine Familie, die nicht für sich sorgen kann. Insbesondere der Mann, der als Ernährer und Familienoberhaupt versagt, verliert sein Ansehen. Gewaltdelikte hingegen werden nicht als Vergehen, sondern als männliches Verhalten angesehen.

Drogenabhängigkeit: Drogenabhängigkeit wird als ein schädliches Verhalten gewertet, das der Ehre der Familie verletzt. Die Drogenabhängigkeit der Kinder wird dem Vater angelastet, der es nicht geschafft hat, sie davon abzuhalten. Erfährt der Vater von der Drogenabhängigkeit seines Kindes, reagiert er zumindest am Anfang meistens mit Schlägen und Drohungen, um die Familienehre wiederherzustellen. Im Extremfall verstoßen Väter ihre drogenabhängigen Kinder.

(b) Große soziale Distanz zwischen den Generationen und Geschlechtern

In traditionell geprägten Familien herrscht eine große Distanz zwischen den Generationen und Geschlechtern. Die Interviewergebnisse zeigen, dass es eine Männerwelt gibt, die sich von der Frauenwelt unterscheidet und über diese bestimmt. In den meisten Fällen bestimmen die Männer über die Frauen und nehmen sich das Recht, aufgrund ihrer Stellung in der Familienhierarchie Frauen beziehungsweise jüngere Familienmitglieder zu schlagen. In dieser Hierarchie steht der Großvater ganz oben und kann bei Konflikten einschreiten und sie mit einem Machtwort oder Gewaltakt beenden. Ihm zu widersprechen, ist ein Tabu.
Weiter oben wurde erwähnt, dass aufgrund der Erziehungsziele (Respekt vor Autoritäten und Ehrenhaftigkeit) Aspekte wie Autorität und Respekt eine besondere Rolle spielen, insbesondere zwischen den Töchtern und dem Vater beziehungsweise zwischen der Ehefrau und ihrem Mann. Offene Zornesäußerungen und Widerspruch werden weder gegenüber Vätern und Ehemännern noch gegenüber anderen Autoritätspersonen, wie zum Beispiel Imame, toleriert.

Schema: Geschlechterrollen
und Geschlechterkommunikation

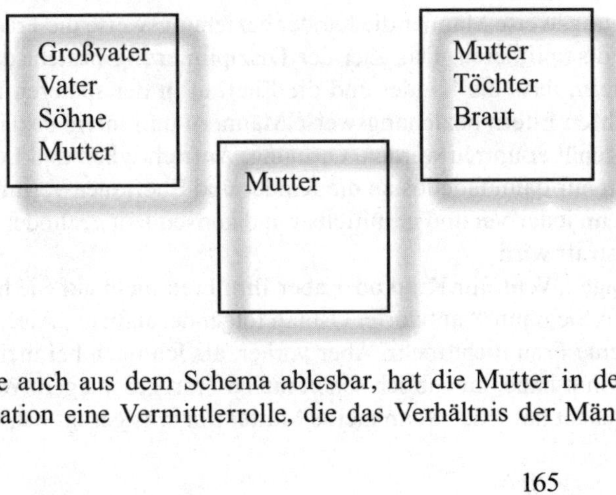

Wie auch aus dem Schema ablesbar, hat die Mutter in der Kommunikation eine Vermittlerrolle, die das Verhältnis der Männer zu den

Frauen koordiniert. Wenn die junge Ehefrau sich überhaupt jemandem anvertraut, dann mit hoher Wahrscheinlichkeit über die Schwägerin der Schwiegermutter; auch die Töchter würden sich in erster Linie der Mutter anvertrauen. Die Mutter ist auch diejenige, die im Streitfall beim Vater/beim Sohn ein gutes Wort für die Kinder/die junge Ehefrau einlegt. Außerdem überbringt die Mutter den Töchtern die Wünsche des Vaters, seine Anweisungen und sogar Strafen. Diese Art von indirekter Kommunikation verläuft nicht immer reibungslos, wenn zum Beispiel die Mutter die Wünsche des Vaters falsch weitergibt oder interpretiert.

Oft ist die Kommunikation auch dadurch gestört, dass die Mutter ihre Kinder schützen will oder aber bewusst der Schwiegertochter schadet, indem sie nicht alle Wünsche – vor allem aber die Strafen – des Vaters oder des Sohnes weitergibt. In diesem Falle können die Kinder/die Ehefrau die Weisungen des Vaters/Ehemannes nicht befolgen, die Autorität des Vaters/Ehemannes ist beschädigt und wird oft mit physischer Bestrafung der Kinder/der Ehefrau wiederhergestellt.

(c) Strafe als Disziplinierungsmaßnahme

Wenn bei der Umsetzung der Wünsche und Vorstellungen der Männer die Kinder beziehungsweise die Frauen nicht das gewünschte Verhalten zeigen, sich den Männern gegenüber unsolidarisch und aufsässig verhalten, den Männern und Erziehungsberechtigten widersprechen und nicht das erforderliche Leistungsstreben erbringen, bestrafen Vätern beziehungsweise Männer die Kinder beziehungsweise die Frauen, um sie zu disziplinieren. Das Ziel der Disziplinierung besteht darin zu verhindern, dass die Kinder und die Ehefrau in der späteren Entwicklung ihren Eltern beziehungsweise Männern und ihrem sozialem Umfeld gegenüber untreu werden. Ordnung, Aufrichtigkeit und Loyalität können nur dann tadellos an die Kinder und Ehefrauen vermittelt werden, wenn jeder Verstoß unmittelbar und konsequent geahndet und spürbar bestraft wird.

Auf die Frage „Wenn Ihr Kind oder aber Ihre Frau nicht auf Sie hört, was machen Sie dann?“ antwortet Osman folgendermaßen: „Also, ich schlage meine Frau nicht mehr. Aber vorher, als ich noch bei meinen Eltern gewohnt habe, da hab ich schon meine Frau geschlagen. Wenn sie was gemacht hat, oder wenn meine Mutter mir was gesagt hat, was nicht in Ordnung war, habe ich sie geschlagen (…) Einfach so, damit sie kein Schmarrn mehr macht und auf mich hört. Ich dachte, wenn du die Frau nicht sofort schlägst, wenn sie was macht, ne, dann hört sie nicht mehr auf dich, und sie geht weg (…) Ja, mein Kind hab ich auch oft geschlagen, wie bei meiner Frau auch. Damit mein Kind auf mich hört und keine schlimme Sachen macht oder so. Manchmal muss man schon Kinder schlagen, wenn die das verdienen. Sonst machen die Schmarrn. Man muss das aber sofort machen. Nicht ein Tag später oder so. Sonst vergessen die das."

Steht das Einhalten der festgelegten Werte und Normen im Mittelpunkt, ist es nicht entscheidend, welche Bestrafung zur Anwendung kommt, sondern die Rigidität und die unmittelbare Umsetzung dessen, wie Osman es zu beschreiben versucht. Erfolgt die Bestrafung nicht unmittelbar und konsequent, ist nicht nur die Macht des Mannes beziehungsweise des Vaters beschädigt, sondern die Bindung der Ehefrau beziehungsweise der Kinder an das Familiengefüge ist gefährdet. In sozioökonomisch schlecht gestellten Schichten ist es weiterhin legitim, die Ehefrauen zu schlagen, was mit einem türkischen Sprichwort „Dem Ehemann steht es zu, seine Frau sowohl zu lieben als auch zu schlagen" begründet wird. „Ich meine, ich bin einer der wenigen, der seine Frau nicht oft schlägt. Aber manchmal geht es eben nicht anders, manchmal rutscht einem die Hand aus. Das sagt sogar ein schönes Sprichwort von uns: Koca hem döver, hem sever! Also heißt, den Männern steht zu, die Ehefrauen zu schlagen und zu lieben, wenn es dafür einen Grund gibt. Ohne Grund habe ich noch nie meine Frau oder mein Kind geschlagen." (Yüksel)

(d) Bezug auf den Islam

Viele der befragten Männer haben ihre Gewaltanwendung, vor allem gegenüber der Ehefrau, mit dem Islam begründet, weil der Koran aussagt, so die Annahme der Männer, dass der Mann der Frau überlegen ist. Als nachgefragt wurde, wie und wo der Islam beziehungsweise der Koran das verlangt oder vorschreibt, mussten die Männer ihre Meinung revidieren und einräumen, dass sie den Koran nicht so genau kennen. Der Bezug auf den Islam wird bei den interviewten Männern oft als Vorwand beziehungsweise Legitimation für die Gewaltanwendung verwendet. Allerdings wird diese Ansicht häufig unreflektiert von männlichen Familienmitgliedern oder anderen Männern übernommen.[10]

(e) Fehlendes Unrechtsbewusstsein in Bezug auf Gewalt

Unabhängig von den beschriebenen vier Motiven ist das Prinzip des Unrechtsbewusstseins, sei es gegenüber den Kindern oder den Ehefrauen, ausschlaggebend. Um die Einhaltung der Geschlechterrollen oder bestimmter Normen und Werte durchzusetzen, wird das grundlegendste Menschenrecht, dass die Würde des Menschen unantastbar ist, missachtet. Dazu äußert sich Osman, der einen Mordversuch an seiner Schwester verübt hat: „Verstehen Sie, es ging nicht um mich, es ging auch nicht um meine Schwester, es ging eigentlich um unser Ansehen in der Öffentlichkeit. Man darf der Frau nicht einfach so verzeihen, man darf nicht nachgeben, wenn sie die Ehre der Familie beschmutzt hat (…) Ich habe das damals gemacht, weil es um unsere Familie ging. Meine Schwester hat an sich gedacht, und einfach den Mann verlassen. Damals dachte ich so."

Geht es beispielsweise um die Erhaltung der Ehre, wie es von Osman beschrieben wird, ist die Anwendung von Gewalt, bis zum Mord, in einigen Submilieus legitim. Unversöhnliches Verhalten und Unnachgiebigkeit werden von einem Mann erwartet und die Anwendung von Gewalt ist dadurch folgerichtig, legitim und angebracht. Die Menschenrechte und die Unversehrtheit des Individuums werden den eigenen Normen und Werten untergeordnet, weil nicht das Individuum im Mittelpunkt der Interaktionen steht, sondern je nach Kontext die Familie, die Gemeinschaft oder die Community.

---

10 Häusliche Gewalt oder die Unterlegenheit der Frau werden im Koran nicht postuliert. Eine Erörterung des Geschlechterverhältnisses und der Rolle der Frau im Koran sind im Rahmen des Buches nicht möglich und auch nicht beabsichtigt. Zu diesen Themen gibt es in der gegenwärtigen theologischen Exegese große Umbruchsprozesse und eine sehr komplexe Diskussion. Dazu siehe folgende Literaturhinweise: Abusulayman, o.J.; Grob/Hassan/Haim (Eds.), 1991; Zentrum für islamische Frauenforschung und Frauenförderung (Hrsg.), 2005; Wadud, 1999; www.quantara.de; www.wcrp.org.

Kapitel III: Resümee: Prävention von Zwangsehe und Gewalt

Einführung

Die 15 befragten Männer zeigen in einigen Punkten unerwartet große Übereinstimmungen in ihren Einstellungen und Handlungen, die nachdenklich stimmen müssen. Obwohl es sich um in Deutschland sozialisierte junge Männer handelt, ist ihnen die Denk- und Funktionsweise der Mehrheitsgesellschaft nicht wirklich vertraut. Ihr Bild über die Mehrheitsgesellschaft bleibt verzerrt und scheint ihnen bedrohlich. Auch die Gefühlswelt von Frauen, sowohl der Frauen der eigenen Familie wie auch der deutschen Frauen, bleibt ihnen völlig fremd.
Durch die unreflektierte Übertragung des ländlichen Erziehungsstils durch die Eltern und der strengen Geschlechtertrennung sind die interviewten jungen Männer nicht ausreichend auf die Erfordernisse der globalisierten westlichen Industriegesellschaft vorbereitet. Ihnen fehlen zum großen Teil wichtige Schlüsselkompetenzen wie Flexibilität im Denken, eine gewisse Frustrationstoleranz, Teamfähigkeit, Selbstdisziplin, Selbstorganisation, Kritikfähigkeit, eigenständige Meinungsbildung, Kreativität und last but not least häufig auch eine abgeschlossene Schul- und Berufsausbildung. All diese Qualifikationen sind notwendig, um in moderneren Gesellschaften Chancen auf eine qualifizierte Berufstätigkeit zu haben.
Die jahrelange Erfahrung des Autors in der praktischen Arbeit mit jugendlichen und jungen Männern sowie die durchgeführten Interviews machen deutlich, dass die tradierten Werte aus dem Herkunftsland, wie Ehre, Männlichkeit, Freundschaft, Solidarität oder aber bedingungslose Verteidigung der „Ehre" der weiblichen Familienmitglieder überbetont werden, wenn die jungen Männer in der Gesellschaft keine adäquate Anerkennung oder Perspektive finden. Weiterhin konnte aufgezeigt werden, dass die Verteidigung der weiblichen Familienmitglieder

als eine wichtige Anforderung an die männlichen Familienmitglieder herangetragen wird. Während selbstbewusste und offene Jugendliche in der dritten Generation sich von diesen gesellschaftlich vorgegebenen Normen befreien und sich beispielsweise über ihr Studium oder ihren Beruf definieren, klammern sich Jugendliche mit wenig Selbstwertgefühl und geringer Bildung beziehungsweise Prestige gerade an diese Werte und betonen diese rigider als zum Teil sogar ihre Eltern.
Wir müssen diese jungen Menschen mit Migrationshintergrund frühzeitig erreichen, damit sie die freiheitlichen Werte und Normen der deutschen Gesellschaft adaptieren und für sich nutzen können. Wir müssen ihnen Perspektiven in dieser Gesellschaft eröffnen, damit das Leben in der Demokratie und der Respekt dem anderen Geschlecht gegenüber attraktiver erscheint als der Rückzug in die eigenethnische Nische. Mit Ausgrenzung und Schuldzuschreibungen werden wir nicht erfolgreich sein.
Bis heute ist die Integrationspolitik nur unzureichend, auch wenn mit dem neuen Zuwanderungsgesetz erstmalig Integrationskurse für Neuzuwanderer vorgesehen sind, und auch in der öffentlichen Debatte werden die Migranten als defizitär und rückschrittlich dargestellt. Auf Kosten der Migranten werden Wahlen bestritten oder aber Stimmung gemacht, wie zum Beispiel der Wahlkampf der Hessen-CDU aus dem Jahre 1999 oder die Beitrittsverhandlungen der EU mit der Türkei im Jahre 2004. Wenn darüber hinaus die Integration der türkischen Jugendlichen und Heranwachsenden in das Schul- und Berufssystem, in die Arbeitswelt oder aber in die Gesellschaft nicht optimal erfolgt, wird der Rückzug in die eigene Community wahrscheinlich. Denn die destruktive Ausländerpolitik und die Benachteiligung beim Zugang zu Grundressourcen deuten muslimische Migranten dahingehend, dass sie nicht willkommen sind und von der westlichen Gesellschaft als Belastung, defizitär und rückschrittlich wahrgenommen werden (vgl. dazu auch Bozay, 2005).
Es wird deutlich, dass die Bekämpfung von Zwangsheirat nicht allein durch gesetzliche Maßnahmen erreicht werden kann. Das Gesetz kann als ein wichtiges und sinnvolles Startsignal betrachtet werden, das von tief greifenden Präventions- und Integrationsbemühungen flankiert werden muss. Einige Frauen, die im Rahmen der Familienzusammenführung nach Deutschland kommen, haben nicht einmal die Möglichkeit, ihre unmittelbare Umgebung kennen zu lernen. Von Zwangsver-

heiratung und familiärer Gewalt betroffene Frauen wenden sich erfahrungsgemäß zunächst nicht an die deutschen Behörden, weil die Eheschließung als rein private und interne Angelegenheit der Familie betrachtet wird, unabhängig vom Zustandekommen dieser Entscheidung. Kurz: Zwangsehe unter Strafe zu stellen und die Hände anschließend untätig in den Schoß zu legen, wird nur wenig verändern. Vielmehr müssen die Lebens-, Sozial, Arbeits- und Bildungsressourcen der Zielgruppe nachhaltig gefördert und verbessert werden.
Wie die Interviews der folgenden Studie und andere weitère einschlägige Untersuchungen belegen, ist von der Zwangsehe, innerfamiliärer Gewalt und Gewaltanwendung ein bestimmtes Submilieu innerhalb der türkischen Community betroffen. Die These aufzustellen, dass alle Migranten aus der Türkei von Zwangsehe und innerfamiliärer Gewalt betroffen sind, wird der Realität dieser Minderheit nicht gerecht. Es darf allerdings auch nicht verharmlost werden, dass in bestimmten Kontexten das Gewaltpotential hoch und das Unrechtsbewusstsein gegenüber Frauen, Kindern und Schwachen nur äußerst gering ist. Um die Integration dieses Submilieus jenseits der Gesetzgebung zu forcieren, können folgende Vorschläge unterbreitet werden:

1. Kurz- und mittelfristige Maßnahmen

Elternkooperation: Die Eltern tragen mit ihrem geschlechtsspezifischen Erziehungsstil dazu bei, dass die jungen Männer nach außen stark, dominant und selbstbewusst wirken. Tatsächlich aber werden diese Männer zu unsicheren, unselbständigen und verunsicherten Individuen geformt, die nach außen Stärke demonstrieren, aber alleine nicht handlungsfähig sind. Wenn die Eltern merken, dass ihre Söhne sich nicht nach ihren Vorstellungen entwickeln, etwa weil sie nicht verantwortungsbewusst genug sind oder polizeilich auffällig werden, greifen die Eltern häufig auf in der ländlichen Türkei übliche Erziehungsmittel, wie etwa Heirat zurück, die aber außerhalb des ländlichen Kontextes nicht den erwünschten Effekt haben.
Um die Gewaltbereitschaft gegen Frauen zu bekämpfen und die Jungen mehr in dem in Deutschland gültigen Wertekanon zu sozialisieren, muss das Hauptaugenmerk auf die Elternarbeit gerichtet werden. Viele Einstellungen und Verhaltensweisen werden in der frühkindlichen

Entwicklungsphase geprägt, weshalb eine zielgerichtete Elternarbeit unabdingbar ist.
Zudem ist die Einbeziehung der Eltern auch wichtig, weil Familien aus der Türkei anders organisiert sind als deutsche Familien. So sind neben Partnerwahl auch die Berufs- beziehungsweise Schulentscheidungen keine individuellen Belange der Kinder, sondern werden in erster Linie von den Eltern vorgegeben. Weiterhin zeigen neuere Studien, dass elterliche Gewaltanwendung in türkischen Familien verbreitet ist (Kriminologisches Forschungsinstitut Niedersachen, 2002) und die Eltern unterstützt werden müssen, eine gewaltfreie und geschlechtergerechte Erziehung zu fördern (vgl. Aktion Jugendschutz, 2005). Die Gründe für mehr Fördermaßnahmen und Unterstützung der Eltern sind wie folgt zusammenzufassen:

- Die Mehrheit der Elternschaft ist nicht in der Lage, die Kinder in schulischen Fragen, wie zum Beispiel bei den Hausaufgaben, zu unterstützen. Einerseits können sie den vielfältigen und komplizierten Fragen ihrer Kinder – unter anderem aufgrund des geringen Bildungsniveaus – nicht gerecht werden. Andererseits gehen die Eltern mehreren von Schichtarbeit geprägten Tätigkeiten nach, um das Familieneinkommen abzusichern, auch wenn einige von ihnen offiziell Hausfrau oder arbeitslos gemeldet sind. Deshalb benötigen die meisten türkischen Schüler professionelle Hilfen von außen, wie zum Beispiel Hausaufgabenbetreuung im Rahmen einer Arbeitsgemeinschaft in der Schule oder sozialpädagogisch betreute Maßnahmen unter der Zuständigkeit der Offenen Kinder- und Jugendhilfe.

- Nicht alle Kinder haben die Gelegenheit, einen Kindergarten zu besuchen, um früher mit der deutschen Sprache in Berührung zu kommen. Die ersten Erfahrungen werden deshalb erst in der Grundschule gemacht. Um diese Defizite zu kompensieren, ist es zu empfehlen, sowohl in der Grundschule als auch in den weiterführenden Schulen Ergänzungsunterricht in Deutsch für diese Zielgruppe anzubieten.

- Darüber hinaus müssen die Eltern motiviert werden, ohne die türkische Sprache zu vernachlässigen, mit Kindern im Vorschulalter intensiver deutsch zu sprechen, um ein Gefühl für die deutsche Sprache zu entwickeln.

- Den türkischen Eltern ist sensibel zu vermitteln, dass die Vorschulphase von immenser Bedeutung ist, weil die Kinder gerade in dieser Phase sehr viel lernen und ihre Umwelt erforschen. Die Eltern nehmen in dieser Phase ihre Kinder nicht ernst und kommunizieren nicht mit ihnen. Die vorschulische Erziehung besteht lediglich aus Verboten und Tadeln.

- Für die türkischen Eltern reicht es nicht mehr aus, zu sagen „unsere Kinder sind Ausländer, deshalb werden sie in eine Hauptschule empfohlen." Den Eltern muss sensibel nahe gelegt werden, dass sie sich viel intensiver mit den schulischen Belangen ihrer Kinder beschäftigen müssen, wenn sie den Anspruch erheben, dass ihre Kinder ein Gymnasium besuchen sollen. Intensive Beschäftigung heißt, nicht nur materielle Dinge besorgen und sporadisch fragen, ob die Hausaufgaben erledigt wurden, sondern sich damit auseinander setzen, welche Schwächen und Stärken das Kind hat, ob sich das Kind in der Schule mit seinen Lehrern beziehungsweise Mitschülern versteht beziehungsweise eruieren, ob das Kind Nachhilfeunterricht benötigt. Unabhängig von der Herkunft müssen die Eltern darüber hinaus lernen zu akzeptieren, dass nicht jedes Kind für ein Gymnasium geeignet ist.

Sozialer Trainings-Kurs für Männer: Bei den interviewten Männern konnte aufgezeigt werden, dass bei ihnen in erster Linie die sogenannten Grundkompetenzen, wie zum Beispiel die sozialen, kommunikativen, kooperativen und konfrontativen Kompetenzen, nicht ausgeprägt sind. Um diese Kompetenzen zu stärken und andere Konfliktlösungsstrategien kennenzulernen, muss mit dieser Zielgruppe ein sozialer Trainings-Kurs durchgeführt werden.

Ressourcenorientiertes Arbeiten mit der Zielgruppe: In der konkreten Arbeit mit dieser Zielgruppe (die Eltern und die Männer) ist es zu empfehlen, ressourcenorientiert zu arbeiten. Das heißt, nicht nur die Schwächen der Zielgruppe in den Fordergrund stellen, sondern ihre Stärken. Um die Männer zu motivieren, ist es sinnvoll, ihnen gute Vorbilder aus der eigenen Ethnie aufzuzeigen.

Interkulturelle Kompetenz als Qualitätsstandard: Um die türkischen Migrantenfamilien bei gezielten Erziehungsfragen adäquat beraten zu können, sollten die Fachkräfte gezielter geschult werden. Der Besuch eines Wochenendseminars im Bereich der „Interkulturellen Kompetenz" geht zwar in die richtige Richtung, reicht aber bei Weitem nicht aus, um die Hintergründe und die kognitiven Hypothesen der Eltern vollständig zu verstehen. Auch die Eltern müssen lernen, mehr Verantwortung zu übernehmen. Dies kann nur in einem intensiven Dialog zwischen den Lehrern, der Schulleitung, den türkischen und deutschen Eltern und dem Elternbeirat intensiviert werden. Es ist zu empfehlen, für die Elternbeiräte mehr türkische Eltern zu gewinnen, denn durch Übernahme von Verantwortung können die Eltern türkischer Herkunft gezielter angesprochen werden.

Intensive Aufklärungskampagnen in den türkischen Medien: Die türkischsprachigen Medien werden von Migranten sehr stark in Anspruch genommen. Vor allem das Fernsehen findet bei Migranten großen Zuspruch. Über dieses Medium müssen Kampagnen gestartet werden, die betonen, dass Zwangsehe, innerfamiliäre Gewalt und Vergewaltigung in der Ehe strafbar sind. Denn nicht nur die Väter beziehungsweise Männer finden Gewalt gegen die Kinder oder Vergewaltigung in der Ehe legitim und selbstverständlich, sondern auch sehr viele Mütter beziehungsweise Frauen. Durch gezielte Aufklärungsmaßnahmen können eine Sensibilisierung für das Thema und eine Änderung der Wahrnehmung und Bewertung bewirkt werden.

Anlaufstellen für Frauen: Die speziellen Fluchtstellen für Mädchen, wie zum Beispiel „PAPATYA" in Berlin, oder die Frauenhäuser müssen weiterhin flächendeckend ausgebaut und vor allem von Kürzungen ausgenommen werden. Weiterhin muss bei der Polizei eine spezielle Schaltstelle eingerichtet werden, die die Besonderheit der Zielgruppe kennt und in Bezug auf die Probleme und Bedürfnisse der Mädchen und Frauen geschult ist. Es sollten Kooperationen mit Moscheen eingegangen werden, damit diese sich dieser Thematik ebenfalls annehmen. So sollten Imame in ihren Predigten auf die Unzulässigkeit von Gewalt in der Ehe eingehen. Auch in den Kultur- und Moscheevereinen sollten Ansprechpartnerinnen genannt werden, die betroffene Frauen qualifiziert beraten sollten. Viele Frauen würden eher den Weg in die Moschee finden als sich einer deutschen Institution anzuvertrauen.

Kultur- und Moscheevereine als Kooperationspartner gewinnen: Viele Moschee- und Kulturvereine, die überall in Deutschland zahlreich vertreten sind, haben großen Einfluss auf die Migranten. Je nach Kontext werden die Angebote dieser Vereine rege angenommen, und deren Einfluss auf die Migrantenbevölkerung ist nicht zu unterschätzen. Durch gezielte Maßnahmen und Kooperationsangebote müssen diese Vereine angesprochen werden, um die Themen innerfamiliäre Gewalt, Erziehungsmethoden und Zwangsehe auf die Tagesordnung zu bringen. Von entscheidender Bedeutung wäre es, die Mitarbeiter dieser Einrichtungen als Multiplikatoren auszubilden, wie es vom Berliner „Arbeitskreis Neue Erziehung" praktiziert wird. Denn gerade die Leitung und Mitarbeiter der Einrichtungen werden von den Besuchern anerkannt und akzeptiert.

Eigene Wohnung des Ehepaares: Alle Interviews zeigen, dass das Ehepaar nach der Familienzusammenführung in Deutschland bei den Eltern des Mannes lebt. Um die jungen Frauen vor Repressalien und innerfamiliärer Gewalt besser zu schützen sowie die Selbständigkeit der jungen Familie zu forcieren, darf einer Familienzusammenführung in Deutschland nur dann zugestimmt werden, wenn das Paar nachweist, dass es nicht bei den Eltern wohnt.

Kooperation mit der türkischen Presse: Ein Blick in die türkische Presse zeigt, dass sie nicht zur Integration der Migranten beiträgt. Die Berichterstattung in Teilen der Presse ist einseitig, die Sprache ist gegenüber der deutschen Politik und Gesellschaft aggressiv und je nach Kontext sogar abfällig. Auch werden kritische Migranten von einigen Zeitungen angefeindet und in Einzelfällen wird auch gegen sie gehetzt. Um die Berichterstattung neutral beziehungsweise positiv zu gestalten, muss mit der türkischen Presse kooperiert und verhandelt werden. Ziele müssten eine gemäßigte Sprache sein und eine Besinnung der türkischen Presse auf die Werte journalistischer Grundregeln.

Bekanntmachung des Gesetzes, das Zwangsehe unter Strafe steht: Die Verabschiedung des Gesetzes, das die Zwangsehe unter Strafe stellt, ist eine wichtige und richtige Entscheidung. Eine solche Initiative seitens der Bundesregierung entfaltet eine Signalwirkung. Das Gesetz wird zwar die tief verankerten Traditionen nicht binnen weniger Jahre aushebeln, aber es wird dazu beitragen, dass die Zwangsehe als Gewalt, Unrecht und Menschenrechtsverletzung eingeordnet und schließlich auch anerkannt wird. Nicht nur die Interviews, sondern auch persönliche Beobachtungen machen deutlich, dass bei der Zwangsehe das Unrechtsbewusstsein nicht vorhanden ist, weil Eheschließung nicht als eine individuelle Entscheidung der Tochter beziehungsweise des

Sohnes betrachtet wird, sondern als eine kollektivistische Entscheidung der Familie.
Durch das entsprechende Gesetz erhalten auch professionell mit diesem Thema befasste Berufsgruppen, wie zum Beispiel Rechtsanwälte, Lehrkräfte und Sozialarbeiter, eine Rückenstärkung im Umgang mit diesen Klienten: Eine Beratung der Betroffenen wird sich nicht mehr in einer unsicheren rechtsfreien Zone abspielen, sondern in der Sicherheit eines gesetzlichen Rahmens. Dieses Gesetz müsste allerdings in die wichtigen Migrantensprachen, wie zum Beispiel Türkisch, Kurdisch, Arabisch oder Albanisch, übersetzt werden. Auch müssen die hiesigen Beratungsstellen informiert werden, dass Zwangverheiratung in Deutschland unter Strafe steht.

Keine mildernden Umstände für Ehrenmorde: Menschenrechtsverletzungen sind universell und keine kulturelle Besonderheit verdient einen mildernden Umstand. Deshalb dürfen den Morden oder Mordversuchen in Deutschland, die mit der Besonderheit der Ehre und Kultur begründet werden, bei der Justiz und in der Strafprozessordnung keine strafmildernden Umstände zugebilligt werden. Die Strafprozessordnung muss uneingeschränkt und wie bei herkömmlichen Straftaten angewendet werden, auch bei den so genannten „Ehrenmorden".

Deutschkurspflicht vor der Eheschließung im Herkunftsland: Bevor Studenten aus der Türkei ein Studium in Deutschland aufnehmen können, müssen sie ausreichende Deutschkenntnisse nachweisen. Es muss ernsthaft in Erwägung gezogen werden, Ähnliches auch vor der Familienzusammenführung in Deutschland einzuführen. Die Sprachkenntnisse würden das Selbstvertrauen der Ehefrauen stärken und eigenständige Handlungsfähigkeit ermöglichen. Die Ergebnisse dieser Studie zeigen, dass die befragten Männer Frauen aus dem Heimatdorf heiraten, die ein geringes Bildungsniveau besitzen und selten in einer Großstadt waren. Durch eine entsprechende Vorschrift würden die Männer im Vorfeld der Eheschließung in Zugzwang kommen und müssten ihren Frauen erlauben, bereits im Heimatland Deutschkenntnisse zu erwerben und damit einhergehend mehr Selbstbewusstsein und Eigeninitiative zu entwickeln.

Altersgrenze für die Familienzusammenführung nach Deutschland: In der Türkei ist es den Mädchen erlaubt, bereits mit 15 Jahren zu heiraten. Dies führt dazu, dass die meisten Männer bewusst junge und unerfahrene Ehefrauen in der Türkei wählen, die sich nicht wehren können und in mehrfacher Hinsicht vom Ehemann abhängig sind. Um diesen Trend zu stoppen und die Mädchen bedingt besser zu schützen, darf einer Familienzusammenführung erst ab dem 18. Lebensjahr zugestimmt werden.

2. Langfristige Maßnahmen

Verbesserung der Schul- und Berufsausbildung: Eine gute Schul- und Berufsausbildung hat bei den in Deutschland lebenden Migranten aus der Türkei einen hohen Stellenwert. Obwohl bei den türkischen Schülern seit Mitte der 1980er- und Anfang der 1990er-Jahre ein leichter Trend zu gymnasialer Ausbildung und höheren Schulabschlüssen festzustellen war, kann beobachtet werden, dass dieser Trend seit Mitte der 90er-Jahre wieder leicht rückläufig ist (www.integrationsbeauftragte.de, zuletzt abgerufen am 20. 06. 2004).
Der Anteil der türkischen Schüler an den Haupt- und Sonderschulen ist überproportional hoch. Wenn nur die allgemeinbildenden Schulen berücksichtigt werden, so sind auf den Hauptschulen 49,4 Prozent, auf den Gymnasien 13,0 Prozent, auf den Realschulen 19,0 Prozent und auf den Sonderschulen 14,85 Prozent (vgl. ebd.) der Schüler türkischer Herkunft. Unabhängig von der Nationalität zeigt sich, dass der Erfolg in der Schule in vielfältiger Weise von der sozialen Herkunft der Schüler abhängig ist. Die PISA-Studie belegt, dass ein Kind aus einer Arbeiterfamilie auch bei gleicher schulischer Leistung eine geringere Chance auf den Besuch eines Gymnasiums hat (vgl. Baumert, 2001). Da Bildung bei türkischen Eltern eine zentrale Rolle spielt, erwerben die türkischen Mädchen immer häufiger aus Eigeninitiative das Abitur, obwohl sie von ihren Eltern nicht in dem Maße unter Druck gesetzt werden wie die Jungen. Wenn die Töchter danach ein Universitätsstudium beabsichtigen, dulden die Eltern den Auszug der Mädchen aus dem Elternhaus, auch wenn diese noch unverheiratet sind. Dadurch wird einerseits der Druck, eine Ehe einzugehen, für die türkischen Mädchen zunächst außer Kraft gesetzt und andererseits lernen sie, sich frei und selbständig in der Gesellschaft zu bewegen und zu behaupten. Für die türkischen Jungen ist die unmittelbare Zukunft mit weniger Ängsten verbunden, sie wollen nach der Schule entweder eine Lehre

beginnen oder aber einfach nur „erst mal jobben“, um zum Beispiel ausreichend Geld für ein Auto oder die Familienplanung zu verdienen (vgl. Deutsche Schell, 2000, Bd. 2, 11f.). Dadurch sind die Jungen im Gegensatz zu Mädchen eher anfällig, überhaupt keine Berufsausbildung zu erwerben.

Trotz der sehr langen Aufenthaltsdauer in Deutschland und der leicht verbesserten Schulabschlüsse sind die Migrantenjugendlichen aus unterschiedlichen Gründen in der Berufsausbildung unterrepräsentiert. Ihr Anteil erhöhte sich zwar bundesweit von 2,8 Prozent aller Auszubildenden 1985 auf 8 Prozent 1994, liegt aber trotzdem weit unter ihrem Anteil von 15 Prozent an der Gruppe der 15- bis unter 18-Jährigen in Deutschland insgesamt (vgl. Haugg, 1997, 71f.). Seit Mitte der 1990er-Jahre wird ein Rückgang bei der Ausbildungsbeteiligung der Migrantenjugendlichen festgestellt: Ihr Anteil lag 1986 bei 25 Prozent und stieg 1994 deutlich auf 44 Prozent. Das heißt, während von den deutschen Jugendlichen 1994 knapp 70 Prozent eine Ausbildung im dualen System aufnahmen, erreichte die Ausbildungsbeteiligung Jugendlicher ausländischer Herkunft lediglich 44 Prozent. Seit diesem Höchststand sind die Zahlen aber wieder stark rückläufig (vgl. Mitteilungen der Beauftragten der Bundesregierung für Ausländerfragen, 2002, 193f.).

Zusammenfassend ist Folgendes festzuhalten: Die türkischen Jungen verlassen eine allgemeinbildende Schule viel öfter ohne einen qualifizierten Abschluss als die Mädchen. Während 21 Prozent der türkischen Mädchen ohne einen Hauptschulabschluss die Schule verlassen, liegt dieser Anteil bei den Jungen bei 33 Prozent. Die Mädchen erwerben häufiger das Abitur (10 Prozent) als die Jungen (6 Prozent) und liegen auch bei der Mittleren Reife vorn: 35 Prozent bei den Mädchen, 23 Prozent bei den Jungen. (vgl. Nove/Weil). Bezogen auf den Schulabschluss beginnen die Mädchen häufiger eine Berufsausbildung als die Jungen. Allgemein zeigt sich aber, dass türkische Jugendliche viel öfter eine Berufsausbildung abbrechen als andere Jugendliche. Das alles macht deutlich, dass die Männer intensiver betreut und unterstützt werden müssen, um ein höheres Bildungsniveau zu erreichen. Eine mangelhafte Schulbildung, insbesondere ein Beenden der Schule ohne Hauptschulabschluss, begünstigt unter anderem Perspektivlosigkeit und damit einhergehend eine Anfälligkeit für Kriminalität, Drogenmissbrauch und den Rückzug in das eigene Submilieu.

Um die schulischen und beruflichen Rahmenbedingen zu entschärfen und die Kinder so früh wie möglich mit der deutschen Sprache zu konfrontieren und an alternative Konfliktlösungsstrategien heranzuführen, müssen für Migrantenkinder flächendeckend Kindergartenplätze zur Verfügung gestellt werden. Gerade in den Städten herrscht hier eine Unterversorgung. Tendenziell ist der Anteil der Kindergartenkinder unter den Migrantenkindern nicht so hoch wie unter den deutschen Kindern. Da in den meisten Familien ausschließlich Türkisch gesprochen wird, lernen die Kinder die deutsche Sprache erst bei der Einschulung, was bis zum Ende der vierten Klasse nicht kompensiert werden kann. Aufgrund der mangelnden Deutschkenntnisse werden die Kinder dann in eine Hauptschule empfohlen.

Verbesserung der Arbeitsbedingungen: Ein Blick auf die aktuellen Daten macht deutlich, dass die türkischen Migranten sehr stark von Arbeitslosigkeit betroffen sind. Während 1979 lediglich 4,2 Prozent der türkischen Migranten arbeitslos gemeldet waren, erhöhte sich diese Zahl im Jahr 2000 auf 20,2 Prozent. Somit sind türkische Migranten von der Arbeitslosigkeit viel intensiver betroffen als andere Minderheitengruppen, wie zum Beispiel Ex-Jugoslawen (10,4 Prozent), Spanier (11,3 Prozent), Portugiesen (11,1 Prozent) oder Italiener (14,7 Prozent) (vgl. Beauftragte der Bundesregierung für Ausländerfragen, 2002).
Unabhängig von der konkreten Arbeitslosigkeit ist bei Migranten die Angst davor besonders ausgeprägt. Berufs- und qualifikationsübergreifend äußern die türkischen Migranten, von Arbeitslosigkeit intensiver betroffen beziehungsweise bedroht zu sein als Deutsche oder EU-Ausländer, auch wenn sie den deutschen Pass besitzen. Für diese subjektiv wahrgenommene Angst um den Arbeitsplatz sind vier Faktoren verantwortlich: Diskriminierungserfahrungen im Betrieb, Schwächung der deutschen Wirtschaft im Allgemeinen, geringe Qualifikation und Tätigkeiten in besonders krisenanfälligen Branchen. Im Rahmen der europäischen Einigung hätte auch in Deutschland bis Ende 2003 ein Antidiskriminierungsgesetz verabschiedet werden müssen, wonach die Herabsetzung von Menschen aufgrund ihrer Herkunft oder Hautfarbe unterbunden werden soll. Ob und wie dieses Gesetz sich auswirken wird, bleibt abzuwarten. Fakt ist, dass viele Migranten in den deutschen Betrieben anders behandelt werden als Deutsche, indem sie beispielsweise mit unattraktiven Tätigkeiten innerhalb eines Arbeitsprozesses beauftragt werden, auch wenn dafür einheimische

Fachkräfte bereitstünden: „Unbeliebte Arbeiten oder solche, die körperlich schwerer sind, werden überproportional häufig an Migranten und Migrantinnen delegiert, bei höher qualifizierten Arbeiten werden Deutsche bevorzugt“ (Schlicher, 2002, 41f.).
Ein weiteres Feld der betrieblichen Diskriminierung ist der Zugang zu Fort- und Weiterbildung (vgl. ebd.). Wenn Migranten sich zu verschiedenen Lehrgängen melden, wird ihnen der Zugang mit den Argumenten verwehrt, sie könnten nicht gut genug Deutsch beziehungsweise der Lehrgang entspreche nicht den Arbeitsinhalten.
Die allgemeine Wirtschaftskrise in Deutschland macht sich auch bei den türkischen Migranten bemerkbar. Die Migranten sind der Meinung, sie stünden – wenn ihre Firma unter der Konjunkturschwäche leiden würde und Mitarbeitern gekündigt werden müsse – unabhängig von ihrer Stellung und Qualifikation als Erste zur Disposition. Dies wird mit der deutschen Öffentlichkeit begründet, weil die Ausländer keine Lobby besitzen und das Vorurteil „die Ausländer nehmen den Deutschen den Arbeitsplatz weg“ an Bedeutung gewinnt (vgl. Toprak, 2004, 33ff.).
Anhand der einschlägigen Literatur und nach Auswertung der Interviews sehen die Arbeitsfelder der Migranten folgendermaßen aus:

- Migranten arbeiten hauptsächlich in der Industrie und dort in der Regel als angelernte Arbeiter;
- Migranten sind unterproportional vertreten in den Bereichen Handel, Kreditwesen, Versicherungswirtschaft und im staatlichen Sektor;
- innerhalb des verarbeitenden Gewerbes sind sie vor allem an Arbeitsplätzen beschäftigt, die mit schwerer körperlicher Arbeit, Dreck und Lärm verbunden sind;
- bei den Dienstleistungen sind Migranten vor allem in Gaststätten, Reinigungsunternehmen sowie bei der Eisenbahn, im Straßenbau und bei der Müllabfuhr beschäftigt;
- Frauen arbeiten schwerpunktmäßig in den Bereichen Elektrotechnik, Eisen-, Blech- und Metallwaren;
- in technologisch hoch entwickelten Sektoren sind überproportional mehr deutsche Arbeitnehmer zu finden (vgl. Schlicher, 2002, 41ff.).

Wegen ihrer geringen Qualifikation sind die Migranten in den Firmen nicht flexibel einsetzbar, so dass für viele Migranten keine anderen Tätigkeitsfelder durch interne Umstrukturierung erschlossen werden können. Dadurch sind die meisten anfälliger für eine mögliche Entlassung.
Viele Migranten sind in Wirtschaftszweigen beschäftigt, die in den letzten Jahren stark von der Krise betroffen sind, so dass entweder die Firmen komplett geschlossen werden mussten (Bergbau) oder aufgrund der geringen Auftragslage und steigender Personalkosten (Baugewerbe) viele Arbeitnehmer entlassen wurden. Aus dem Bericht der Beauftragten der Bundesregierung für Ausländerfragen (2002) geht hervor, dass die Migranten überproportional häufig in den Bereichen Energie und Bergbau, im verarbeitenden Gewerbe (Eisen- und Stahlerzeugnisse, Gießerei, Straßenfahrzeugbau), im Baugewerbe und im Dienstleistungssektor (Gaststätten und Beherbergung, Reinigung und Körperpflege), aber im Kredit- und Versicherungsgewerbe unterproportional beschäftigt sind. Erstere sind Arbeitsfelder, die geringe Qualifikationen benötigen und in wirtschaftlich schwierigen Zeiten besonders anfällig für Rationalisierungs- und Sparmaßnahmen oder aber für Konkurs sind (vgl. Beauftragte der Bundesregierung für Ausländerfragen, 2002, 405f.).

Verbesserung der sozialen Bedingungen: Eines der wichtigsten Merkmale für soziale Rahmenbedingungen sind die Wohnverhältnisse beziehungsweise der Wohnort. Die Wohnverhältnisse beeinflussen nationenübergreifend die gesamte Lebenssituation der Jugendlichen. Sie haben Auswirkungen auf die Art und Weise des Zusammenlebens innerhalb des Haushaltes, auf die Erziehung der Kinder, die Erholung nach der Arbeit, die Pflege von Kontakten und das Freizeitverhalten. Bei der Wahl des Wohnortes bevorzugen 80 Prozent der Migranten Städte, die mindestens eine Einwohnerzahl von 100.000 aufweisen. Türkische Migrantenfamilien sind häufig in Wohnquartieren untergebracht, die eine schlechte Bausubstanz sowie eine schlechte Lage haben und bei denen es sich meist um dicht besiedelte Hochhäuser handelt. Solche Wohngebiete haben einen niedrigen Sozialstatus und sind für die deutsche Bevölkerung unattraktiv (vgl. Mitteilungen der Beauftragten der Bundesregierung für Ausländerfragen, 2002). Der Grund für die schlechten Wohnverhältnisse ist einerseits das geringe Einkommen der türkischen Familien, andererseits werden sie von einigen Vermietern diskriminiert – bedingt auch durch die hohe Kinderzahl –, so dass ihnen keine andere Wahl bleibt, als unattraktive Wohnquartiere und Stadtteile zu beziehen (vgl. ebd.). Der Anteil der Haushalte mit einer Überbelegung liegt bei Migrantenfamilien in München um das Fünffache über dem entsprechenden Wert für die deutschen Haushalte (vgl. Landeshauptstadt München, 1997, 78f.). Die Wohnsituation kann Auswirkungen auf die Gesundheit und das familiäre Zusammenleben haben. In sehr vielen türkischen Familien können sich die Kinder aufgrund der beengten Wohnverhältnisse weder zurückziehen noch einen eigenen Wohnbereich und eine Intimsphäre aufbauen. Viele familiäre Konflikte ergeben sich dadurch, dass den Kindern die Intimsphäre fehlt. Außerdem fehlt den Kindern und Jugendlichen ein eigenes Zimmer beziehungsweise ein fester Platz, an dem sie ihre Schulaufgaben ungestört erledigen können. Viele Kinder und Jugendliche schlafen im Wohnzimmer, wenn sich die anderen zurückgezogen haben. Häufig leiden die Leistungen in der Schule beziehungsweise in der Berufsausbildung unter diesen Bedingungen.

Ein anderes wichtiges Merkmal für die sozialen Rahmenbedingungen, die die Jugendlichen und die gesamte Familie positiv beziehungsweise negativ beeinflussen können, ist die Erwerbstätigkeit/Arbeitslosigkeit beziehungsweise Armut der Eltern. Aufgrund der geringen Verdienstmöglichkeiten, länger andauernder Erwerbslosigkeit und überproportional hoher Kinderzahl sind die türkischen Migranten oft auf Sozialhilfe angewiesen. In der Untersuchung von Tekin wird belegt, dass Migranten doppelt so häufig Sozialhilfe beziehen wie deutsche Familien. Während in Köln der Anteil der deutschen Sozialhilfeempfänger bei 6,3 Prozent liegt, ist diese Zahl bei Migranten erheblich höher, nämlich 11,5 Prozent. Auch Tekin betont, dass der Sozialhilfebezug auf die lange anhaltende Arbeitslosigkeit zurückzuführen ist (vgl. Tekin, 2003, 45f.).

Literatur

Abadan-Unat, Nermin: Die Auswirkungen der internationalen Arbeitsmigration auf die Rolle der Frau am Beispiel der Türkei. In: Abadan-Unat, Nermin (Hrsg.): Die Frau in der türkischen Gesellschaft. Frankfurt a. M. 1985.

A Abu-Sulayman, Abdul-Hamid: Marital Discord: Recapturing the full Islamic Spirit of Human Dignity. International Institute of Islamic Thought, London/Washington 1423/2003 CE.

Aktion Jugendschutz Landesarbeitsstelle Bayern e.V. (Hrsg.): Türöffner und Stolpersteine. Elternarbeit mit türkischen Familien als Beitrag zur Gewaltprävention. München 2005.

Alamdar-Niemann, Monika: Türkische Jugendliche im Eingliederungsprozess. Eine empirische Untersuchung zur Erziehung türkischer Jugendlicher in Berlin (West) und der Bedeutung ausgewählter individueller und kontextueller Faktoren im Lebenslauf. Hamburg 1992.

Altuntek, Serpil N.: Van yöresinde akraba evliliği (Verwandtschaftsehen in Van). Ankara 1993.

Ateş, Seyran: Große Reise ins Feuer. Berlin 2003.

Baumert, Jürgen: PISA 2000. Basiskompetenz von Schülerinnen und Schülern im internationalen Vergleich. Opladen 2001.

Beauftragte der Bundesregierung für Ausländerfragen: Der Beauftragte der Bundesregierung für Ausländerfragen über die Lage der Ausländer in der Bundesrepublik Deutschland. Berlin und Bonn 2002.

Beauftragte der Bundesregierung für Ausländerfragen: Der Beauftragte der Bundesregierung für Ausländerfragen über die Lage der Ausländer in der Bundesrepublik Deutschland. Berlin 2005.

Bourdieu, Pierre: Entwurf einer Theorie der Praxis. Frankfurt a. M. 1976.

Bozay, Kemal: „… ich bin stolz, Türke zu sein". Ethnisierung gesellschaftlicher Konflikte im Zeichen der Globalisierung. Schwalbach 2005.

Çileli, Serap: Serap – „Wir sind Eure Töchter nicht Eure Ehre". Michelstadt 2002.

Eberding, Angela: Kommunikationsbarrieren bei der Erziehungsberatung von Migrantenfamilien aus der Türkei. Ergebnisse einer qualitativen Untersuchung. Frankfurt a. M. 1994.

Deutsche Shell (Hrsg.): Jugend 2000, Bd. 1 und 2. Opladen 2000.

Deutsches Ausländerrecht: Textausgabe mit ausführlichem Sachverzeichnis und einer Einführung von Prof. Dr. Helmut Rittstieg. 13., völlig überarbeitete Auflage. München 2000.

Dohse, Knuth: Ausländische Arbeitnehmer und bürgerlicher Staat. Genese und Funktion von staatlicher Ausländerpolitik und Ausländerrecht. Vom Kaiserreich bis zur Bundesrepublik Deutschland. Königstein 1981.

Gartmann, Helene/Schwarz, Klaus (Hrsg.): Zur Situation der Frau im Gecekondu. Eine Untersuchung über die Lebensverhältnisse von Frauen in einem durch Zuwanderung aus dem Landesinnern entstandenen Stadtrandgebiet von Ankara. Berlin 1981.

Grob, Leonard/Hassan, Riffat/Gordon, Haim (Eds.): Women‘s and Men‘s Liberation – Testimonies of Spirit (Contributions in Women's Studies). New York 1991.

Haugg, Sabine: Jugendliche ausländischer Herkunft sind in der Berufsausbildung unterrepräsentiert. Zur beruflichen Integration ausländischer Jugendlicher. In: iza Zeitschrift für Migration und Soziale Arbeit, 1997/3-4.

Kağıtcıbaşı, Çiğdem/Sunar, Diane: Familie und Sozialisation in der Türkei. In: Nauck/Schönpflug (Hrsg.): Familien in verschiedenen Kulturen. Stuttgart 1997.

Kağıtcıbaşı, Çiğdem: Insan – Aile – Kültür, 3. Basım (Mensch – Familie – Kultur, 3. Auflage). Istanbul 1996.

Kelek, Necla: Die fremde Braut. Ein Bericht aus dem Inneren des türkischen Lebens in Deutschland. Köln 2005.

Knieps, Claudia: Geschichte der Verschleierung der Frau im Islam. Würzburg 1993.

Kongar, Emre: Türkiye üzerine araştırmalar (Untersuchungen über die Türkei). Istanbul 1986.

Kreiser, Klaus/Wielandt, Rotraud (Hrsg.): Lexikon der Islamischen Welt. Völlig überarbeitete Neuausgabe. Stuttgart/Berlin/Köln 1992.

Kriminologisches Forschungsinstitut Niedersachsen (Hrsg.): Jugendliche in Deutschland zur Jahrtausendwende. Baden-Baden 2002.

Mayring, Philipp: Einführung in die qualitative Sozialforschung. Eine Anleitung zu qualitativem Denken. 4. Auflage. Weinheim 1999.

Merkens, Hans: Familiale Erziehung und Sozialisation türkischer Kinder in Deutschland. In: Merkens/Schmidt (Hrsg.): Sozialisation und Erziehung in ausländischen Familien in Deutschland. Hohengehren 1997.

Nauck, Bernhard: Sozialer Wandel, Migration und Familienbildung bei türkischen Frauen. In: Nauck/Schönpflug (Hrsg.): Familien in verschiedenen Kulturen. Stuttgart 1997.

Nove, Michael/Weil, Gerhard: Die zweite deutsche Bildungskatastrophe. Unter www.bebis.cidsnet.de.

Özkara, Sami: Zwischen Lernen und Anständigkeit. Erziehungs- und Bildungsvorstellungen türkischer Eltern. Frankfurt a. M. 1988.

Öztan, Bilge: Das zukünftige türkische Familienrecht – Kritische Anmerkungen zum Entwurf eines neuen Zivilgesetzbuches (1986). Saarbrücken 1989.

Petersen, Andrea: Ehre und Scham. Das Verhältnis der Geschlechter in der Türkei. Berlin 1985.

Pfluger-Schindlbeck, Ingrid: „Achte die Älteren, liebe die Jüngeren". Sozialisation türkischer Kinder. Frankfurt a. M. 1989.

Renner, Erich: Erziehungs- und Sozialisationsbedingungen türkischer Kinder. Ein Vergleich zwischen Deutschland und der Türkei. Heidelberg 1982.

Rumpf, Christian: Ehre und Würde – was die türkische Rechtsordnung davon hält. In: Edition Körber-Stiftung (Hrsg.): Ehre und Würde. Hamburg 2000.

Schiffauer, Werner: Die Gewalt der Ehre. Erklärungen zu einem türkisch-deutschen Sexualkonflikt. Frankfurt a. M. 1983.

Schiffauer, Werner: Die Bauern von Subay. Das Leben in einem türkischen Dorf. Stuttgart 1987.

Schlicher, Jürgen: Ethnische Diskriminierung im Betrieb. In: iza Zeitschrift für Migration und Soziale Arbeit, Nr. 3-4. Frankfurt a. M. 2002.

Straßburger, Gaby: Heiratsverhalten und Partnerwahl im Einwanderungskontext: Eheschließung der zweiten Migrantengeneration türkischer Herkunft. Würzburg 2003.

Tekin, Uğur: Die Lebenssituation allochthoner Jugendlicher in Köln. In: Bukow/Jünschke/Spindler/Tekin (Hrsg.): Ausgegrenzt, eingesperrt und abgeschoben. Migration und Jugendkriminalität. Opladen 2003.

Timur, Serim: Charakteristika der Familienstruktur in der Türkei. In: Abadan-Unat: Die Frau in der türkischen Gesellschaft. Frankfurt a. M. 1985.

Toprak, Ahmet: Jungen und Gewalt. Die Anwendung der konfrontativen Pädagogik in der Beratungssituation mit türkischen Jugendlichen. Herbolzheim 2005.

Toprak, Ahmet: „Wer sein Kind nicht schlägt, hat später das Nachsehen". Elterliche Gewaltanwendung in türkischen Migrantenfamilien und Konsequenzen für die Elternarbeit. Herbolzheim 2004.

Toprak, Ahmet: „Auf Gottes Befehl und mit dem Worte des Propheten …" Auswirkungen des Erziehungsstils auf die Partnerwahl und die Eheschließung türkischer Migranten der zweiten Generation in Deutschland. Herbolzheim 2002.

Vorhoff, Karin: Zwischen Glaube, Nation und neuer Gesellschaft. Alevitische Identität in der Türkei der Gegenwart. Berlin 1995.

Wadud, Amina: Qur'an and Woman: Rereading the Sacred Text from a Woman's Perspective. Reprint, New York/Oxford 1999.

Zentrum für Islamische Frauenforschung und Frauenförderung (Hrsg.): Ein einziges Wort und seine große Wirkung. Eine hermeneutische Betrachtungsweise zum Qur'an, Sure 4 Vers 34 mit Blick auf das Geschlechterverhältnis im Islam. Köln 2005.

Zevkliler, Aydın: Nichteheliche Lebensgemeinschaften nach deutschem und türkischem Recht. Unter besonderer Berücksichtigung der geschichtlichen Entwicklung. Würzburg 1989.

Internetseiten

www.quantara.de

www.wcrp.org (women's section)

www.gaby-strassburger.de

Der Autor

Ahmet Toprak, Dr. phil.; Dipl.-Pädagoge. Studium der Erziehungswissenschaften in Regensburg, 2001 Promotion an der philosophischen Fakultät der Universität Passau. Referent für Gewaltprävention bei der Aktion Jugendschutz Landesarbeitsstelle Bayern e.V., Lehrbeauftragter an der Universität Eichstätt sowie an der Fachhochschule Benediktbeuern. Autor mehrerer Bücher/Artikel zu Themen Interkultureller Pädagogik und Gewaltprävention. Darüber hinaus Tätigkeit in der Weiter- und Fortbildung für Multiplikatoren mit interkulturellem Ansatz.

